RECUEIL

DES LOIS COMPOSANT

LE CODE CIVIL,

Avec les Discours des orateurs du Gouvernement,
les Rapports de la commission du Tribunat, et
les Opinions émises pendant le cours de la
discussion, et dont le Tribunat a ordonné
l'impression.

Le prix de l'abonnement à ce Recueil, et au Dictionnaire
du Code civil, qui établira la concordance de toutes les Lois
qui le composent, est de *six* francs pour 40 feuilles d'impression, envoyées *franc de port*.

A.^{III} n.º 400. quater

Se trouve A PARIS,

CHEZ RONDONNEAU, AU DÉPÔT DES LOIS,

Place du Carrousel.

AN XI.

42758

PROCÈS-VERBAUX DU CONSEIL D'ÉTAT, contenant la discussion du projet de Code civil, le texte des projets de loi, et des lois qui seront décrétées, accompagnées d'une Table analytique et raisonnée des matières, *édition originale*, format in-4.°, *distribuée par ordre du Gouvernement au Sénat conservateur, au Corps législatif et au Tribunat*, par le citoyen LOCRÉ, secrétaire général du Conseil d'Etat.

Cette édition se trouve au Dépôt des lois. Le prix est de *dix* centimes la feuille, prise à Paris, ou *quinze* centimes, *franche de port*.

On reçoit des souscriptions pour 5o feuilles.

AVIS
DE L'ÉDITEUR.

PROPRIÉTAIRE d'un établissement qui offre le Dépôt le plus complet des Lois de la France; honoré de la bienveillance du Gouvernement, et chaque jour encouragé par les fonctionnaires publics et tous les citoyens qui apprécient les efforts que je fais pour donner au Dépôt des Lois le dégré d'utilité dont il est susceptible, j'ai dû saisir l'occasion qui se présente, en formant ce Recueil intéressant, de payer ma part du tribut de reconnaissance dû par tout français au Gouvernement, qui nous assure enfin le bonheur de posséder un Code qui règle l'état des personnes, l'organisation des familles, l'exercice des droits de propriété, et l'ordre des successions; qui fixe tous les rapports, soit d'affection, soit d'intérêt, qui peuvent exister entre les hommes; qui enfin constitue principalement les mœurs d'une nation.

Je comprends dans ce Recueil, dont je puis garantir l'exactitude, par les soins que j'ai apportés, moi-même, pour en corriger les épreuves, et conserver le texte dans toute sa pureté, 1.º les Discours des Orateurs du Gouvernement, précieux par les développemens qu'ils donnent sur les Lois : 2.º les rapports de la commission du Tribunat, et les Opinions des différens membres, parce que je les regarde comme les meilleurs commentaires des Lois, après les procès-verbaux du Conseil d'état, contenant la discussion du projet de Code civil, rédigés par le citoyen LOCRÉ, secrétaire général du Conseil d'État.

L'Édition de ces procès-verbaux, est celle imprimée à l'imprimérie de la République, et distribuée au Sénat, au Corps législatif et au Tribunat : elle se trouve dans mon établissement. (*Voyez la note au verso du titre de ce Recueil.*)

RECUEIL DES LOIS

FORMANT

LE CODE CIVIL,

AVEC LES DISCOURS ET OPINIONS.

DISCOURS

Prononcé par le citoyen Portalis, *conseiller d'état, en présentant au Corps législatif le projet de loi formant le titre préliminaire du Code civil, et relatif à la publication, aux effets et à l'application des lois en général.*

Du 4 Ventose an XI.

CITOYENS LÉGISLATEURS,

LE projet de loi que je viens vous présenter, au nom du Gouvernement, est relatif *à la publication, aux effets et à l'application des lois en général.*

Le moment est arrivé où votre sagesse va fixer la législation civile de la France. Il ne faut que de la violence pour détruire; il faut de la constance, du courage et des lumières pour édifier.

Nos travaux touchent à leur terme.

Le vœu des Français, celui de toutes nos assemblées nationales seront remplis ; jusqu'ici la diversité des coutumes, formait dans un même Etat, cent Etats différens. La loi, par-tout opposée à elle-même, divisait les citoyens au lieu de les unir. Cet ordre de choses ne saurait exister plus long-temps. Des hommes qui, à la voix puissante de la patrie, et par un élan sublime et généreux, ont subitement renoncé à leurs priviléges et à leurs habitudes, pour reconnaître un intérêt commun, ont conquis le droit inappréciable de vivre sous une commune loi.

C'est dans le moment de cette grande et salutaire révolution dans nos lois, qu'il importe de proclamer quelques-unes de ces maximes fécondes qui ont été consacrées par tous les peuples policés, et qui servent à diriger la marche de toute législation bien ordonnée. Ces maximes sont l'objet du projet de loi que je présente ; elles n'appartiennent à aucun code particulier. Elles sont comme les prolégomènes de tous les codes.

Mais il nous a paru que leur véritable place était en avant du code civil, parce que cette espèce de code est celle qui, plus que toute autre, embrasse l'universalité des choses et des personnes.

Publication des lois.

Dans un gouvernement, il est essentiel que les citoyens puissent connaître les lois sous lesquelles ils vivent et auxquelles ils doivent obéir.

De-là, les formes établies chez toutes les nations pour la promulgation et la publication des lois.

On a cru devoir s'occuper de ces formes,

auxquelles l'exécution des lois se trouve nécessairement liée.

Il est sans doute une justice naturelle émanée
de la raison seule, et cette justice, qui constitue
pour ainsi dire le cœur humain, n'a pas besoin
de promulgation. C'est une lumière qui éclaire
tout homme venant en ce monde, et qui, du
fond de la conscience, réfléchit sur toutes les
actions de la vie.

Mais, faute de sanction, la justice naturelle
qui dirige sans contraindre, serait vaine pour la
plupart des hommes, si la raison ne se déployait
avec l'appareil de la puissance pour unir les droits
aux devoirs, pour substituer l'obligation à l'instinct, et appuyer par les commandemens de l'autorité les inspirations honnêtes de la nature.

Quand on a la force de faire ce que l'on veut,
il est difficile de ne pas croire qu'on en a le droit.
On se résignerait peu à se soumettre à des gênes,
si l'on pouvait avec impunité se livrer à ses penchans.

Ce que nous appellons le *droit naturel* ne suffisait donc pas; il fallait des commandemens ou
des préceptes formels et coactifs.

On voit donc la différence qui existe entre
une règle de morale et une loi d'Etat.

Or, ce sont les lois d'Etat qui ont besoin d'être
promulguées, pour devenir exécutoires. Car ces
sortes de lois qui n'ont pas toujours existé, qui
changent souvent, et qui ne peuvent tout embrasser, ont leur époque déterminée et leur objet
particulier. On ne saurait être tenu de leur obéir
sans les connaître.

Sous l'ancien régime, la loi était une volonté
du prince.

Cette volonté était adressée aux Cours souveraines, qui étaient chargées de la vérification et du dépôt des lois.

La loi n'était point exécutoire dans un ressort, avant d'y avoir été vérifiée et enregistrée.

La vérification était un examen, une discussion de la loi nouvelle. Elle représentait la délibération qui est de l'essence de toutes les lois. L'enregistrement était la transcription sur le registre de la loi vérifiée.

Les Cours pouvaient suspendre l'enregistrement d'une loi, ou même le refuser. Elles pouvaient modifier la loi en l'enregistrant, et, dès-lors ces modifications faisaient partie de la loi même.

Une loi pouvait être refusée par une Cour souveraine, et acceptée par une autre. Elle pouvait être diversement modifiée par les diverses Cours.

La législation marchait aussi d'un pas chancelant, timide et incertain. Dans cette confusion et dans ce conflit de volontés différentes, il ne pouvait y avoir d'unité, de certitude, ni de majesté dans les opérations du législateur. On ne savait jamais si l'état était régi par la volonté générale, ou s'il était livré à l'anarchie des volontés particulières.

Tout cela tenait à la constitution d'alors.

La France, dans les temps qui ont précédé la révolution, présentait moins une nation particulière qu'un assemblage de nations diverses, successivement réunies ou conquises, distinctes par le climat, par le sol, par les priviléges, par les coutumes, par le droit civil, par le droit politique.

Le prince gouvernait ces différentes nations, sous les titres différens de duc, de roi, de comte.

Il avait promis de maintenir chaque pays dans ses coutumes et dans ses franchises. On sent que dans une pareille situation, c'était un prodige quand une même loi pouvait convenir à toutes les parties de l'empire. Une marche uniforme dans la législation était donc impossible.

S'il n'y avait point d'unité dans l'exercice du pouvoir législatif, par rapport au fond même des lois, il ne pouvait y en avoir dans le mode de leur promulgation.

Chaque province de France formant un état à part, il fallait pour naturaliser une loi dans chaque province, que cette loi y fût expressément acceptée et promulguée en vertu de cette acceptation.

Il fallait donc, dans chaque province une promulgation particulière.

Dans certains ressorts, la loi était censée promulguée, et elle devenait exécutoire pour tous les habitans du pays, du jour qu'elle avait été enregistrée par le parlement de la province.

Dans d'autres ressorts, on ne regardait l'enregistrement dans les cours que comme le complément de la loi, considérée en elle-même et non comme sa promulgation ou sa publication. On jugeait que la formation de la loi était consommée par l'enregistrement; mais qu'elle n'était promulguée que par l'envoi aux sénéchaussées et bailliages, et qu'elle n'était exécutoire, dans chaque territoire, que du jour de la publication faite à l'audience par la sénéchaussée ou par le bailliage de ce territoire.

Les choses changèrent sous l'Assemblée constituante.

Un décret de cette Assemblée, du 2 novembre

1790, porta qu'une loi était complète dès l'instant qu'elle avait été sanctionnée par le roi ; que la transcription et la publication de la loi, faites par les corps administratifs et par les tribunaux, étaient toutes également de même valeur, et que la loi était obligatoire du moment où la publication en avait été faite, soit par le corps administratif, soit par le tribunal de l'arrondissement, sans qu'il fût nécessaire qu'elle eût été faite par tous les deux.

Le même décret voulait que la publication fût faite par lecture, placards et affiches.

La Convention ordonna l'impression d'un bulletin des lois, et l'envoi de ce bulletin à toutes les autorités constituées. Elle décida que, dans chaque lieu, la promulgation de la loi serait faite dans les vingt-quatre heures de la réception, par une publication au son de trompe ou de tambour, et que la loi y deviendrait obligatoire à compter du jour de la promulgation. La même assemblée nationale, après avoir achevé la Constitution de l'an 4, et avant de se séparer, fit, le 12 vendémiaire, un nouveau décret sur la promulgation et la publication des lois. Par ce décret, elle supprima les publications au son de trompe ou au bruit du tambour. Elle conserva l'usage d'un bulletin officiel, que le ministre de la justice fut chargé d'adresser aux présidens des administrations départementales et municipales, et aux divers fonctionnaires mentionnés dans le décret. Elle déclara que les lois et actes du Corps législatif obligeraient, dans l'étendue de chaque département, du jour auquel le bulletin officiel serait distribué au chef-lieu du département, et que ce jour serait constaté par un registre où les administrateurs de chaque département certifieraient l'arrivée de chaque numéro.

L'envoi d'un bulletin officiel aux administrations et aux tribunaux, est encore aujourd'hui le mode que l'on suit pour la promulgation et pour la publication des lois.

Dans le projet de Code civil, les rédacteurs se sont occupés de cet objet. Ils ont consacré le principe, que les lois doivent être adressées aux autorités chargées de les exécuter ou de les appliquer.

Ils ont pensé que les lois, dont l'application appartient aux tribunaux, devraient être exécutoires dans chaque partie de la République, du jour de leur publication par les tribunaux d'appel, et que les lois administratives devraient être exécutoires, du jour de la publication faite par les corps administratifs.

Ils ont ajouté que les lois dont l'exécution et l'application appartiendraient à la fois aux tribunaux et à d'autres autorités, leur seraient respectivement adressées, et qu'elles seraient exécutoires, en ce qui est relatif à la compétence de chaque autorité, du jour de la publication par l'autorité compétente.

Les avantages et les inconvéniens des divers systèmes ont été balancés par le Gouvernement, et il a su s'élever aux véritables principes.

Une loi peut être considérée sous deux rapports : 1.° relativement à l'autorité dont elle est émanée ; 2.° relativement au peuple ou à la nation pour qui elle est faite.

Toute loi suppose un législateur.

Toute loi suppose encore un peuple qui l'observe et qui lui obéisse.

Entre la loi et le peuple pour qui elle est faite, il faut un moyen ou un lien de communication : car il est nécessaire que le peuple sache ou puisse savoir que la loi existe, et qu'elle existe comme loi.

La promulgation est le moyen de constater l'existence de la loi auprès du peuple, et de lier le peuple à l'observation de la loi.

Avant la promulgation, la loi est parfaite relativement à l'autorité dont elle est l'ouvrage ; mais elle n'est point encore obligatoire pour le peuple en faveur de qui le législateur dispose.

La promulgation ne fait pas la loi ; mais l'exécution de la loi ne peut commencer qu'après la promulgation de la loi : *Non obligat lex nisi promulgata.*

La promulgation est la vive voix du législateur.

En France, la forme de la promulgation est constitutionnelle : car la Constitution règle que les lois seront promulguées, et qu'elles le seront par le premier Consul.

D'après la Constitution, et d'après les maximes du droit public universel, nous avons établi, dans le projet, que les lois seraient exécutoires en vertu de la promulgation faite par le premier Consul. Si la voix de ce premier magistrat pouvait retentir à la fois dans tout l'Univers français, toute précaution ultérieure deviendrait inutile. Mais la nature même des choses résiste à une telle supposition.

Il faut pourtant que la promulgation soit connue ou puisse l'être.

Il n'est certainement pas nécessaire d'atteindre chaque individu. La loi prend les hommes en masse. Elle parle, non à chaque particulier, mais au corps entier de la société.

Il suffit que les particuliers aient pu connaître

la loi. C'est leur faute s'ils l'ignorent, quand ils ont pu et dû la connaître, *idem est scire aut scire debuisse, aut potuisse.* L'ignorance du droit n'excuse pas.

La loi était autrefois un mystère jusqu'à sa formation. Elle était préparée dans les conseils secrets du prince. Lors de la vérification qui en était faite par les cours, la discussion n'en était pas publique, tout était dérobé constamment à la curiosité des citoyens. La loi n'arrivait à la connaissance des citoyens que comme l'éclair qui sort du nuage.

Aujourd'hui il en est autrement. Toutes les discussions et toutes les délibérations se font avec solennité et en présence du public. Le législateur ne se cache jamais derrière un voile. On connaît ses pensées avant même qu'elles soient réduites en commandement. Il prononce la loi au moment même où elle vient d'être formée, et il la prononce publiquement.

Un délai de dix jours précède la promulgation, et pendant ce délai, la loi circule dans toutes les parties de l'Empire.

Elle est donc déjà publique avant d'être promulguée.

Cependant, comme ce n'est là qu'une publication de fait, nous avons cru devoir encore garantir cette publicité de droit qui produit l'obligation et qui force l'obéissance.

Après la promulgation, nous avons en conséquence ménagé de nouveaux délais pendant lesquels la loi promulguée dans le lieu où siége le Gouvernement, peut être successivement parvenue jusqu'aux extrémités de la République.

On avait jeté l'idée d'un délai unique, d'un délai

uniforme, après lequel la loi aurait été, dans le même instant, exécutoire par-tout.

Mais cette idée ne présentait qu'une fiction démentie par la réalité. Tout est successif dans la marche de la nature : tout doit l'être dans la marche de la loi.

Il eût été absurde et injuste que la loi fût sans exécution dans le lieu de sa promulgation et dans les contrées environnantes, parce qu'elle ne pouvait pas encore être connue dans les parties les plus éloignées du territoire national.

Personne n'est affligé de la dépendance des choses. On l'est de l'arbitraire de l'homme.

J'ajoute que de grands inconvéniens politiques auraient pu être la suite d'une institution aussi contraire à la justice, qu'à la raison, et à l'ordre physique des choses.

Nous avons donc gradué les délais d'après les distances.

Le système du projet de loi fait disparaître tout ce que les différens systèmes admis jusqu'à ce jour offraient de vicieux.

Je ne parle point de ce qui se pratiquait sous l'ancien régime. Les institutions d'alors sont inconciliables avec les nôtres.

Mais j'observe que dans ce qui s'est pratiqué depuis la révolution, on avait trop subordonné l'exécution de la loi au fait de l'homme.

Par-tout on exigeait des lectures, des transcriptions de la loi ; et la loi n'était point exécutoire avant ces transcriptions et ces lectures. A chaque instant, la négligence ou la mauvaise foi d'un officier public pouvaient paralyser la législation au grand préjudice de l'état et des citoyens.

Les transcriptions et les lectures peuvent figurer comme moyens secondaires, comme précautions de secours.

Mais il ne faut pas que la loi soit abandonnée au caprice des hommes. Sa marche doit être assurée et imperturbable. Image de l'ordre éternel, elle doit, pour ainsi dire, se suffire à elle-même. Nous lui rendons toute son indépendance, en ne subordonnant son exécution qu'à des délais, à des précautions commandées par la nature même.

Le plan des rédacteurs du projet de code joignait au vice de tous les autres systèmes, un vice de plus.

Dans ce plan, on distinguait les lois administratives d'avec les autres ; et, pour la publication, on faisait la part des tribunaux et celle des administrateurs.

Il fallait donc avec un pareil plan, juger chaque loi, pour fixer l'autorité qui devait en faire la publication. Cela eût entraîné des difficultés interminables, et des questions indiscrètes qui eussent pu compromettre la dignité des lois.

Le projet que je présente, prévient tous les doutes, remplit tous les intérêts, et satisfait à toutes les convenances.

Effets rétroactifs.

Après avoir fixé l'époque à laquelle les lois deviennent exécutoires, nous nous sommes occupés des effets.

C'est un principe général que les lois n'ont point d'effet rétroactif.

A l'exemple de toutes nos assemblées nationales, nous avons proclamé ce principe.

Il est des vérités utiles qu'il ne suffit pas de publier une fois, mais qu'il faut publier toujours, et qui doivent sans cesse frapper l'oreille du magistrat, du juge, du législateur, parce qu'elles doivent constamment être présentes à leur esprit.

L'office des lois est de régler l'avenir. Le passé n'est plus en leur pouvoir.

Par-tout où la rétroactivité des lois serait admise, non-seulement la sûreté n'existerait plus, mais son ombre même.

La loi naturelle n'est limitée ni par le temps, ni par les lieux, parce qu'elle est de tous les pays et de tous les siècles.

Mais les lois positives, qui sont l'ouvrage des hommes, n'existent pour nous que quand on les promulgue, et elles ne peuvent avoir d'effet que quand elles existent.

La liberté civile consiste dans le droit de faire ce que la loi ne prohibe pas. On regarde comme permis tout ce qui n'est pas défendu.

Que deviendrait donc la liberté civile, si le citoyen pouvait craindre qu'après coup il serait exposé au danger d'être recherché dans ses actions, ou troublé dans ses droits acquis, par une loi postérieure ?

Ne confondons pas les jugemens avec les lois. Il est de la nature des jugemens de régler le passé, parce qu'ils ne peuvent intervenir que sur des actions ouvertes, et sur des faits auxquels ils appliquent les lois existantes. Mais le passé ne saurait être du domaine des lois nouvelles, qui ne le régissaient pas.

Le pouvoir législatif est la toute-puissance humaine.

La

La loi établit, conserve, change, modifie, perfectionne. Elle détruit ce qui est; elle crée ce qui
n'est pas encore. La tête d'un grand législateur est
une espèce d'olympe d'où partent ces idées vastes,
ces conceptions heureuses qui président au bonheur
des hommes et à la destinée des empires. Mais le
pouvoir de la loi ne peut s'étendre sur des choses
qui ne sont plus, et qui par là même sont hors de
tout pouvoir.

L'homme, qui n'occupe qu'un point dans le
temps comme dans l'espace, serait un être bien
malheureux, s'il ne pouvait pas se croire en sûreté,
même pour sa vie passée; pour cette portion de
son existence, n'a-t-il pas déjà porté tout le poids
de sa destinée? Le passé peut laisser des regrets;
mais il termine toutes les incertitudes. Dans l'ordre
de la nature, il n'y a d'incertain que l'avenir, et
encore l'incertitude est alors adoucie par l'espérance, cette compagne fidèle de notre faiblesse.
Ce serait empirer la triste condition de l'humanité,
que de vouloir changer, par le système de la
législation, le système de la nature, et de chercher,
pour un temps qui n'est plus, à faire revivre nos
craintes, sans pouvoir nous rendre nos espérances.

Loin de nous l'idée de ces lois à deux faces
qui, ayant sans cesse un œil sur le passé, et l'autre
sur l'avenir, dessécheraient la source de la confiance, et deviendraient un principe éternel d'injustice, de bouleversement et de désordre.

Pourquoi, dira-t-on, laisser impunis des abus
qui existaient avant la loi que l'on promulgue
pour les réprimer? Parce qu'il ne faut pas que
le remède soit pire que le mal. Toute loi naît
d'un abus. Il n'y aurait donc point de loi qui ne
dût être rétroactive. Il ne faut point exiger que

les hommes soient avant la loi ce qu'ils ne doivent devenir que par elle.

Lois de police et de sûreté.

Toutes les lois, quoique émanées du même pouvoir, n'ont point le même caractère, et ne sauraient conséquemment avoir la même étendue dans leur application, c'est-à-dire, les mêmes effets ; il a donc fallu les distinguer.

Il est des lois, par exemple, sans lesquelles un état ne pourrait subsister. Ces lois sont toutes celles qui maintiennent la police de l'Etat, et qui veillent à sa sûreté.

Nous déclarons que des lois de cette importance obligent indistinctement tous ceux qui habitent le territoire.

Il ne peut, à cet égard, exister aucune différence entre les citoyens et les étrangers.

Un étranger devient le sujet casuel de la loi du pays dans lequel il passe, ou dans lequel il réside. Dans le cours de son voyage, ou pendant le temps plus ou moins long de sa résidence, il est protégé par cette loi : il doit donc la respecter à son tour. L'hospilité qu'on lui donne appelle et force sa reconnoissance.

D'autre part, chaque Etat a le droit de veiller à sa conservation ; et c'est dans ce droit que réside la souveraineté. Or, comment un Etat pourrait-il se conserver et se maintenir, s'il existait dans son sein des hommes qui pussent impunément enfreindre sa police et troubler sa tranquillité ? Le pouvoir souverain ne pourrait remplir la fin pour laquelle il est établi, si des hommes étrangers ou nationaux étaient indépendans de ce pouvoir.

Il ne peut être limité, ni quant aux choses, ni quant aux personnes. Il n'est rien s'il n'est tout. La qualité d'étranger ne saurait être une exception légitime, pour celui qui s'en prévaut, contre la puissance publique qui régit le pays dans lequel il réside. Habiter le territoire, c'est se soumettre à la souveraineté. Tel est le droit politique de toutes les nations.

A ne consulter même que le droit naturel, tout homme peut repousser la violence par la force. Comment donc ce droit qui compète à tout individu, serait-il refusé aux grandes sociétés contre un étranger qui troublerait l'ordre de ces sociétés? Des millions d'hommes réunis en corps d'Etat seraient-ils dépouillés du droit de la défense naturelle, tandis qu'un pareil droit est sacré dans la personne du moindre individu?

Aussi, chez toutes les nations, les étrangers qui délinquent sont traduits devant les tribunaux du pays.

Nous ne parlons pas des ambassadeurs; ce qui les concerne est réglé par le droit des gens et par les traités.

Lois personnelles.

S'agit-il des lois ordinaires ? on a toujours distingué celles qui sont relatives à l'état et à la capacité des personnes, d'avec celles qui règlent la disposition des biens. Les premières sont appelées *personnelles*, et les secondes *réelles*.

Les lois personnelles suivent la personne partout. Ainsi la loi française, avec des yeux de mère, suit les Français jusque dans les régions les plus éloignées; elle les suit jusqu'aux extrémités du globe.

2 *

La qualité de Français, comme celle d'étranger, est l'ouvrage de la nature ou celui de la loi. On est Français par la nature, quand on l'est par sa naissance, par son origine. On l'est par la loi, quand on le devient en remplissant toutes les conditions que la loi prescrit pour effacer les vices de la naissance ou de l'origine.

Mais il suffit d'être Français pour être régi par la loi française, dans tout ce qui concerne l'état de la personne.

Un Français ne peut faire fraude aux lois de son pays pour aller contracter mariage en pays étranger sans le consentement de ses père et mère, avant l'âge de vingt-cinq ans. Nous citons cet exemple entre mille autres pareils, pour donner une idée de l'étendue et de la force des lois personnelles.

Les différens peuples, depuis les progrès du commerce et de la civilisation, ont plus de rapport entr'eux qu'ils n'en avaient autrefois. L'histoire du commerce est l'histoire de la communication des hommes. Il est donc plus important qu'il ne l'a jamais été de fixer la maxime que dans tout ce qui regarde l'état et la capacité de la personne, le Français, quelque part qu'il soit, continue d'être régi par la loi française.

Lois réelles.

Les lois qui règlent la disposition des biens, sont appelées réelles : ces lois régissent les immeubles, lors même qu'ils sont possédés par des étrangers.

Ce principe dérive de ce que les publicistes appellent *le domaine éminent du souverain.*

Point de méprise sur les mots, *domaine émin-ent*; ce serait une erreur d'en conclure que chaque état a un droit universel de propriété sur tous les biens de son territoire.

Les mots, *domaine éminent* n'expriment que le droit qu'a la puissance publique de régler la disposition des biens par des lois civiles, de lever sur ces biens des impôts proportionnés aux besoins publics, et de disposer de ces mêmes biens pour quelque objet d'utilité publique, en indemnisant les particuliers qui les possèdent.

Au citoyen appartient la propriété, et au souverain l'empire. Telle est la maxime de tous les pays et de tous les temps ; mais les propriétés particulières des citoyens, réunies et contiguës, forment le territoire public d'un état, et, relativement aux nations étrangères, ce territoire forme un seul tout qui est sous l'empire du souverain ou de l'état. La souveraineté est un droit à-la-fois réel et personnel. Conséquemment, aucune partie du territoire ne peut être soustraite à l'administration du souverain, comme aucune personne habitant le territoire ne peut être soustraite à sa surveillance, ni à son autorité.

La souveraineté est indivisible. Elle cesserait de l'être, si les portions d'un même territoire pouvaient être régies par des lois qui n'émaneraient pas du même souverain.

Il est donc de l'essence même des choses, que les immeubles dont l'ensemble forme le territoire public d'un peuple, soient exclusivement régis par les lois de ce peuple, quoiqu'une partie de ces immeubles puisse être possédée par des étrangers.

Règles pour les juges.

Il ne suffisait pas de parler des effets principaux des lois, il fallait encore présenter aux juges quelques règles d'application.

La justice est la première dette de la souveraineté : c'est pour acquitter cette dette sacrée que les tribunaux sont établis.

Mais les tribunaux ne rempliraient pas le but de leur établissement, si, sous prétexte du silence, de l'obscurité ou de l'insuffisance de la loi, ils refusaient de juger. Il y avait des juges avant qu'il y eût des lois, et les lois ne peuvent prévoir tous les cas qui peuvent s'offrir aux juges. L'administration de la justice serait donc perpétuellement interrompue, si un juge s'abstenait de juger toutes les fois que la contestation qui lui est soumise n'a pas été prévue par une loi.

L'office des lois est de statuer sur les cas qui arrivent le plus fréquemment. Les accidens, les cas fortuits, les cas extraordinaires, ne sauraient être la matière d'une loi.

Dans les choses mêmes qui méritent de fixer la sollicitude du législateur, il est impossible de tout fixer par des règles précises. C'est une sage prévoyance de penser qu'on ne peut tout prévoir.

De plus, on peut prévoir une loi à faire sans croire devoir la précipiter. Les lois doivent être préparées avec une sage lenteur. Les états ne meurent pas, et il n'est pas expédient de faire tous les jours de nouvelles lois.

Il est donc nécessairement une foule de circonstances dans lesquelles un juge se trouve sans loi. Il faut donc laisser alors au juge la faculté de suppléer à la loi par les lumières naturelles de la droiture et du bon sens. Rien ne serait plus puérile que de vouloir prendre des précautions suffisantes pour qu'un juge n'eût jamais qu'un texte précis à appliquer. Pour prévenir les jugemens arbitraires, on exposerait la société à mille jugemens iniques, et, ce qui est pis, on l'exposerait à ne pouvoir plus se faire rendre justice ; et avec la folle idée de décider tous les cas, on ferait de la législation un dédale immense, dans lequel la mémoire et la raison se perdraient également.

Quand la loi se tait, la raison naturelle parle encore : si la prévoyance des législateurs est limitée, la nature est infinie; elle s'applique à tout ce qui peut intéresser les hommes : pourquoi voudrait-on méconnaître les ressources qu'elle nous offre ?

Nous raisonnons comme si les législateurs étaient des Dieux, et comme si les juges n'étaient pas même des hommes.

De tous les temps, on a dit que l'équité était le supplément des lois. Or, qu'ont voulu dire les jurisconsultes romains quand ils ont ainsi parlé de l'*équité ?*

Le mot *équité* est succeptible de diverses acceptions. Quelquefois il ne désigne que la volonté constante d'être juste, et dans ce sens il n'exprime qu'une vertu. Dans d'autres occasions, le mot *équité* désigne une certaine aptitude ou disposition d'esprit qui distingue le juge éclairé de celui qui ne l'est pas, ou qui l'est moins. Alors l'*équité* n'est, dans le magistrat, que le coup-d'œil d'une raison exercée par l'observation, et dirigée par l'expérience. Mais tout cela n'est relatif qu'à l'équité morale, et non à cette équité judiciaire dont les jurisconsultes romains se sont occupés, et qui peut être définie par un retour à la loi naturelle, dans le silence, l'obscurité ou l'insuffisance des lois positives.

C'est cette *équité* qui est le vrai supplément de la législation, et sans laquelle le ministère du juge, dans le plus grand nombre des cas, deviendrait impossible.

Car il est rare qu'il naisse des contestations sur l'application d'un texte précis. C'est toujours parce que la loi est obscure ou insuffisante, ou même parce qu'elle se tait, qu'il y a matière à litige. Il faut donc que le juge ne s'arrête jamais. Une question de propriété ne peut demeurer indécise. Le pouvoir de juger n'est pas toujours dirigé dans son exercice par des préceptes formels. Il l'est par des maximes, par des usages, par des exemples, par la doctrine. Aussi, le vertueux chancelier d'*Aguesseau* disait très-bien que le temple de la justice n'était pas moins consacré à la science qu'aux lois, et que la véritable doctrine, qui consiste dans la connaissance de l'esprit des lois, est supérieure à la connaissance des lois mêmes.

Pour que les affaires de la société puissent marcher, il faut donc que le juge ait le droit d'interpréter les lois et d'y suppléer. Il ne peut y avoir d'exception à ces règles que pour les matières criminelles; et encore, dans ces matières, le juge choisit le parti le plus doux si la loi est obscure ou insuffisante, et il absout l'accusé, si la loi se tait sur le crime.

Mais en laissant à l'exercice du ministère du

juge toute la latitude convenable, nous lui rappelons les bornes qui dérivent de la nature même
de son pouvoir.

Un juge est associé à l'esprit de législation; mais
il ne saurait partager le pouvoir législatif. Une
loi est un acte de souveraineté, une décision n'est
qu'un acte de juridiction ou de magistrature.

Or, le juge deviendrait législateur s'il pouvait,
par des réglemens, statuer sur les questions qui
s'offrent à son tribunal. Un jugement ne lie que
les parties entre lesquelles il intervient. Un réglement lierait tous les justiciables et le tribunal lui-
même.

Il y aurait bientôt autant de législations que de
ressorts.

Un tribunal n'est pas dans une région assez
haute, pour délibérer des réglemens et des lois.
Il serait circonscrit dans ses vues, comme il l'est
dans son territoire; et ses méprises ou ses erreurs
pourraient être funestes au bien public.

L'esprit de judicature, qui est toujours appliqué
à des détails, et qui ne prononce que sur des intérêts particuliers, ne pourrait souvent s'accorder
avec l'esprit du législateur, qui voit les choses
plus généralement et d'une manière plus étendue
et plus vaste.

Au surplus, les pouvoirs sont réglés; aucun ne
doit franchir ses limites.

Conventions contraires à l'ordre public et aux bonnes mœurs.

Le dernier article du projet de loi porte qu'on
ne peut déroger, par des conventions particulières,

aux lois qui intéressent l'ordre public et les bonnes mœurs. Ce n'est que pour maintenir l'ordre public, qu'il y a des gouvernemens et des lois.

Il est donc impossible qu'on autorise entre les citoyens des conventions capables d'altérer ou de compromettre l'ordre public.

Des jurisconsultes ont poussé le délire jusqu'à croire que des particuliers pouvaient traiter entre eux comme s'ils vivaient dans ce qu'ils appellent l'état de nature, et consentir tel contrat qui peut convenir à leurs intérêts, comme s'ils n'étaient gênés par aucune loi. De tels contrats, disent-ils, ne peuvent être protégés par des lois qu'ils offensent. Mais comme la bonne-foi doit être gardée entre des parties qui se sont engagées réciproquement, il faudrait obliger la partie qui refuse d'exécuter le pacte, à fournir par équivalent ce que les lois ne permettaient pas d'exécuter en nature.

Toutes ces dangereuses doctrines, fondées sur des subtilités, et éversives des maximes fondamentales, doivent disparaître devant la sainteté des lois.

Le maintien de l'ordre public dans une société est la loi suprême. Protéger des conventions contre cette loi, ce serait placer des volontés particulières au-dessus de la volonté générale, ce serait dissoudre l'état.

Quant aux conventions contraires aux bonnes mœurs, elles sont proscrites chez toutes les nations policées. Les bonnes mœurs peuvent suppléer les bonnes lois : elles sont le véritable ciment de l'édifice social. Tout ce qui les offense, offense la nature et les lois. Si on pouvoit les blesser par

des conventions, bientôt l'honnêteté publique ne
serait plus qu'un vain nom, et toutes les idées
d'honneur, de vertu, de justice, seraient remplacées par les lâches combinaisons de l'intérêt
personnel, et par les calculs du vice.

Tel est le projet de loi qui est soumis à votre
sanction. Il n'offre aucune de ces matières pro-
blématiques qui peuvent prêter à l'esprit de sys-
tême. Il rappelle toutes les grandes maximes des
Gouvernemens ; il les fixe, il les consacre. C'est
à vous, citoyens législateurs, à les décréter par
vos suffrages. Chaque loi nouvelle qui tend à promulguer des vérités utiles, affermit la prospérité
de l'état et ajoute à votre gloire.

PROJET DE LOI.

TITRE PRÉLIMINAIRE.

*De la publication, des effets et de l'application
des lois en général.*

ARTICLE PREMIER.

Les lois sont exécutoires dans tout le territoire
français, en vertu de la promulgation qui en est
faite par le premier Consul.

Elles seront exécutées dans chaque partie de

la République, du moment où la promulgation en pourra être connue.

La promulgation faite par le premier Consul sera réputée connue dans le département où siégera le Gouvernement, un jour après celui de la promulgation, et dans chacun des autres départemens, après l'expiration du même délai, augmenté d'autant de jours qu'il y aura de fois dix myriamètres (environ 20 lieues) entre la ville où la promulgation en aura été faite, et le chef-lieu de chaque département.

II. La loi ne dispose que pour l'avenir ; elle n'a point d'effet rétroactif.

III. Les lois de police et de sûreté obligent tous ceux qui habitent le territoire.

Les immeubles, même ceux possédés par des étrangers, sont régis par la loi française.

Les lois concernant l'état et la capacité des personnes régissent les Français, même résidant en pays étrangers.

IV. Le juge qui refusera de juger, sous prétexte du silence, de l'obscurité, ou de l'insuffisance de la loi, pourra être poursuivi comme coupable de déni de justice.

V. Il est défendu aux juges de prononcer, par voie de disposition générale et réglementaire, sur les causes qui leur sont soumises.

VI. On ne peut déroger, par des conventions particulières, aux lois qui intéressent l'ordre public et les bonnes mœurs.

Approuvé, *le premier Consul*, signé BONAPARTE.
  Par le premier Consul, *le secrétaire d'état*, signé H.-B. MARET.

Pour extrait conforme, *lesecrétaire-général du Conseil d'Etat*, signé J.-G. LOCRÉ.

RAPPORT

Fait au Tribunat par GRENIER, *au nom de la section de législation, sur le titre préliminaire du Code civil, intitulé :* De la publication, des effets et de l'application des lois en général.

Séance du 9 Ventose an XI.

TRIBUNS,

Le projet du titre préliminaire du Code civil est présenté à votre discussion.

Vous en avez renvoyé l'examen à votre section de législation. Je viens, en son nom, vous soumettre les idées qu'elle s'en est formées.

Ce code est l'analyse des méditations des savans jurisconsultes, des tribunaux et des hommes de génie, qui, saisissant l'ensemble des rapports des citoyens entre eux et avec les choses, ont composé un faisceau de règles dont l'observation deviendra la morale universelle, consolidera les fortunes particulières, et stabilisera la prospérité publique.

Le titre préliminaire comprend peu d'articles; mais il n'en est pas moins important. Déterminer le mode de publication des lois, régler l'instant où elles obligent chaque citoyen, fixer le point de vue sous lequel elles doivent être considérées quant à leurs effets et à leur application : tel est le but de ce titre.

Ces articles sont autant de disposisions générales qui ont un point de contact avec toutes les lois. Leur application dépend, sous un rapport essentiel, de ces dispositions, comme d'un régulateur général ; et si elles s'écartaient, en quelques points, des vérités immuables qui doivent être les principes fondamentaux et préliminaires de toute législation, il est aisé de sentir combien les conséquences en seraient funestes.

L'article premier est ainsi conçu :

« Les lois sont exécutoires dans tout le terri-
» toire français, en vertu de la promulgation qui
» en est faite par le premier Consul.

» Elles seront exécutées dans chaque partie de
» la République, du moment où la promulgation
» en pourra être connue.

» La promulgation faite par le premier Consul
» sera réputée connue dans le département où
» siégera le Gouvernement, un jour après celui
» de la promulgation ; et, dans chacun des autres
» départemens, après l'expiration du même délai,
» augmenté d'autant de jours qu'il y aura de fois
» dix myriamètres (environ vingt lieues) entre la

» ville où la promulgation en aura été faite, et
» le chef-lieu de chaque département. »

Le premier paragraphe de cet article n'a rien
présenté à la section de contraire à la Constitution ni à la dignité de la loi.

Ce n'est pas de la promulgation que la loi tient
son existence ; elle a existé auparavant. Mais il ne
suffit pas qu'elle existe, il faut qu'il y en ait une
preuve authentique ; et c'est cette preuve qui sort de
la promulgation.

C'est seulement cette promulgation qui atteste au
corps social l'existence de l'acte qui constitue la
loi, et que cet acte est revêtu de toutes les formes
constitutionnelles. Alors seulement la loi paraît
armée de toute sa force, et commande l'obéissance pour l'instant où elle sera connue.

S'il est donc vrai que la loi ne reçoive tous ces
caractères que par la promulgation, on a pu dire
que *les lois sont exécutoires dans tout le ter-*
ritoire français en vertu de la promulgation qui
en est faite par le premier Consul. Il serait bien
difficile de saisir une différence réelle entre ces
expressions : *en vertu de la promulgation de la*
loi, et celles - ci : *après* ou *d'après la promul-*
gation.

Relativement aux deux autres paragraphes de
l'article, avant de les examiner, il est à propos
de rappeler un principe élémentaire en ce qui
concerne l'exécution ou l'obligation de la loi.

C'est qu'en même temps que tous les législateurs ont consacré le principe que la loi ne pouvait obliger sans qu'elle fût connue, ils ont senti
l'impossibilité de se procurer la certitude que
chaque particulier eût eu réellement cette connaissance. On ne pouvait la notifier à chaque

individu; et c'eût été rendre la loi illusoire que de laisser à chaque membre de la société la faculté de s'y soustraire, en alléguant qu'il l'avait ignorée.

En conséquence tous les législateurs ont établi une présomption de droit, équivalente à une certitude, que la loi a été connue de tous, après l'observation des formes admises pour sa publication. Un individu qui ignore la loi doit s'imputer d'avoir négligé les moyens de la connaître.

Il y a sans doute bien moins d'inconvénient à ce qu'un citoyen soit lié par une loi qu'il n'a pas connue, lorsque tous les moyens de publicité ont été pris, qu'à laisser la société sans loi, ou, ce qui est la même chose, à lui donner des lois que chacun pourrait violer impunément sous prétexte d'ignorance.

C'est avec un grand sens que Domat, dont l'ouvrage est le recueil des principes les plus surs en matière de législation civile, s'est expliqué sur la nécessité qu'il y a que les lois soient connues pour qu'elles obligent. « Toutes les règles, dit-il, doi-
» vent être ou connues, ou tellement exposées
» à la connaissance de tout le monde, que per-
» sonne ne puisse impunément y contrevenir, sous
» prétexte de les ignorer.

» Ainsi les règles naturelles étant des vérités
» immuables dont la connaissance est essentielle
» à la raison, on ne peut dire qu'on les ait igno-
» rées, comme on ne peut dire qu'on ait manqué
» de la raison qui les fait connaître.

» Mais les lois arbitraires n'ont leur effet qu'après
» que le législateur *a fait tout ce qui est possible*
» pour les faire connaître ; ce qui se fait par les
» voies qui sont en usage pour la publication de
ces

» ces sortes de lois ; et, après qu'elles sont pu-
» bliées, *on les tient pour connues à tout le*
» *monde, et elles obligent autant ceux qui pré-*
» *tendaient les ignorer, que ceux qui les sa-*
» *vent* (1). »

Le législateur ferait donc des efforts impuissans, quels qu'ils fussent, s'il cherchait le moyen d'attester de fait, que chaque individu a eu les oreilles frappées de la loi.

Ne la rendre obligatoire qu'à une époque où l'on puisse avoir une juste présomption qu'elle est généralement connue : mesurer le temps dans lequel elle doit l'être, de manière qu'on ne puisse entre sa promulgation et son exécution, pratiquer des fraudes pour l'éluder ; mais sur-tout, faire en sorte que la loi détermine, d'après des règles fixes, l'époque de sa mise en action sur les différens points qu'elle régit, en raison des distances, sans que cette mise en action dépende du plus ou moins d'exactitude des différentes autorités locales ; telle est, citoyens Tribuns, la tâche du législateur en cette matière.

Examinons donc quel est celui des systèmes proposés jusqu'à présent, dont on puisse le plus raisonnablement espérer tous ces avantages.

On peut les réduire à trois.

1°. La publication opérée uniformément sur tous les points de la République, et au même instant, par le laps d'un délai quelconque à compter de la promulgation faite par le premier Consul.

2°. Le mode de publication opérée de droit

_____

(1) Les lois civiles, lit. 1er art....

mais progressivement, sur les différens points de la République, à raison des distances, en partant toujours de la promulgation, qui est celui proposé par le projet de loi.

3°. La publication matérielle, si on peut s'exprimer ainsi, qui aurait lieu par la lecture de la loi aux audiences des tribunaux, et par la transcription sur les registres.

Comparons d'abord les avantages et les inconvéniens des deux premiers modes. Les réflexions qui sortiront naturellement de ce parallèle, feront aisément juger que l'un ou l'autre de ces deux premiers doit être nécessairement adopté.

Le système de l'action de la loi, au même moment, sur tous les points de la République, a séduit de très-bons esprits.

Rappelons en substance les raisons sur lesquelles on le fonde.

On a dit que l'uniformité du délai est simple à concevoir et facile à retenir.

Qu'elle dispense d'étudier le tarif que nécessite le mode progressif.

Qu'il y a, à la vérité, un inconvénient en ce que l'exécution de la loi serait quelquefois trop retardée ; car on convient qu'il doit toujours y avoir, à compter de la promulgation, un délai suffisant pour que la loi puisse être connue du point central à l'extrémité de chacun des rayons ; mais qu'on pourrait y remédier en faisant dire par la loi qu'elle pourrait, selon les cas, fixer l'époque de son exécution avant le délai ordinaire.

Qu'au surplus, cet inconvénient ne porterait point sur les lois facultatives et sur celles qui agissent indépendamment de la volonté de

l'homme, comme sur celles qui règlent les successions. Le retard du moment où elles deviennent
obligatoires ne blesse que l'intérêt particulier, et
non l'intérêt général.

Que cet inconvénient, s'il avait quelque con-
sistance, serait racheté par tant d'autres avantages.

Que l'intérêt général veut que l'exécution de
la loi commence à la même époque dans toutes
les parties du pays pour lequel elle est faite.

Que là où les hommes sont égaux en droits,
ils doivent tous être soumis, au même moment,
à l'empire de la loi, quelle qu'elle soit, rigoureuse ou favorable.

Qu'en Angleterre, et dans toutes les parties
de l'Amérique, on ne s'est jamais écarté de ce
principe.

Qu'il serait étrange que, le même jour et au
même moment, la peine de mort se trouvât abolie
pour une partie de la France, et subsistât pour
l'autre : ce qui arriverait avec le délai successif.

Enfin, on suppose qu'un fait qui jusqu'alors
n'aurait point été compris dans la classe des crimes,
fût qualifié tel par une nouvelle loi : quel serait
l'effet du délai successif? Le même acte commis
le même jour, peut-être à la même heure, dans
deux endroits différens, et séparés seulement par
une rivière ou par un chemin, offrirait d'un côté du
chemin ou de la rivière, un crime à punir, et, de
l'autre, un simple délit, susceptible d'une bien
moindre peine. D'où cela proviendrait-il? uniquement de ce que ces deux côtés appartiendraient à
deux points différens de l'échelle de progression?

Je vais exposer les réponses dont la section a
cru que ces objections étaient susceptibles, et il

3 *

en sortira tous les avantages que présente le mode progressif.

Si la loi ne peut être obligatoire avant qu'elle soit connue, il est également certain qu'elle doit être obligatoire dès l'instant qu'elle l'est. Son action ne peut être suspendue : on croit que ce sont-là deux principes constans.

Or, l'idée de rendre la loi obligatoire au même moment, sur tous les points de la République, attaque de front ces deux principes.

Ce système suppose, en effet, que la loi est connue par-tout au même instant ; mais cela n'est point, et il n'y en a pas de possibilité.

Qu'on remarque ensuite l'inconvénient majeur qui résulte de la longueur du délai qui s'écoulera depuis la promulgation, jusqu'au moment où la loi deviendra obligatoire !

Ce délai devrait être en proportion de la distance du lieu où serait promulguée la loi, jusqu'à l'extrémité du plus long des rayons ; ou, ce qui est de même, en proportion du temps qu'il faudrait pour qu'on pût présumer que la connaissance de la loi est parvenue à cette extrémité. Ce délai ne pourrait être moindre de quinze jours : ce qui, avec les dix jours qui s'écouleraient entre l'émission de la loi et sa promulgation, emporterait vingt-cinq jours. Et l'on voudrait que pendant ce temps la loi fût sans action, quoique connue ? Cette mesure serait non-seulement trop peu conforme à la dignité de la loi, mais encore ce serait inviter à l'éluder, en tolérant des fraudes que l'on n'a que trop à craindre de la cupidité.

Cet inconvénient a été si bien senti par ceux qui ont conçu l'idée de donner à la loi son action, au même moment, sur tous les points de

la République, qu'ils ont été forcés de dire que
l'on pourrait y remédier en voulant qu'elle pût,
selon les cas, fixer l'époque de son exécution avant
le délai ordinaire, aveu qui seul fait absolument
crouler le système.

On ne saurait voir que l'intérêt général exige
l'action de la loi, à la même époque, sur toutes
les parties de la République, et qu'en agissant
autrement, ce soit violer le principe de l'égalité
en droits.

Le mode progressif et raisonnablement calculé
sur les distances, est plus dans l'égalité que le mode
uniforme. Soit que la loi soit favorable, soit
qu'elle soit rigoureuse, les citoyens doivent en
ressentir les effets ou plutôt ou plus tard, selon
qu'ils sont réputés la connaître ou l'ignorer. Nous
devons tous demeurer paisiblement dans la position, soit physique, soit politique, où nous ont
placé la nature ou l'ordre social. La différence
des époques de l'exécution des lois selon les distances est fondée sur une vérité immuable qui
doit faire la base de la présomption de droit, à
laquelle les législateurs ont toujours été obligés
de recourir en cette matière. Toute présomption,
toute fiction établie par la loi, doit se rapprocher, autant que possible, de la nature ; et cela
est si vrai, qu'on ne concevrait pas une présomption de droit, si elle était évidemment contraire à
la vérité.

Par-là disparaissent tous les autres inconvéniens
qu'on a déja relevés.

Ce ne sont même pas des inconvéniens, ce sont
des suites naturelles d'une exacte distribution de
la justice selon les différences de position, qu'il
ne dépend pas du législateur de changer pour

l'intérêt de quelques-uns au détriment de certains
autres.

D'ailleurs ces prétendus inconvéniens peuvent
également se rencontrer dans le système de l'action de la loi, au même moment, dans toute la
République.

Faisons en effet une autre hypothèse que celle
qui a déjà été proposée, et supposons qu'au moment où serait émise une loi qui abolirait la peine
de mort, un particulier vint à être définitivement
condamné à subir cette peine par un tribunal de
Paris. La loi serait bien connue de fait ; mais
n'étant pas promulguée, elle ne serait point connue
de droit. Pourrait-on suspendre l'exécution, et
attendre le délai nécessaire pour qu'elle fût connue
aux extrémités de la République, comme, par
exemple, à Perpignan ?

Voilà une difficulté, et cela prouve que lorsqu'il s'agit de donner des lois, il ne faut point
s'arrêter aux cas particuliers ; qu'on doit considérer ce qui arrive dans le cours ordinaire des
choses.

On ne peut d'ailleurs attirer les regards sur les
cas particuliers dont on a déjà parlé, qu'en sup-
posant qu'il y aurait une émission habituelle de
lois, qui y donnerait lieu.

Mais cette crainte est chimérique. On ne doit
pas s'y attendre, après la promulgation du code
civil, et des lois sur les matières les plus importantes, qui le suivront de près, et sur-tout lorsque
le retour à l'ordre fait de toutes parts des progrès
aussi rapides.

Enfin l'exemple des deux peuples que l'on a
cités ne prouve rien pour l'un les systèmes contre
l'autre.

En effet, ils n'admettent aucun délai après la promulgation ou ce qui en tient lieu. Ils ont pensé que la publicité des débats et de leurs résultats suffisait pour que personne ne pût raisonnablement alléguer la cause d'ignorance de la loi, après qu'elle avait reçu le sceau de l'authenticité.

On ne voudrait pas aller sans doute jusqu'à proposer, et personne n'a proposé en effet, pour la France, un tel usage qui peut être justifié, pour les états où il est suivi, à raison des mœurs, des habitudes et de l'étendue du territoire ; en sorte que toute discussion à cet égard serait superflue. Il suffit de dire que la citation était inutile.

Venons actuellement au troisième mode de publication, qui résulterait de l'envoi des lois aux tribunaux, et de la transcription sur leurs registres.

Il est impossible de ne pas être frappé d'abord de l'inconvénient qu'il présente, en ce qu'il fait dépendre l'application de la loi de la volonté de l'homme ; le plus ou moins de zèle de la part d'un agent, peut en avancer ou en retarder l'exécution.

Sous la monarchie, la connaissance de la loi se transmettait par l'intermédiaire des tribunaux : ce mode tenait à la forme constitutionnelle. L'enregistrement des cours souveraines, qui avaient droit de remontrances, était nécessaire pour le complément de la loi, et il eût été difficile de changer cet ordre de choses, parce qu'il y avait des stipulations particulières qui avaient assuré à plusieurs provinces, ajoutées à la monarchie, le droit d'y faire vérifier par leurs tribunaux les lois qui y seraient envoyées, suivant ce qui se pratiquait en France depuis des siècles.

Cet usage pouvait encore être justifié par la diversité des coutumes et des intérêts des provinces ; diversité qui donnait souvent lieu à des lois particulières pour le ressort de certains parlement.

Enfin ce système conduirait peut-être à la nécessité de distinguer les lois selon l'ordre des matières qui en seraient l'objet, et de les envoyer distributivement aux autorités compétentes, judiciaires ou administratives : ce qui présente au premier abord une foule d'entraves qui ont été généralement prévues.

Mais quand ce mode présenterait moins de difficulté, pourquoi le choisirait-on de préférence, lorsqu'il peut être remplacé plus utilement, et avec des formes propres à consacrer, pour ainsi dire, notre régénération politique ?

Ce fut seulement sous les empereurs romains que s'introduisit l'usage d'adresser les lois aux préteurs, aux questeurs, ou à d'autres magistrats, selon que les objets des lois étaient de leur compétence, avec injonction de prendre les mesures convenables pour les faire connaître. (1)

Mais du temps de la république les provinces qui avaient eu le droit de bourgeoisie et de suffrages, apprenaient ce qui se passait sur le *forum* bien plus promptement que ce qui serait arrivé plus près d'eux ; et en France la renommée transmet les événemens de la capitale aux extrémités, avec une rapidité qui, sous le rapport de la connaissance morale de la loi, rend inutiles une lecture ou une transcription faites, souvent obscurément, dans

_____

(1) Voyez les formules du savant président Brisson, page 152, 324, 362 et 366, édition de 1583.

l'enceinte de l'auditoire d'un tribunal bien moins éloigné.

C'est donc avec raison qu'on a dit dans les motifs, que les précautions prises pour cet objet, dans une monarchie où les lois étaient mûries et rédigées dans le silence du cabinet, ne conviennent plus à un peuple libre qui prend part aux lois, ou par lui-même ou par ses représentans, où la publicité des délibérations, les relations journalières, et la circulation des journaux, transmettaient aussi rapidement la connaissance des lois.

L'envoi des lois doit sans doute être fait aux tribunaux, et il est toujours à désirer qu'il soit prompt et sûr.

Mais ce qui tient à la lecture et à l'application du texte authentique de la loi, à sa conservation, est étranger aux effets qu'on doit attribuer à sa notoriété, sous le rapport de son caractère obligatoire respectivement aux citoyens.

Après avoir balancé les avantages et les inconvéniens, la section s'est décidée pour le mode proposé par le projet de loi.

Ce mode est l'image même de la vérité et de la nature. Il fait rendre la loi obligatoire pour chaque citoyen au moment où il est présumé la connaître. Il fait sur chaque station l'office d'un courier qui l'y porterait. C'est toujours la loi qui agit, soit qu'elle s'annonce, soit qu'elle ordonne. Nul secours humain ne devient nécessaire. Chaque individu, au moyen d'un tarif des distances, fondé sur un ordre de choses invariable, et indépendant de la volonté des hommes, pourra savoir par lui-même le jour auquel il aura été lié par la loi. L'idée est aussi ingénieuse qu'utile; elle nous dispense d'envier, sur ce point, les usages des autres nations.

L'article 2 est ainsi conçu : « La loi ne dispose » que pour l'avenir ; elle n'a point d'effet ré- » troactif. »

C'est-là une règle éternelle qui, quand elle ne serait écrite dans aucune loi, serait gravée dans tous les cœurs. Pourquoi ne la placerait-on pas en tête du livre des lois, puisqu'elle a trait particulièrement à leur application ?

Elle peut être considérée comme un précepte de morale ; mais c'est la morale de la législation.

Aussi la trouve-t-on dans tous les codes. Toujours on a voulu la rendre présente à l'esprit des juges, et il n'est pas un jurisconsulte qui n'ait dans sa mémoire les termes de la loi romaine : *Leges et constitutiones futuris certum est dare formam negotiis ; non ad facta præterita revocari.* (1)

On ne peut avoir oublié les rétroactivités dont plusieurs lois furent entachées au milieu des orages politiques, toujours inséparables des grandes révolutions. Ils ne sont pas éloignés les temps où, au retour du calme, les législateurs se sont empressés de les faire disparaître, et il faut convenir qu'après une expérience aussi récente, on serait dans une position désavantageuse, si on voulait s'opposer à ce qu'on gravât sur le frontispice du Code civil, une maxime qui garantit le repos des familles.

Art. 3. « Les lois de police et de sûreté obli- » gent tous ceux qui habitent le territoire.

_____

(1) Le 7, au cod. *De Legibus.*

» Les immeubles, même ceux possédés par les
» étrangers, sont régis par la loi française.
» Les lois concernant l'état et la capacité des
» personnes, régissent les Français, même rési-
» dens en pays étranger. »

Voilà autant de principes enseignés par tous
les publicistes, généralement admis chez les nations civilisées, et sans lesquels il serait impossible d'organiser un ordre social. Ils sont exposés
avec autant de précision que de vérité.

Toute société doit vouloir, pour sa conservation, que tout individu quelconque, qui est dans
son sein, soit sujet à ses réglemens de police.

Cette règle est susceptible de modifications relativement aux personnes revêtues d'un caractère
représentatif : mais ces modifications doivent être
l'objet de traités ou de stipulations entre les états.
Il ne peut être ici question que de la règle générale.

Que les immeubles suivent la loi du territoire
sur lequel ils sont situés, cela est incontestable ;
sans quoi il y aurait dans un état autant de
statuts réels que de possesseurs étrangers de différentes parties du sol, ce qui serait absurde.

Enfin, les citoyens ne peuvent être régis per-
sonnellement que par les lois de la société dont
ils sont membres. Ni eux, ni la société, ni leurs
familles réciproquement ne peuvent, sous prétexte d'absence ou de simple résidence dans un
pays étranger, rompre les liens qui les unissent.

Art. 4. « Le juge qui refusera de juger, sous
» prétexte du silence, de l'obscurité, ou de l'in-
» suffisance de la loi, pourra être poursuivi
» comme coupable de déni de justice. »

Art. 5. « Il est défendu aux juges de prononcer,

» par voie de disposition générale et réglementaire,
» sur les causes qui leur sont soumises. »

On ne peut pas plus suspendre l'action de la justice que celle de la police et de l'administration, sans compromettre d'une manière grave l'intérêt et le repos des citoyens, et par conséquent la tranquillité publique.

Le législateur ne peut tout prévoir. Cette tâche est au-dessus des efforts humains.

Des règles positives, des principes lumineux et féconds en conséquences, qui puissent être aisément saisis et appliqués à tous les cas, ou au plus grand nombre ; voilà ce qui caractérisera toujours toute bonne législation.

Les tribunaux ne peuvent donc refuser la justice, sous prétexte du silence de la loi. Le sentiment du juste et de l'injuste n'abandonne jamais le juge probe et instruit. Le législateur doit seul examiner s'il existe réellement ou non un silence dans la loi, tel qu'il faille y suppléer par une nouvelle. Il ne pourrait même émettre la loi supplétive, que quand plusieurs jugemens, sur le cas qu'on prétend n'avoir pas été prévu, auraient éclairé sa sagesse.

Enfin, l'abus des nombreux référés de la part des tribunaux qui, sous le régime de la constitution de l'an 3, accablaient le Corps législatif, nous garantit la sagesse de l'art. 4.

Quant à l'article 5, il est une conséquence de la division des pouvoirs ; et toutes réflexions pour en prouver le mérite seraient oiseuses.

Art. 6 *et dernier.* « On ne peut déroger par » des conventions particulières aux lois qui intéressent l'ordre public et les bonnes mœurs. »

Les conventions ne peuvent porter que sur

des intérêts particuliers. Ce qui constitue l'ordre public tient à l'intérêt de tous, et la loi doit protéger les mœurs.

Sans cette mesure, la société veillerait en vain, par les lois plus sages, à son repos et à sa prospérité.

Les règles renfermées dans tous ces articles sont autant de principes fondamentaux en législation. Quoiqu'il s'agisse de dispositions générales, leur application n'en est pas moins certaine, et elles sont l'art d'appliquer toutes les lois.

Il serait déraisonable de vouloir les isoler; il serait inconvenant de les placer à la tête de tout autre recueil de lois, tel que le *code judiciaire* ou *criminel*, quand même leur émission concourrait avec celle du *code civil*. Ces maximes doivent servir d'introduction à ce code, auprès duquel tous les autres n'auront qu'un caractère accessoire.

Tribuns, quelle époque mémorable dans les fastes de la Nation, que celle de la promulgation d'un Code civil! Enfin, nous voyons effacer les dernières traces du régime féodal.

La France, par rapport à la diversité des lois, était encore, à peu de chose près, au même état où César l'avait vue. Il dit, au commencement du livre fait au milieu de ses conquêtes, lorsqu'il parle des mœurs et des usages des peuples gaulois : *Hi omnes linguâ, institutis, legibus, inter se differunt.*

Ce ne sont cependant pas les mêmes lois qui étaient en usage dans les derniers temps. L'histoire nous apprend que nos coutumes avaient été données aux peuples par les grands vassaux de la couronne, lorsqu'ils se furent approprié les fiefs ; et, ce qui est bien remarquable, nous y voyons aussi que ces mêmes seigneurs s'étaient constamment opposés à une uniformités de lois, dans la crainte de favoriser l'agrandissement de l'autorité royale.

Dans la suite, la force de l'habitude, l'attachement à ses propres usages, produisirent les mêmes effets que la politique.

L'idée conçue, sous Charles VII, de réunir toutes les coutumes en une, après avoir ordonné la rédaction de chacune, produisit seulement l'avantage d'avoir des coutumes écrites, sans être obligé de recourir à des enquêtes longues et dispendieuses, lorsqu'il s'élevait quelques doutes sur ce qu'un simple usage avait érigé en loi.

Ce même projet fut encore renouvelé sous Henri III ; mais les fureur de la ligue et la mort tragique du président Brisson, qui était chargé de son exécution, le firent échouer.

Il fallait toute la puissance de la révolution, la fusion de toutes les volontés, pour avoir enfin l'espérance d'un Code civil.

Mais si la révolution seule a rendu l'entreprise possible, il était réservé au héros dont le génie ne laisse rien échapper de tout ce qui est grand et utile, d'en hâter et d'en faciliter l'exécution.

Quelle confiance ne devait-il pas avoir en ses propres lumières ! Il a prouvé dans la suite qu'il avait en législation civile, des conceptions aussi heureuses qu'il en a eu de grandes et de sublimes à la tête des armées, qu'il a constamment menées à la victoire.

Quels secours n'avait-il pas à attendre de ses collègues! L'un d'eux avait présenté à la Convention nationale un projet de Code civil, ouvrage précieux par la précision du style, la netteté des idées, et l'ordre dans la classification des matières, qui a servi de guide à tous les travaux préparatoires qui l'ont suivi; et les modifications dont il était susceptible, tenaient principalement au changement d'ordre constitutionnel et des temps.

Quelles ressources ne trouvait-il pas encore dans le Conseil d'Etat!

Toutes ces circonstances n'ont pas empêché le premier magistrat de la République de provoquer de nouvelles lumières; et, à sa voix, combien n'en est-il pas sorti de toutes parts, et en si peu de tems!

Les quatre jurisconsultes qui, sur son invitation, ont rédigé le nouveau projet de Code civil; le tribunal de cassation, et les tribunaux d'appel, qui ont reçu la mission de le réviser, tous ont acquis, par leur zèle et par leurs talens, des droits à l'estime et à la reconnaissance de la nation.

Enfin tous les citoyens ont été assurés de voir accueillir le tribut de leurs connaissances, et plusieurs se sont honorés en secondant les vues du Gouvernement.

Mesure aussi grande, aussi politique que sage en elle-même! Elle a nationalisé, si l'on peut s'exprimer ainsi, les matériaux du Code civil. Elle a éloigné l'envie, qui s'attache trop aisément à un grand ouvrage, lorsque la direction en est confiée à un seul; il en est résulté des changemens utiles, et elle aura excité la confiance avec laquelle la Nation accueillera le fruit de tant d'honorables travaux.

La Section vous propose de voter l'admission du projet de loi.

DEUXIÈME PROJET DE LOI.

TITRE PREMIER DU CODE CIVIL

Relatif à la jouissance et à la privation des droits civils, présenté le 6 ventose au Corps législatif par les conseillers TREILHARD, REGNAUD, (*de Saint-Jean-d'Angely*), *chargés d'en soutenir la discussion, fixée au 17 ventose.*

MOTIFS du titre premier du Code civil.

CITOYENS LÉGISLATEURS,

L'éclat de la victoire, la prépondérance d'un Gouvernement également fort et sage, donnent sans doute un grand prix à la qualité de *Citoyen Français*; mais cet avantage serait plus brillant que solide, il laisserait encore d'immenses vœux à remplir, si la législation intérieure ne garantissait pas à chaque individu une existence douce et paisible, et si, après avoir tout fait pour la gloire

gloire de la nation, on ne s'occupait pas avec le
même succès du bonheur des personnes.

La sûreté, la propriété, voilà les grandes bases
de la félicité d'un peuple ; c'est par la loi seule
que leur stabilité peut être garantie, et l'on re-
connaîtra sans peine que la conservation des droits
civils influe sur le bonheur individuel, bien plus
encore que le maintien des droits politiques ; parce
que ceux-ci ne peuvent s'exercer qu'à des distances
plus ou moins éloignées, et que la loi civile se fait
sentir tous les jours et à tous les instans.

La loi sur la jouissance et la privation des droits
civils offre donc un grand intérêt et mérite toute
l'attention du législateur.

Le projet que vous avez entendu contient deux
chapitres. Le premier a pour titre : *De la jouissance
des droits civils* ; le deuxième : *De la privation
des droits civils*. Celui-ci se divise en deux sec-
tions, parce que l'on peut être privé des droits
civils, ou par la perte de la qualité de Français,
ou par une suite des condamnations judiciaires.

A quelles personnes sera donc accordée la jouissance des droits civils ? On sent assez que tout
Français a droit à cette jouissance ; mais si le tableau de notre situation peut inspirer aux étrangers
un vif désir d'en partager les douceurs, la loi civile ne doit certainement pas élever entre eux et
nous des barrières qu'ils ne puissent pas franchir.

Cependant cette communication facile, établie
pour nous enrichir de la population et de l'industrie des autres nations, pourrait aussi quelquefois nous apporter leur écume : tout n'est pas
toujours bénéfice dans un pareil commerce, et
l'on ne trouva quelquefois que des germes de cor-

ruption et d'anarchie où l'on avait droit d'espérer des principes de vie et de prospérité.

Cette réflexion si naturelle vous explique déjà une grande partie des dispositions du projet.

Tout Français jouit des droits civils ; mais l'individu né en France d'un étranger, celui né en pays étranger d'un Français, l'étrangère qui épouse un Français, seront-ils aussi réputés Français ? Voilà les premières questions qui se sont présentées ; le projet les décide d'après les notions universellement reçues.

La femme suit par-tout la condition de son mari ; elle devient donc Française quand elle épouse un Français.

Le fils a l'état de son père ; il est donc Français quand son père est Français : peu importe le lieu où il est né, si son père n'a pas perdu sa qualité.

Quant au fils de l'étranger qui reçoit accidentellement le jour en France, on ne peut pas dire qu'il ne naît pas étranger ; mais ses premiers regards ont vu le sol français, c'est sur cette terre hospitalière qu'il a souri pour la première fois aux caresses maternelles, qu'il a senti ses premières émotions, que se sont développés ses premiers sentimens : les impressions de l'enfance ne s'effacent jamais ; tout lui retracera dans le cours de la vie ses premiers jeux, ses premiers plaisirs : pourquoi lui refuserait-on le droit de réclamer à sa majorité la qualité de Français, que tant et de si doux souvenirs pourront lui rendre chère ? C'est un enfant adoptif qu'il ne faut pas repousser quand il promettra de se fixer en France, et qu'il y établira de fait son domicile : c'est la disposition de l'article 9 du projet.

Si nous recevons l'étranger en France, rejeterons-nous de notre sein celui qui sera né en pays étranger, mais d'un père qui aurait perdu la qualité de Français ? Le traiterons-nous avec plus de rigueur que l'étranger né sur notre sol ? Non, sans doute : c'est toujours du sang français qui coule dans ses veines ; l'inconstance ou l'inconduite du père n'en ont pas tari la source ; le souvenir de toute une famille n'est pas effacé par quelques instans d'erreur d'un père ; le fils doit être admis à les réparer, et peut-être encore les remords du père ont-ils mieux fait sentir au fils le prix de la qualité perdue : elle lui sera d'autant plus chère, qu'il saura d'avance de combien de regrets la perte en est accompagnée.

J'arrive à la question la plus importante et dont la solution pourrait présenter plus de difficultés. L'étranger jouira-t-il en France des droits civils ? Ici la question se divise ; l'étranger peut établir son domicile en France, ou il peut continuer de résider dans son pays.

Supposons d'abord que l'étranger fixe son domicile en France.

Ne perdons pas de vue qu'il ne s'agit pas ici du titre de *Citoyen français* : la loi constitutionnelle règle les conditions auxquelles l'étranger peut devenir *Citoyen* ; il faut, pour acquérir ce titre, que l'étranger, âgé de vingt-un ans accomplis, déclare l'intention de se fixer en France, et qu'il y réside pendant dix années consécutives. Quand il aura rempli ces conditions, il sera citoyen français.

Cependant, quand il aura déclaré son intention de se fixer en France et du moment qu'il y aura transporté son domicile, quel sera son sort dans sa patrie ? Dans sa patrie ! il n'en a plus depuis la déclaration qu'il a faite de vouloir se fixer en France ;

4 *

la patrie ancienne est abdiquée, la nouvelle n'est pas encore acquise; il ne peut exercer de droits politiques ni dans l'une ni dans l'autre: peut-être même a-t-il déjà perdu l'exercice des droits civils dans sa terre natale, uniquement parce qu'il aura transporté son domicile sur le sol français. S'il faut, pour participer à ces droits dans la nouvelle patrie, attendre encore un long espace de temps, comment pourra-t-on supposer qu'un étranger s'exposera à cette espèce de mort civile, pour acquérir un titre qui ne lui sera conféré qu'au bout de dix années?

Ces considérations motivent assez l'article du projet qui accorde l'exercice des droits civils à l'étranger admis par le Gouvernement, à établir son domicile parmi nous.

La loi politique a sagement prescrit une résidence de dix années pour l'acquisition des droits politiques; la loi civile attache avec la même sagesse le simple exercice des droits civils à l'établissement en France.

Mais le caractère personnel de l'étranger qui se présente, sa moralité plus ou moins grande, le moment où il veut se placer dans nos rangs, la position respective des deux peuples, et une foule d'autres circonstances, peuvent rendre son admission plus ou moins désirable; et, pour s'assurer qu'une faveur ne tournera pas contre le peuple qui l'accorde, la loi n'a dû faire participer aux droits civils que l'étranger admis par le Gouvernement.

L'étranger qui ne quitte pas le sol natal jouira-t-il aussi en France de la totalité ou d'une partie des droits civils? L'admettra-t-on sans restrictions, sans condition? ou plutôt ne doit-on pas, adoptant la règle d'une juste réciprocité, restreindre les droits de l'étranger à ceux dont un Français peut jouir dans le pays de cet étranger?

Cette question a été si souvent et si profondément agitée, qu'il est difficile de porter de nouveaux aperçus dans sa discussion; et quelque parti qu'on embrasse, on pourra toujours s'autoriser sur de grandes autorités, ou sur de grands exemples.

Ceux qui veulent accorder aux étrangers une participation totale et absolue à nos droits civils, recherchent l'origine du droit d'aubaine dans celle de la féodalité, et regardent la suppression entière de ce droit comme une conséquence nécessaire de l'abolition du régime féodal. L'intérêt national, suivant eux, en sollicite la suppression aussi puissamment que la barbarie de sa source. L'ancien Gouvernement avait lui-même reconnu la nécessité de le proscrire dans une foule de traités qui en avaient au moins modifié la rigueur; il avait senti que ce droit ne devait plus subsister depuis que le commerce avait rattaché tous les peuples par les liens d'un intérêt commun. Telle a été, disent-ils, l'opinion des plus grands publicistes; Montesquieu avait dénoncé le droit d'aubaine à toutes les nations, comme un droit *insensé;* et l'Assemblée constituante, ce foyer de toutes les lumières, ce centre de tous les talens, en avait prononcé l'abolition intégrale et absolue, sans condition de réciprocité, comme un moyen d'appeler un jour tous les peuples au bienfait d'une fraternité universelle.

Le projet de détruire les barrières qui séparent tous les peuples, de confondre tous leurs intérêts, et de ne plus former, s'il est permis de le dire, qu'une seule nation sur la terre, est sans doute une conception également hardie et généreuse, mais ceux qui en ont été capables ont-ils vu les hommes tels qu'ils sont, ou tels qu'ils les desirent.

Consultons l'histoire de tous les temps, de tous les peuples, et jetons sur-tout nos regards autour de nous. Si l'on fit tant d'efforts pénibles et trop souvent inutiles pour maintenir l'harmonie dans une seule nation, dans une seule famille, pouvons-nous raisonnablement espérer la réalisation d'une harmonie universelle, et le monde moral doit-il être, plus que le monde physique, à l'abri des ouragans et des tempêtes?

Au lieu de se livrer aux illusions trop souvent trompeuses des théories, ne vaut-il pas mieux faire des lois qui s'appliquent aux caractères et aux esprits que nous connaissons? L'admission indéfinie des étrangers peut avoir quelques avantages; mais nous ne savons que trop qu'on ne s'enrichit pas toujours des pertes ou des désertions de ses voisins, et qu'un ennemi peut faire quelquefois des présens bien funestes. On sera du moins forcé de convenir que le principe de la réciprocité, d'après les traités, a cet avantage bien réel, que les traités étant suspendus par le fait seul de la déclaration de guerre, chaque peuple redevient le maître, dans ces momens critiques, de prendre l'intérêt du moment pour unique règle de sa conduite.

Hé! pourquoi donnerions-nous à nos voisins des privilèges qu'ils s'obstineraient à nous refuser? Il sera toujours utile, nous dit-on, d'attirer sur notre sol des étrangers riches de leurs possessions, de leurs talens, de leur industrie; j'en conviens: mais viendront-ils sur notre sol, ces opulens et

précieux étrangers, si, par leur établissement en
France, ils deviennent eux-mêmes tout-à-coup
étrangers à leur sol natal ; s'ils ne peuvent aspirer
au titre de Français, sans sacrifier tous leurs droits
acquis ou éventuels dans leur patrie, parce qu'elle
nous refuse les avantages de la réciprocité, et
qu'elle persiste à ne voir dans les Français que
des étrangers ? Encore une fois, méfions - nous
des théories, quelque brillantes qu'elles paraissent,
et consultons plutôt l'expérience.

Lorsque l'ancien Gouvernement français an-
nonça l'intention de supprimer, d'adoucir du
moins les droits d'aubaine envers les peuples qui
partageraient ses principes, plusieurs Gouvernemens s'empressèrent de traiter avec la France,
et de s'assurer, par un juste retour, le bienfait
de la suppression ou de la modification du droit
d'aubaine ; on donna pour acquérir, car l'intérêt
est la mesure des traités entre Gouvernemens,
comme il est la mesure des transactions entre
particuliers.

Mais depuis l'abolition absolue du droit d'aubaine de la part de la France, de tous les peuples
qui n'avaient pas auparavant traité avec elle, il
n'en est pas un seul qui ait changé sa législation.
Ils n'avaient plus besoin de faire participer chez
eux les Français à la jouissance des droits civils
pour obtenir la même participation en France ;
aussi ont-ils maintenu à cet égard, contre les
français, toute la sévérité de leur législation : en
sorte qu'il est actuellement prouvé que si l'intérêt
général des peuples sollicite en effet l'abolition
entière du droit d'aubaine, il faut, pour ce même
intérêt, établir une loi de réciprocité, parce que

seule elle peut amener le grand résultat que l'on désire.

Est-il nécessaire actuellement de répondre aux autorités ? Montesquieu a qualifié le droit d'aubaine de droit *insensé* ; mais Montesquieu, dans la phrase qu'on cite, plaça sur la même ligne les droits de naufrage et ceux d'aubaine, qu'il appelle tous les deux des droits *insensés*. Il y a cependant loin du droit barbare de naufrage, qui, punissant le malheur comme un crime, confisquait les hommes et les choses jetés sur le rivage par la tempête, au droit d'aubaine, fondé sur le principe (erroné si l'on veut, mais du moins nullement atroce) d'une jouissance exclusive des droits civils en faveur des nationaux.

Montesquieu, d'ailleurs, a-t-il prétendu qu'une nation seule devait se hâter de proclamer chez elle la suppression absolue du droit d'aubaine, quand ce droit était établi et maintenu chez tous les autres peuples ? Il savait trop bien que certaines institutions qui, en elles mêmes, ne sont pas bonnes, mais qui réfléchissent sur d'autres nations, ne pourraient être abolies chez un seul peuple, sans compromettre sa prospérité, tant qu'il existerait chez les étrangers une espèce de conspiration pour les maintenir.

Le régime des douanes a aussi été jugé sévèrement par des hommes graves qui désiraient la chute de toutes les barrières : en conclura-t-on qu'un peuple seul ferait un grand acte de sagesse en supprimant tout-à-coup et absolument le régime des douanes, et n'est-il pas, au contraire, plus convenable d'engager les autres nations à nous faciliter l'usage des productions de leur sol qui peuvent nous être utiles, par la libre communication que nous pouvons leur donner des productions françaises dont ils auront besoin?

Tout le monde convient qu'un état militaire excessif est un grand fardeau pour les peuples; mais lorsque cet état militaire, quelque grand qu'il puisse être, n'est que proportionné à l'état militaire des nations rivales, donnerait-il une grande opinion de sa prudence, le Gouvernement qui, sans consulter les dispositions de celles-ci, réduirait cet état sur le pied où il devrait être, s'il n'avait ni voisins ni rivaux?

Une institution peut n'être pas bonne, et cependant sa suppression absolue peut être dangereuse; et c'est ici le cas de rappeler cette maxime triviale, que *le mieux est souvent un grand ennemi du bien.*

L'Assemblée constituante prononça l'abolition du droit d'aubaine! Je sens tout le poids de cette autorité; mais qui osera dire que l'Assemblée constituante, que de si grands souvenirs recommanderont à la postérité, ne fut pas quelquefois jetée au delà d'une juste mesure par des idées philantropiques que l'expérience ne pouvait pas encore régler? Et sans sortir de l'objet qui nous occupe, l'appel que l'Assemblée constituante fit aux autres nations, a-t-il été entendu d'elles? En est-il une seule qui ait répondu? N'ont-elles pas au contraire, conservé toutes leurs règles sur le droit d'aubaine? Concluons de-là que si l'Assemblée constituante a voulu préparer l'abolition totale du droit d'aubaine, le plus sûr moyen de réaliser cette conception libérale, c'est d'admettre la règle de la réciprocité, qui peut amener un jour les autres peuples, par la considération de leurs intérêts, à consentir aussi l'abolition de ce droit.

Ces motifs puissans ont déterminé la disposition du projet qui n'assure en France, à l'étranger, que les mêmes droits civils accordés aux français par les traités de la nation à laquelle les étrangers appartiennent.

Voilà la seule règle qu'on dût établir dans un code civil, parce qu'en préparant pour l'avenir la suppression totale du droit d'aubaine, elle n'exclut d'ailleurs aucune des concessions particulières qui pourraient être dans la suite sollicitées par les circonstances et pour l'intérêt du peuple français.

Je ne crois pas devoir m'arrêter à quelques autres articles du premier chapitre; la simple lecture en fait sentir assez la sagesse ou la nécessité; et je passe au deuxième chapitre de la privation des droits civils.

On peut être privé des droits civils par la perte de la qualité de Français, et par une suite de condamnation judiciaire : la première section de ce chapitre a pour objet la perte de la qualité de Français.

Il serait superflu de rappeler qu'il ne s'agit pas ici de droits politiques et de la perte du titre de citoyen, mais du simple exercice des droits civils, droits acquis à un grand nombre de Français qui ne sont pas, qui ne peuvent pas être citoyens; ainsi toute cause qui prive du titre de citoyen, ne doit pas nécessairement priver des droits civils et de la qualité de Français. Cette qualité ne doit se perdre que par des causes qui supposent une renonciation à sa patrie.

L'article 17 du projet en présente quatre : 1° La

naturalisation acquise en pays étranger. 2°. L'acceptation non autorisée par le Gouvernement de fonctions publiques conférées par un Gouvernement étranger. 3°. L'affiliation à toute corporation étrangère qui exigera des distinctions de naissance. 4°. Tout établissement fait en pays étranger sans esprit de retour. L'article 13 assigne une cinquième cause ; c'est le mariage d'une Française avec un étranger. Enfin l'article 21 place aussi au nombre des causes qui font perdre la qualité de Français, l'entrée, sans autorisation du Gouvernement, au service militaire de l'étranger, ou l'affiliation à une corporation militaire étrangère.

Il est assez évident que, dans tous ces cas, la qualité de Français ne peut plus se conserver : on ne peut pas avoir deux patries. Comment celui qui s'est fait naturaliser en pays étranger, celui qui a accepté du service ou des fonctions publiques chez une nation rivale, celui qui a abjuré le principe le plus sacré de notre pacte social, en courant après des distinctions incompatibles avec l'égalité, celui enfin qui aurait abandonné la France sans retour, aurait-il pu conserver le titre de Français ? Cependant, dans le nombre des causes qui détruisent cette qualité, on doit faire une distinction. Il en est quelques-unes qui ne sont susceptibles d'aucune interprétation favorable, celles, par exemple, de la naturalisation en pays étranger et de l'abjuration du principe de l'égalité ; mais il en est d'autres, telles que l'acceptation de fonctions publiques ou de service chez l'étranger, qui peuvent quelquefois être excusées : un peuple ami peut réclamer auprès du Gouvernement français des secours que notre intérêt même ne permet pas de refuser. Aussi n'a-t-on dû attacher la perte de la qualité de Français qu'à une acceptation, non autorisée par le Gouvernement, de services ou de fonctions publiques chez l'étranger.

Mais les Français même qui ont perdu leur qualité par l'une des causes déjà appliquées, ne pourront-ils jamais la recouvrer? Ne peut-on pas supposer qu'en quittant la France, ils ont uniquement cédé à l'impulsion d'un caractère léger; qu'ils ont voulu sur-tout améliorer leur situation par leur industrie, pour jouir ensuite au milieu de leurs concitoyens de l'aisance qu'ils se seront procurée? Ne doit-on pas supposer du moins que leur désertion a été suivie de vifs regrets? et leurs frères pourront-ils être toujours insensibles, quand ces transfuges viendront se jeter dans leurs bras?

Vous supposer, citoyens Législateurs, cette rigoureuse inflexibilité, ce serait mal vous connaître. Une mère ne repousse jamais des enfans qui viennent à elle. Que les Français qui ont perdu cette qualité reviennent se fixer en France, qu'ils renoncent à toutes distinctions contraires à nos lois, et ils seront encore reconnus Français.

Cependant l'indulgence ne doit pas être aveugle et imprudente; le retour de ces Français ne doit être ni un moyen de trouble dans l'Etat, ni un signal de discorde dans leurs familles; il faut que leur rentrée soit autorisée par le Gouvernement, qui peut connaître leur conduite passée et leurs sentimens secrets; et ils ne doivent acquérir que l'exercice des droits ouverts à leur profit depuis leur réintégration.

Il est même une classe pour qui l'on a dû être plus sévère; c'est celle des Français qui ont

pris du service militaire chez l'étranger, sans l'autorisation du Gouvernement. Cette circonstance a
un caractère de gravité qui le distingue : ce n'est plus
un simple acte de légèreté ; une démarche sans
conséquence ; c'est un acte de dévouement particulier à la défense d'une nation, aujourd'hui notre
alliée, si l'on veut, mais qui demain peut être
notre rivale, et même notre ennemie. Le Français a
dû prévoir qu'il pouvait s'exposer, par son acceptation, à porter les armes contre sa patrie. En
vain dirait-il que, dans le cas d'une rupture entre
les deux nations, il n'aurait pas balancé à rompre
ses nouveaux engagemens : quel garant pourrait-
il donner de son assertion ? La puissance qui l'a
pris à sa solde a-t-elle entendu cette restriction ?
l'aurait-elle laissé maître du choix. On a pensé
que, dans cette circonstance, une épreuve plus
rigoureuse était indispensable ; que l'individu qui
se trouve dans cette position ne pouvait rentrer,
comme de raison, sans l'autorisation du Gouvernement, mais qu'il ne devait encore recouvrer la
qualité de Français qu'en remplissant les conditions imposées à l'étranger pour devenir citoyen.

Je passe actuellement à la seconde section, à
la privation des droits civils par suite de condamnations judiciaires.

Le projet qui vous est présenté n'a pas pour
objet de déterminer celles des peines dont l'effet
sera de priver le condamné de toute participation
aux droits civils ; c'est dans un autre moment,
dans un autre code, que ces peines seront indiquées : il suffit, quant à présent, de savoir qu'il
doit exister des peines (ne fût-ce que la condamnation à mort naturelle) qui emporteront de

droit et pour jamais le retranchement de la société; et ce qu'on appelle *mort civile.*

Qu'est-ce que la mort civile, me dira-t-on?
pourquoi souiller notre code de cette expression
proscrite et barbare?

Citoyens Législateurs, celui qui est condamné
légalement pour avoir dissous, autant qu'il était
en lui, le corps social, ne peut plus en réclamer
les droits; la société ne le connaît plus, elle
n'existe plus pour lui; il est mort à la société:
voilà la mort civile. Pourquoi proscrire une
expression usitée, qui rend parfaitement ce qu'on
veut exprimer, dont tout le monde connaît la
valeur et le sens, et que ceux même qui l'im-
prouvent n'ont encore pu remplacer par aucune
expression équivalente?

Ce n'est pas du mot qu'il s'agit, c'est de la
chose. Quelqu'un peut-il prétendre que l'individu
légalement retranché de la société peut encore
être avoué par elle comme un de ses membres?
peut-on dire que la faculté et la nécessité de ce
retranchement n'ont pas été reconnues par tous
les peuples dans des cas rares, il est vrai, mais
qui cependant ne se représentent encore que trop
souvent?

Le principe une fois admis, les conséquences
ne sont plus douteuses. La loi civile ne reconnaît plus le condamné; donc il perd tous les
droits qu'il tenait de la loi civile; il n'existe plus
aux yeux de la loi; donc il ne peut participer
encore à ses bienfaits. Il est mort enfin pour la
société; il n'a plus de famille, il ne succède plus,
sa succession est ouverte, ses héritiers occupent à
l'instant sa place; et si sa vie physique vient à
se prolonger, et qu'au jour de son trépas il laisse

quelques biens, il meurt sans héritiers, comme
le célibataire qui n'a pas de parens.

Vous sentez, citoyens Législateurs, que l'une
des conséquences de la mort civile doit être la
dissolution du mariage du condamné *quant aux
effets civils*; car la loi ne peut le reconnaître en
même temps comme existant et comme n'existant
pas; elle ne peut lui enlever une partie de ses droits
civils comme mort, et lui en conserver cependant une partie comme vivant. Il pourra bien se
prévaloir du droit naturel, tant qu'il existera
physiquement; mais il ne pourra réclamer l'exercice d'aucun droit civil, puisqu'il est mort en
effet civilement. Toute autre théorie ne produi-
rait que contradictions et inconséquences.

Je n'ai pas besoin sans doute d'observer que
l'on n'a dû considérer le mariage que comme un
acte civil, et dans ses rapports civils, abstraction
faite de toute idée religieuse et de toute espèce
de culte, dont le code civil ne doit pas s'occuper.

A quelle époque commencera la mort civile?
C'est un point sur lequel on ne peut s'expliquer
avec trop de précision, parce que c'est l'instant
de la mort qui donne ouverture aux droits des
héritiers, et qui détermine ceux à qui la succession doit appartenir.

Quand le jugement de condamnation est contradictoire, la mort civile commence au jour de
l'exécution réelle ou par effigie.

Cette règle peut-elle s'appliquer aux jugemens
de contumace? Le condamné n'a pas été présent,
et ne s'est par conséquent pas défendu; la loi
lui donne cinq ans pour se représenter : s'il meurt,
ou s'il paraît dans cet intervalle, le jugement est

anéanti, il meurt alors dans l'intégrité de son état; ou s'il vit et s'il est présent, l'instruction recommencera comme s'il n'avait pas été jugé.

Dans l'ancienne jurisprudence, on s'attachait servilement au principe qui fait commencer la mort civile du jour de l'exécution. Par une conséquence rigoureuse de cette maxime, si le condamné décédait après les cinq ans, et sans s'être représenté, il était réputé mort civilement au moment de cette exécution. Mais que d'embarras, de contradictions et d'inconséquences découlent de ce principe!

L'époux condamné pouvait avoir des enfans dans l'intervalle des cinq années: il aurait donc fallu, pour être conséquent, déclarer ces enfans légitimes, si leur père mourait ou se représentait dans cet intervalle, et les déclarer illégitimes, si leur père mourait après les cinq ans sans s'être représenté. Ainsi leur état eût dû dépendre d'un fait évidemment étranger à leur naissance.

Des successions pouvaient s'ouvrir au profit du condamné dans l'intervalle des cinq années: à qui appartenaient-elles? Le condamné devait être héritier, s'il mourait ou s'il se représentait dans les cinq ans; il ne devait pas être héritier, s'il mourait après les cinq sans s'être représenté. Ainsi son droit, le droit des appelés après lui, eût dû dépendre d'un fait absolument étranger aux règles des successions! le titre d'héritier restait incertain; et comme l'héritier, à l'instant du décès, pouvait ne pas se trouver l'héritier à l'expiration des cinq années, c'est par la volonté du condamné, qui pouvait se représenter ou ne se représenter pas, que se trouvait déféré le titre d'héritiers d'héritier dans la succession d'une tierce personne.

La femme du condamné pouvait se remarier; il eût fallu la déclarer adultère, si le condamné mourait ou se représentait dans les cinq ans : elle eût dû être épouse légitime, s'il plaisait au condamné de ne pas se représenter.

Voilà une partie des embarras que présente l'attachement trop scrupuleux à la règle qui fait commencer, même pour le contumace, la mort civile au moment de l'exécution.

Ces considérations, et une foule d'autres qu'on supprime, nous ont fait adopter une règle différente, et qui ne traîne après elle aucune difficulté.

Puisque le condamné par contumace a cinq ans pour se représenter, que sa mort ou sa comparution dans l'intervalle ont l'effet de détruire son jugement, il est sans contredit plus convenable de ne fixer qu'à l'expiration des cinq années l'instant où la mort civile commencera : alors seulement la condamnation aura tout son effet; ainsi s'évanouiront tous les embarras du système contraire. Le condamné a vécu civilement jusqu'à ce moment ; il a pu succéder, il a été époux et père ; mais à cet instant fatal commence sa mort civile.

En vain, dirait-on qu'il y a de la contradiction à exécuter le jugement de condamnation par effigie, et à reculer cependant jusqu'au terme de cinq années le commencement de la mort civile.

Cette contradiction, si elle était réelle, serait bien moins choquante que celle qui résulte dans l'autre système d'une mort provisoire, suivi d'une résurrection réelle, qui, présentant successivement la même personne comme morte et comme vivante, peuvent laisser dans une incertitude funeste, et même porter de violentes atteintes aux droits de plusieurs familles.

Mais la règle adoptée par le projet ne se trouve en contradiction avec aucune autre. Un jugement peut ne pas recevoir dans le même moment toute son exécution ; un tribunal suspend quelquefois cette exécution en tout ou en partie par des motifs très-légitimes : la loi peut, à plus forte raison, en maintenant pour l'exemple l'exécution par effigie au moment de la condamnation, reculer cependant l'époque de la mort civile à l'expiration des cinq ans donnés au contumace pour se représenter : le condamné n'est encore qu'un absent ; ce terme arrivé, sa condamnation devient définitive, et produit tout son effet.

Le contumace peut néanmoins se représenter même après le terme de cinq années. Quelque fortes présomptions que puisse élever contre lui sa longue absence, quoiqu'on ait droit de soupçonner qu'une comparution si tardive n'est due qu'à l'éloignement des témoins à charge, au dépérissement de preuves que le temps amène toujours après lui, à cet affaiblissement des premières impressions qui, disposant les esprits à l'indulgence et à la pitié, peut faire entrevoir au coupable son impunité, l'humanité ne permet cependant pas qu'on refuse d'entendre celui qui ne s'est pas défendu. Il sera jugé, il pourra être absous, il sera absous ; mais il ne rentrera dans ses droits que pour l'avenir seulement, et à compter du jour où il aura paru en justice.

Il pourra commencer une nouvelle vie, mais sans troubler l'état des familles ni contester les droits acquis pendant la durée de sa mots civile. Ainsi se trouveront conciliés les intérêts du contumace, et les intérêts non moins précieux de toute la société.

Voilà, citoyens Législateurs, voilà les principaux motifs du projet de loi sur la jouissance et la privation des droits civils. Le Gouvernement pense que la discussion doit s'ouvrir le 17 de ce mois.

PROJET DE LOI.

TITRE PREMIER.

De la jouissance et de la privation des droits civils.

CHAPITRE PREMIE .

De la jouissance des droits civils.

ARTICLE 7.

L'exercice des droits civils est indépendant de la qualité de *citoyen*, laquelle ne s'acquiert et ne se conserve que conformément à la loi constitutionnelle.

8. Tout Français jouira des droits civils.

9. Tout individu né en France d'un étranger, pourra, dans l'année qui suivra l'époque de sa majorité, réclamer la qualité de *français*, pourvu que, dans le cas où il résiderait en France, il

déclare que son intention est d'y fixer son domicile, et que, dans le cas où il résiderait en pays étranger, il fasse sa soumission de fixer en France son domicile, et qu'il l'y établisse dans l'année à compter de l'acte de soumission.

10. Tout enfant né d'un Français en pays étranger, est Français.

Tout enfant né en pays étranger, d'un Français qui aurait perdu la qualité de Français, pourra toujours recouvrer cette qualité, en remplissant les formalités prescrites par l'article IX.

11. L'étranger jouira en France des mêmes droits civils que ceux qui sont ou seront accordés aux Français par les traités de la nation à laquelle cet étranger appartiendra.

12. L'étrangère qui aura épousé un Français, suivra la condition de son mari.

13. L'étranger qui aura été admis par le Gouvernement à établir son domicile en France, y jouira de tous les droits civils tant qu'il continuera d'y résider.

14. L'étranger même, non résidant en France, pourra être cité devant les tribunaux français, pour l'exécution des obligations par lui contractées en France avec un Français; il pourra être traduit devant les tribunaux de France pour les obligations par lui contractées en pays étranger envers des Français.

15. Un Français pourra être traduit devant un tribunal de France pour des obligations par lui contractées en pays étranger, même avec un étranger.

16. En toutes matières autres que celles de commerce, l'étranger qui sera demandeur sera tenu de donner caution pour le paiement des frais et dommages-intérêts résultant du procès, à moins qu'il ne possède en France des immeubles d'une valeur suffisante pour assurer ce paiement.

CHAPITRE II.

De la privation des droits civils.

SECTION PREMIÈRE.

De la privation des droits civils par la perte de la qualité de Français.

ART. 17. La qualité de Français se perdra, 1°. par la naturalisation acquise en pays étranger; 2°. par l'acceptation, non autorisée par le Gouvernement, de fonctions publiques conférées par un Gouvernement étranger; 3°. par l'affiliation à toute corporation étrangère qui exigera des distinctions de naissance; 4°. enfin, par tout établissement fait en pays étranger sans esprit de retour.

Les établissemens de commerce ne pourront

jamais être considérés comme ayant été faits sans esprit de retour.

18. Le Français qui aura perdu sa qualité de Français, pourra toujours la recouvrer en entrant en France avec l'autorisation du Gouvernement, et en déclarant qu'il veut s'y fixer, et qu'il renonce à toute distinction contraire à la loi française.

19. Une femme française qui épousera un étranger, suivra la condition de son mari.

Si elle devient veuve, elle recouvrera la qualité de Française, pourvu qu'elle réside en France, ou qu'elle y entre avec l'autorisation du Gouvernement, et en déclarant qu'elle veut s'y fixer.

20. Les individus qui recouvreront la qualité de Français dans les cas prévus par les articles X, XVIII et XIX, ne pourront s'en prévaloir qu'après avoir rempli les conditions qui leur sont imposées par ces articles, et seulement pour l'exercice des droits ouverts à leur profit depuis cette époque.

21. Le Français qui, sans autorisation du Gouvernement, prendrait du service militaire chez l'étranger, ou s'affilierait à une corporation militaire étrangère, perdra sa qualité de Français.

Il ne pourra rentrer en France qu'avec la permission du Gouvernement, et recouvrer la qualité de Français, qu'en remplissant les conditions imposées à l'étranger pour devenir citoyen : le tout sans préjudice des peines prononcées par la loi criminelle contre les Français qui ont porté ou porteront les armes contre leur patrie.

SECTION II.

De la privation des droits civils par suite des condamnations judiciaires.

Art. 22. Les condamnations à des peines dont l'effet est de priver celui qui est condamné, de toute participation aux droits civils ci-après exprimés, emporteront la mort civile.

23. La condamnation à la mort naturelle emportera la mort civile.

24. Les autres peines afflictives perpétuelles, n'emporteront la mort civile qu'autant que la loi y aurait attaché cet effet.

25. Par la mort civile, le condamné perd la propriété de tous les biens qu'il possédait ; sa succession est ouverte au profit de ses héritiers auxquels ses biens sont dévolus, de la même manière que s'il était mort naturellement et sans testament.

Il ne peut plus ni recueillir aucune succession, ni transmettre à ce titre les biens qu'il a acquis par la suite.

Il ne peut ni disposer de ses biens en tout ou en partie, par donation entre-vifs ni par testament, ni recevoir à ce titre, si ce n'est pour cause d'alimens.

Il ne peut être nommé tuteur, ni concourir aux opérations relatives à la tutelle.

Il ne peut être témoin dans un acte solennel ou authentique, ni être admis à porter témoignage en justice,

Il ne peut procéder en justice, ni en défendant, ni en demandant, que sous le nom et par le ministère d'un curateur spécial qui lui est nommé par le tribunal où l'action est portée,

Il est incapable de contracter un mariage qui produise aucun effet civil.

Le mariage qu'il avait contracté précédemment est dissous quant à tous ses effets civils.

Son époux et ses héritiers peuvent exercer respectivement les droits et les actions auxquels sa mort naturelle donnerait ouverture ; le tout sauf la caution dont il sera parlé ci-après.

26. Les condamnations contradictoires n'emportent la mort civile qu'à compter du jour de leur exécution, soit réelle, soit par effigie.

27. Les condamnations par contumace n'emporteront la mort civile qu'après les cinq années qui suivront l'exécution du jugement par effigie, et pendant lesquelles le condamné peut se représenter.

28. Les condamnés par contumace seront, pen-

dans les cinq ans, ou jusqu'à ce qu'ils se représentent ou qu'ils soient arrêtés pendant ce délai, privés de l'exercice des droits civils.

Leurs biens seront administrés, et leurs droits exercés de même que ceux des absens.

29. Lorsque le condamné par contumace se présentera volontairement dans les cinq années, à compter du jour de l'exécution, ou lorsqu'il aura été saisi et constitué prisonnier dans ce délai, le jugement sera anéanti de plein droit; l'accusé sera remis en possession de ses biens, il sera jugé de nouveau; et si, par ce nouveau jugement, il est condamné à la même peine ou à une peine différente, emportant également la mort civile, elle n'aura lieu qu'à compter du jour de l'exécution du second jugement.

30. Lorsque le condamné par contumace, qui ne se sera représenté, ou qui n'aura été constitué prisonnier qu'après les cinq ans, sera absous par le nouveau jugement, ou n'aura été condamné qu'à une peine qui n'emportera pas la mort civile, il rentrera dans la plénitude de ses droits civils pour l'avenir, et à compter du jour où il aura reparu en justice; mais le premier jugement conservera, pour le passé, les effets qu'avait produits la mort civile dans l'intervalle écoulé, depuis l'époque de l'expiration des cinq ans jusqu'au jour de sa comparution en justice.

3r. Si le condamné par contumace meurt dans le délai de grace des cinq années, sans s'être représenté, ou sans avoir été saisi ou arrêté, il sera réputé mort dans l'intégrité de ses droits; le jugement de contumace sera anéanti de plein droit, sans préjudice néanmoins de l'action de la partie civile, laquelle ne pourra être intentée contre les héritiers du condamné que par la voie civile.

3a. En aucun cas, la prescription de la peine ne réintégrera le condamné dans ses droits civils pour l'avenir.

33. Les biens acquis par le condamné depuis la mort civile encourue, et dont il se trouvera en possession au jour de sa mort naturelle, appartiendront à la nation par droit de déshérence.

Néanmoins le Gouvernement en pourra faire, au profit de la veuve, des enfans ou parens des condamnés, telles dispositions que l'humanité lui suggérera.

Approuvé, *le premier Consul*, signé BONAPARTE.
Par le premier Consul, *le secrétaire d'Etat*, signé Hugues-B. MARET.

Pour extrait conforme, *le secrétaire-général du Conseil-d'Etat*, signé J. G. LOCRÉ.

TROISIÈME PROJET DE LOI.

TITRE II DU CODE CIVIL,

Relatif aux actes de l'état civil, présenté au Corps législatif par les conseillers d'état THIBAUDEAU, FRANÇAIS, (*de Nantes*) *et* JOLLIVET, *chargés d'en soutenir la discussion, fixée au 20 ventose.*

Du 9 Ventose an XI.

EXPOSÉ des motifs du projet de loi concernant les actes de l'État civil.

CITOYENS LÉGISLATEURS,

Le projet de loi que nous sommes chargés de vous présenter renferme beaucoup de dispositions qui peuvent d'abord paroître minutieuses ; cependant elles sont d'une grande importance, puisqu'elles ont pour objet de fixer l'état des individus : il s'agit ici de la base fondamentale de la société et de la constitution des familles. Nous n'analyserons point toutes ces dispositions ; il y en a beaucoup qu'il suffira de lire pour que leur utilité soit facilement sentie.

Ce projet de loi contient six parties distinctes ;

cette division étoit indiquée par la nature des choses.

Trois grandes époques constituent l'état des hommes, et sont la source de tous les droits civils : la naissance, le mariage et le décès.

Lorsqu'un individu reçoit le jour, il y a deux choses qu'il importe de constater, le fait de la naissance et la filiation.

Le mariage a pour but de perpétuer régulièrement l'espèce, et de distinguer les familles ; il faut donc des règles qui impriment à ce contrat un caractère uniforme et légal.

La mort rompt les liens qui attachoient l'homme à la société : en cessant de vivre, il transmet des droits. Les naissances, les mariages et les décès sont donc soumis à des règles qui leur sont particulières.

Il y a néanmoins des règles également applicables à tous ces actes, et des principes généraux qui doivent les régir : on les a compris dans un titre préliminaire de dispositions générales ; un titre règle ce qui concerne les actes de l'état civil des militaires hors du territoire de la République. Enfin, malgré la prévoyance du législateur, il peut se glisser des erreurs dans la rédaction des actes ; les parties intéressées ont intérêt d'en demander la rectification : il a fallu déterminer la forme des actions, la compétence des tribunaux, et les effets des jugemens. Voilà le système et l'ensemble de la loi.

Avant d'examiner chacun des titres, nous devons prévenir une réflexion qui se présente naturellement. On pourrait croire que la loi est incomplète, en ce qu'elle ne parle point du divorce et de l'adoption ; mais il auroit été prématuré de déterminer les formes des actes relatifs à ces institutions, avant de les avoir soumises au Législateur : nous ne traitons ici que des formes ; le fonds doit faire l'objet d'autres lois. Les naissances et les décès sont des faits physiques ; le mariage est une institution nécessaire et consacrée ; il ne peut y avoir à cet égard de dissentiment, ni aucune espèce de discussion. Il n'en est pas ainsi de l'adoption et du divorce. On a donc cru plus régulier et plus convenable de renvoyer à chacune de ces matières les formes dans lesquelles les actes qui les concernent seront rédigés.

L'assemblée constituante avait décidé qu'il serait établi pour tous les Français, sans distinction, un mode de constater les naissances, mariages et décès ; elle voulait rendre la validité des actes civils indépendantes des dogmes religieux. L'assemblée législative organisa ce principe par la loi du 20 septembre 1792, qui est encore exécutée ; mais cette loi ne statua pas seulement sur les formes des actes, elle régla les conditions du mariage. Tout ce que cette loi contenait d'essentiel sur la forme des actes a été conservé dans le projet de loi ; on y a seulement fait des additions ou des modifications, qui sont le résultat de l'expérience de plusieurs années : telles sont les dispositions qui rappellent expressément aux officiers de l'état civil qu'ils n'ont aucune juridiction, et qu'instrumens passifs des actes, ils ne doivent y insérer que ce qui est déclaré par les comparans ; celle qui veut que les témoins soient du sexe masculin, et âgés de vingt-un ans. En effet il serait inconséquent de ne pas adopter, pour les actes de l'état civil, les mêmes formes que pour les contrats ordinaires ; celle qui permet à toute personne de se faire dé-

livrer des expéditions des actes de l'état civil. Les
lois qui semblaient avoir limité cette faculté aux
parties intéressées, étaient injustes. L'état civil des
hommes doit être public, et il y avait de l'inconvénient à laisser les officiers civils juges des motifs
sur lesquels pouvait être fondée la demande d'une
expédition.

Quant aux registres, la déclaration de 1736 n'en
avait établi que deux, c'est-à-dire un seul pour
tous les actes, mais tenu double : la loi de 1792
en établit six, c'est-à-dire, trois tenus doubles; un
pour les naissances, un pour les mariages, et l'autre
pour les décès. On avait cru que cette multiplicité
de registres faciliterait la distinction de chaque
espèce d'acte; mais l'expérience a prouvé que l'on
s'était trompé. C'est à cette multiplicité de registres
qu'il faut au contraire attribuer l'état déplorable
où ils sont dans un trop grand nombre de communes. Comment, en effet, espérer que des administrateurs municipaux souvent peu instruits, et
chargés gratuitement de la rédaction des actes, ne
commissent pas un grand nombre d'erreurs et de
confusions? Lorsque le registre des actes de décès
était rempli avant la fin de l'année, l'officier de
l'état civil inscrivait ces actes sur le registre des
naissances où il restait des feuillets blancs; et ce
qui n'était qu'une transposition a souvent paru une
lacune ou une omission. On a donc pensé qu'il
était plus convenable de n'avoir qu'un seul registre
tenu double, pour l'inscription des actes de toute
espèce à la suite les uns des autres, et que ce procédé était beaucoup plus simple, exigeait moins
d'attention, et exposait à moins d'erreurs. Cette
forme ne rend pas plus difficile les relevés que le
Gouvernement est dans le cas d'ordonner pour les

travaux relatifs à la population. Cependant la règle
de l'unité des registres n'est pas posée d'une manière
si absolue, que le Gouvernement ne puisse y faire
exception pour les villes où les officiers de l'état
civil ont plus de lumières, et où la rédaction des
actes est plus multipliée. Cette latitude parut même
nécessaire dans les discussions qui précédèrent la
loi du 20 novembre : on disait alors que la tenue
de six registres serait plus embarrassante qu'utile
dans les endroits qui n'étaient pas très-peuplés.

La loi de 1792 attribuait à l'autorité administrative une sorte de juridiction et de police sur la
tenue des registres. En effet, elle disposait qu'ils
seraient cotés et paraphés par le président du directoire de district; que l'un des doubles serait
transmis à cette administration, qui vérifierait si
les actes avaient été dressés et les registres tenus
dans les formes prescrites, et que ce double serait
ensuite envoyé au directoire de département avec
les observations, déposé et conservé aux archives
de cette administration. On motivait ces dispositions sur les relations des citoyens avec les administrations de département, les relations des administrations avec le ministre de l'intérieur et le
Corps législatif. On prétendait que les registres
seraient mieux conservés dans les archives des administrations que dans les greffes; que ce dépôt
n'avait rien de commun avec les fonctions judiciaires; que les rapports des citoyens avec les tribunaux, quant à leur état civil, étaient purement
accidentels; qu'au contraire l'administration devait
donner les états de population, et répartir les
contributions dont la population est une des
grandes bases.

D'un autre côté, on dit, avec raison, que l'état

civil des citoyens est une propriété qui repose, comme toutes les autres propriétés, sous l'égide des tribunaux. Les registres doivent être cotés et paraphés par le juge, parce que sans cela, en cas de contestation, il serait obligé de faire vérifier la signature et le paraphe des préfets ou sous-préfets. Ainsi, lorsque les registres étaient tenus par les curés, ils étaient déposés aux greffes des bailliages, et conservés par l'autorité chargée de protéger l'état des citoyens. On n'attente point aux droits de l'autorité administrative : ses fonctions, qui ne sont à cet égard que de police, se bornent à pourvoir les communes de registres; car s'il y a des altérations, s'il survient des procès, cela ne regarde plus que les tribunaux. Il importe que le dépositaire du registre soit, autant que possible, permanent; et les agens de l'autorité judiciaire sont plus stables que ceux de l'autorité administrative. Si les préfets ont besoin des registres pour les états de population, on pourra les autoriser à prendre aux greffes des tribunaux tous les renseignemens qui leur seront nécessaires; d'ailleurs, le double qui doit être déposé aux archives de chaque commune est toujours à leur disposition.

C'est d'après ces motifs que l'on propose de faire coter et parapher les registres par le président du tribunal de première instance, de faire déposer l'un des doubles au greffe de ce tribunal, et d'annexer à ce double les procurations ou autres pièces dont la présentation aura été exigée.

Il ne suffisait pas de régler la forme dans laquelle les registres doivent être tenus, et d'en prescrire le dépôt; il fallait encore rendre les officiers civils responsables, prononcer des peines contre ceux qui

se

se rendraient coupables de contraventions ou de délits, imposer à une autorité étrangère à la tenue des registres le devoir d'en vérifier l'état et de poursuivre l'application des peines, et réserver les dommages-intérêts des parties lésées.

On doit, en effet, distinguer les simples contraventions qui sont le résultat de l'erreur ou de la négligence, les délits qui supposent des intentions criminelles, tels que les faux ou les altérations. Les contraventions ne sont punies que d'une amende qui ne peut excéder 100 francs; les délits sont punis de peines qu'il n'appartient qu'au Code pénal de déterminer.

Le commissaire du Gouvernement près le tribunal de première instance vérifie l'état des registres, lorsqu'ils sont déposés au greffe; il en dresse procès-verbal sommaire; il dénonce les délits, et requiert la condamnation aux amendes.

Cette vérification ne lui donne pas le droit, ni au tribunal, de rien changer d'office à l'état des registres; ils doivent demeurer avec leurs omissions, leurs erreurs ou leurs imperfections: il serait du plus grand danger que même, sous le prétexte de régulariser, de corriger ou de perfectionner, aucune autorité pût porter la main sur les registres. L'allégation d'un vice dans un acte est un fait à prouver; il peut être contesté par les tiers auxquels l'erreur prétendue a acquis des droits; c'est la matière d'un procès: les tribunaux ne peuvent en connaître que dans ce dernier cas, comme on le verra au titre de la *rectification des actes.* S'il en était autrement, l'état, la fortune des citoyens, seraient à chaque instant compromis et toujours incertains.

Il n'y a que l'autorité des titres publics et de la possession qui rende l'état civil inébranlable. La loi naturelle a établi la preuve qui naît de la possession ; la loi civile a établi la preuve qui naît des registres ; la preuve testimoniale seule n'est pas d'un poids ni d'un caractère qui puissent suppléer à ces espèces de preuves, ni leur être opposés.

Toutes les ordonnances, animées de cet esprit, ont donc voulu que la preuve de la naissance fût faite par les registres publics ; et, en cas de perte des registres publics, que l'on eût recours aux registres et papiers domestiques des pères et mères décédés, pour ne pas faire dépendre uniquement l'état, la filiation, l'ordre et l'harmonie des familles, de preuves équivoques et dangereuses, telles que la preuve testimoniale seule, dont l'incertitude a toujours effrayé les législateurs.

L'ordonnance de 1767 avait, par une disposition formelle, consacré ces principes ; la jurisprudence y a toujours été conforme, et le projet de loi les rappelle.

Il était nécessaire de régler ce qui concerne l'état civil des Français qui sont momentanément à l'étranger. La loi leur permet de suivre les formes établies dans les pays où ils se trouvent, ou de profiter du bénéfice de la loi française, en s'adressant aux agens diplomatiques de leur nation, qui sont considérés comme officiers de l'état civil. On a donné, à cet égard, quelqu'extension aux dispositions de l'ordonnance de 1681.

Le titre 2 règle ce qui concerne les actes de naissance.

Les anciennes lois exigeaient simplement dans

les actes de baptême la signature du père, s'il était présent, et celle du parrain et de la marraine.

La loi de septembre 1792 exigea davantage : elle imposa au père et à l'accoucheur présens à la naissance, ou à la personne chez laquelle une femme aurait accouché, l'obligation de déclarer la naissance à l'officier de l'état civil ; elle punit de deux mois de prison la contravention à cette disposition : mais on reconnut bientôt que la loi était incomplète, puisqu'elle ne déterminait pas le délai dans lequel la déclaration devait être faite. Cette omission fut réparée par la loi additionnelle du 19 décembre 1792, qui fixa ce délai à trois jours de la naissance et du décès, et qui porta la peine jusqu'à six mois de prison en cas de récidive. On ne voit point dans la discussion de ces lois le motif de ce nouveau système des déclarations ; cependant il est facile de le reconnaître lorsqu'on se reporte aux circonstances. Les dissensions religieuses et politiques faisaient dissimuler des naissances. Il y avait des parens qui, par esprit d'opposition à la nouvelle législation, ou par les alarmes qu'on jetait dans leur conscience, refusaient de présenter leurs enfans à l'officier civil ; l'état de ces enfans était compromis : mais il fallait éclairer plutôt que punir. La menace de la peine ne convertit point les parens de mauvaise foi ; elle ne décida point les consciences timorées et crédules : tout le monde sait que la loi ne continua pas moins à être éludée.

Maintenant que les circonstances sont changées, que la liberté des cultes existe réellement, que les persécutions religieuses ont entièrement cessé, qu'en attribuant à l'autorité civile la rédaction des actes

6 *

relatifs à l'état des hommes, on ne défend point aux parens de les faire sanctifier par les solennités de leur religion; il est inutile d'employer des moyens de rigueur, dont l'effet est d'ailleurs toujours illusoire. La déclaration des naissances n'a donc été conservée que comme un conseil, et comme l'indication d'un devoir à remplir par les parens ou autres témoins de l'accouchement. On a pensé que la peine ne servirait qu'à éloigner de la mère les secours de l'amitié, de l'art, et de la charité, dans le moment où donnant le jour à un être faible, elle en a le plus besoin pour elle et pour lui. Car quel est celui qui ne redouterait pas d'être témoin d'un fait à l'occasion duquel il pourrait être un jour, quoique innocent, recherché et puni de deux ou six mois de prison? D'ailleurs, pour punir le défaut de déclaration, il faut évidemment fixer un délai dans lequel cette obligation devra être remplie; et si, par des circonstances que le législateur ne peut prévoir, cette déclaration n'a pas été faite dans le temps prescrit, il en résultera que l'on continuera à dissimuler la naissance de l'enfant, plutôt que de s'exposer à subir une peine en faisant une déclaration tardive : ainsi les précautions que l'on croirait prendre pour assurer l'état des hommes, ne feraient au contraire que le compromettre.

Les déclarations de naissance seront faites dans les trois jours de l'accouchement à l'officier civil, par le père ou autres personnes qui auront assisté à l'accouchement; l'acte sera dressé de suite en présence de deux témoins.

L'enfant sera toujours présenté à l'officier civil. Cette formalité est nécessaire pour prévenir beaucoup d'abus; elle n'interdit point à l'officier civil de se transporter vers l'enfant suivant l'urgence des cas.

Un article règle ce qui concerne les enfans trouvés, comme dans la loi de 1792 : on a seulement évité d'employer toute expression qui tendrait à occasionner des recherches sur la paternité. Constater la naissance de l'enfant et le lieu où il est déposé, pourvoir à ses besoins, recueillir avec soin tout ce qui peut servir à le faire un jour reconnaître par ses parens ; voilà les droits et les obligations de la société, voilà ce qui se pratique chez toutes les nations policées. Les recherches que l'autorité ferait de la paternité seraient funestes aux enfans ; elles mettraient aux prises l'honneur avec la tendresse maternelle, la pudeur avec la nature ; elles renouvelleraient le scandale de ces crimes affreux que provoquait une législation barbare.

On a prévu le cas où un enfant naîtrait pendant un voyage de mer ; on a pourvu à ce que son acte de naissance ne se perdît point en cas de naufrage.

Enfin, comme au titre *de la filiation*, il est traité de la reconnaissance des enfans nés hors mariage, un article statue que les actes de reconnaissance seront inscrits sur les registres.

Le titre 3 traite des actes de mariage.

On en a soigneusement écarté tout ce qui est relatifs aux conditions, aux empêchemens, aux nullités : tous ces objets tenant à la validité du mariage, ont été renvoyés au titre qui concerne cet important contrat.

Le mariage intéresse toute la société : son premier caractère est d'être public. L'ordonnance de Blois voulait « Que toute personne, de quelque » état et condition qu'elle fût, ne peut contracter

» valablement mariage sans proclamation précé-
» dente de bans, faite par trois divers jours de fête
» avec intervalle compétent, dont on ne pourrait
» obtenir dispense, sinon après la première publi-
» cation, et seulement pour quelque urgente et
» légitime cause. »

Mais les dispositions de cette loi furent éludées;
la formalité des publications n'était plus observée
que par ceux qui n'avaient pas le moyen de payer
les dispenses; ces trois publications étaient deve-
nues l'exception, et les dispenses la règle habituelle.

La loi de 1792 n'exigeait qu'une publication
faite huit jours avant la célébration du mariage,
et affichée pendant ce délai.

Il est si important de prévenir les abus des mariages clandestins, que l'on propose de faire deux
publications à huit jours d'intervalle.

Mais les publications ne produisent réellement
la publicité que lorsqu'elles sont faites les jours
où les citoyens se réunissent; c'est par ce motif
que l'on a désigné le dimanche : cependant les publications n'en seront pas moins un acte civil absolument étranger aux institutions religieuses; c'est
l'officier civil qui est chargé de les faire, et devant
la porte de la maison commune. On a encore ajouté
la précaution de l'affiche pendant les huit jours
d'intervalle de l'une à l'autre publication, et le
mariage ne pourra être célébré que trois jours après
la deuxième publication.

Il serait superflu de détailler ici les énonciations qui doivent être faites dans ces sortes d'actes,
ainsi que la forme du registre sur lequel elles doivent être inscrites.

Il fallait prévoir le cas où le mariage n'aurait

pas été célébré après les publications, ni dans l'année qui les suit ; alors on dispose qu'il ne pourra plus l'être sans de nouvelles publications : le motif de cette disposition n'a pas besoin d'être développé.

Plusieurs articles règlent la forme des oppositions, de leur notification et de leur main-levée, la mention sur le registre des publications. En cas d'opposition, l'officier de l'état civil ne peut passer outre au mariage, sous peine de trois cents francs d'amende et des dommages-intérêts.

Comme la validité du mariage dépend de l'âge des contractans, ils sont tenus de représenter leur extrait de naissance à l'officier de l'état civil : mais il y a des circonstances où la représentation de cet acte est impossible ; il est injuste alors d'y suppléer, la faveur due au mariage l'exige.

On le fera en rapportant un acte de notoriété, qui devra être homologué par un tribunal, qui appréciera les causes qui empêchent de rapporter l'acte de naissance.

Après avoir pris toutes les précautions pour assurer la publicité du mariage, et après avoir désigné les pièces que les contractans doivent produire relativement à leur état, la loi règle la célébration.

Elle doit avoir lieu dans la commune où l'un des deux époux a son domicile : ce domicile, quant au mariage, s'établit par six mois d'habitation : c'est un principe consacré par toutes les lois : c'est l'officier de l'état civil qui célèbre le mariage au jour désigné par les futurs époux, et dans la maison commune.

L'acte de célébration doit être inscrit sur les registres.

Le titre 4 règle ce qui concerne les décès.

Les dispositions de la loi sont conformes à celle de 1792, sauf quelques modifications.

L'inhumation ne peut être faite sans une autorisation de l'officier de l'état civil, qui ne pourra la délivrer qu'après s'être transporté auprès de la personne décédée, pour s'assurer du décès, et que vingt-quatre heures après le décès : la loi ajoute : *Hors les cas prévus par les réglemens de police.* Cette exception a été réclamée par plusieurs tribunaux. Il y a en effet des circonstances où le délai de vingt-quatre heures pourroit devenir funeste ; il est d'une bonne police d'y pourvoir.

Le transport de l'officier de l'état civil auprès de la personne décédé, est une précaution indispensable pour constater le décès : la loi l'a exigé dans des cas où celle de 1792 l'avait omis ; comme ceux de décès dans les hôpitaux, prisons et autres établissemens publics.

Il y a des décès qui, par leur nature et leurs causes, font exception ; la loi de 1792 n'avoit réglé que ce qui concernait les corps trouvés avec des indices de mort violente.

Le projet de loi embrasse ce qui concerne les exécutions à mort, ou les décès dans les maisons de réclusion et de détention.

L'usage était d'inscrire sur les registres le procès-verbal d'exécution à mort ; la loi du 21 janvier 1790 l'abolit, et ordonna qu'il ne serait plus fait sur les registres aucune mention du genre de mort.

On a pensé qu'il falloit étendre cette disposition à trois espèces qui les renferment toutes.

La mort violente, qui comprend le duel, et surtout le suicide.

La mort en prison, ou autre lieux de détention; ce qui comprend l'état d'arrestation, d'accusation et de condamnation.

Enfin, l'exécution à mort par suite d'un jugement.

Quoique, aux yeux de la raison, les peines et la flétrissure qui en résultent soient personnelles, on ne peut pas se dissimuler qu'un préjugé contraire a encore beaucoup d'empire sur le plus grand nombre des hommes : dès-lors la loi qui ne peut l'effacer subitement, doit en adoucir les effets, et venir au secours des familles qui auroient à en supporter l'injustice. Elle a donc consacré formellement le principe de celle de 1790, en disposant que, dans tous ces cas, les actes de décès seront simplement rédigés dans les formes communes aux décès ordinaires.

Elle règle ensuite ce qui concerne le décès en mer, comme elle l'a fait pour les naissances.

Après avoir embrassé dans sa prévoyance la naissance, le mariage et la mort; après avoir prescrit toutes les précautions capables d'assurer l'état des hommes, et de prévenir les abus que la fraude, la négligence ou l'erreur peuvent introduire, la loi a dû s'occuper de ce qui concerne les militaires hors du territoire de la République : c'est l'objet du titre 5.

Les armées de la République sont composées de toute la jeunesse française; ce sont les fils des citoyens que la loi y appelle sans exception. En obéissant à la voix de la patrie, chaque soldat n'en continue pas moins d'appartenir à une famille; il ne cesse point d'avoir le libre usage des droits civils, dans les limites qui sont compatibles avec l'état militaire. Ainsi, lorsqu'il est sur le territoire français, ses droits sont réglés par la loi commune; mais en temps de guerre, lorsque l'armée est sur le territoire étranger, il y a nécessairement exception.

On aurait pu rigoureusement, dans le projet de loi, se contenter de l'article du titre des dispositions générales, qui porte : Que tous actes de l'état civil des Français, faits en pays étranger, feront foi, lorsqu'ils auront été rédigés dans les formes usitées dans ces pays.

Mais, quant à cette matière, on a pensé avec raison que la France était momentanément par tout où une armée française portait ses pas, que la patrie pour des militaires était toujours attachée au drapeau.

Pendant la dernière guerre, on s'est joué du plus saint des contrats, du mariage. Des héritiers dont l'origine a été inconnue aux familles viennent chaque jour y porter le trouble : des parens sont toujours dans l'incertitude sur l'existence de leurs enfans. Il y a eu sans doute des abus que le caractère extraordinaire de cette guerre ne permettait pas de prévenir; mais il en est un grand nombre qu'on peut attribuer à l'imprévoyance de la législation.

Il y aura donc un registre de l'état civil dans chaque corps de troupe, et à l'état major de chaque armée, pour les officiers sans troupes et pour les employés.

Les fonctions d'officier de l'état civil seront remplies, dans les corps, par le quartier-maître ; et à l'état major, par l'inspecteur aux revues.

Les actes seront inscrits sur ces registres, et expédition en sera envoyée à l'officier de l'état civil du domicile des parties, pour y être inscrits sur les registres. A la rentrée des armées sur le terri-toire de la république, les registres de l'état civil des militaires seront déposés aux archives de la guerre.

Les publications de mariage continueront d'être faites au lieu du dernier domicile des époux, et mises en outre à l'ordre du jour des corps, ou de l'armée, vingt-cinq jours avant la célébration du mariage.

Le titre sixième du projet de loi, contient quel-ques dispositions relatives à la rectification des actes de l'état civil.

Il y a eu à cet égard deux systèmes.

Dans le projet du code on avait décidé que les ratures et renvois non approuvés ne viciaient point le surplus de l'acte, et qu'on aurait tel égard que de raison aux abréviations et dates mises en chif-fres. S'il y avait des nullités, le commissaire près le tribunal devait requérir que les parties et les témoins qui avaient souscrit les actes nuls fussent tenus de comparoître devant l'officier de l'état civil, pour rédiger un nouvel acte, ce qui devait être ordonné par le tribunal. En cas de mort ou d'empêchement des témoins, ils étoient remplacés par d'autres témoins.

La rectification pouvait aussi être ordonnée par les tribunaux, sur la demande des parties inté-ressées : le jugement ne pouvait jamais être opposé à celles qui n'avaient point requis la rectification, ou qui n'y avaient point été appelées.

Les jugemens de rectification rendus en dernier ressort, ou passés en force de chose jugée, devaient être inscrits sur les registres, en marge de l'acte réformé.

Ainsi, l'on distinguait à cet égard deux juridictions; l'une, que nous appellerons gracieuse, lorsque le tribunal ordonnait d'office la rectification; l'autre contentieuse, lorsque la rectification était ordonnée sur la demande des parties : ce dernier mode forme le second système.

Le premier système a paru susceptible d'inconvéniens, en ce que l'on entamait la question des nullités des actes de l'état civil, qu'il est impossible de préciser assez exactement, et qu'il vaut mieux laisser en litige, et à l'arbitrage des juges, suivant les circonstances, sauf quelques cas graves spécialement déterminés aux divers titres du Code civil, tels que ceux du mariage et de la filiation.

Ensuite on a pensé que rien ne justifiait cette vérification d'office requise par le commissaire, et et ordonnée par le tribunal : on ne conçoit pas comment elle pourrait être faite sans donner lieu à de graves inconvéniens. Les registres de l'état civil sont, comme nous l'avons déjà dit, un dépôt sacré; nulle autorité n'a le droit de modifier ou de rectifier d'office les actes qui y sont inscrits. Si le commissaire près le tribunal est tenu de vérifier l'état des registres, lorsqu'ils sont déposés au greffe, ce ne peut être que pour constater les contraventions ou les délits commis par les officiers de l'état civil, et pour en requérir la punition : c'est une vérification de police qui ne doit nullement influer sur la validité des actes : c'est ainsi que la loi de 1792 l'avoit décidé. Les erreurs, les omissions et tous les vices qui peuvent se rencontrer dans les actes de l'état civil, acquièrent des droits à des tiers. S'il y a lieu à la rectification, elle ne doit être ordonnée que sur la demande des parties, contradictoirement avec tous les intéressés; en un mot, la rectification officieuse serait absolument inutile, puisque les partisans de ce système ne peuvent pas s'empêcher de convenir qu'elle ne pourrait être opposée à ceux qui n'y auraient pas consenti, ou qui n'y auraient pas été appelés.

Le projet de loi n'adopte donc la rectification que sur la demande des parties et contradictoirement avec tous les intéressés. La rectification ne peut jamais être opposée à ceux qui y ont été étrangers. Lorsque le jugement qui l'ordonne est rendu en dernier ressort, ou passé en force de chose jugée, il doit être inscrit sur les registres, en marge de l'acte réformé.

Il n'y a point de modèles, ou formules d'actes annexées à la loi. Il peut être utile d'en transmettre aux officiers de l'état civil pour en faciliter la rédaction, et pour la rendre uniforme; mais ces modèles sont susceptibles de perfection. Il faut que l'on puisse y faire les changemens dont l'expérience démontrera l'utilité. Il serait fâcheux d'être lié à cet égard par une loi, par un Code civil, dont la perpétuité doit être dans le vœu des législateurs et des citoyens. Le Code règle la forme des actes : des modèles ne sont plus qu'un acte d'exécution, dont à la rigueur on pourrait se passer ; mais le Gouvernement y pourvoira.

Tels sont, citoyens législateurs, les motifs du projet de loi qui vous est présenté.

PROJET DE LOI.

TITRE II.

DES ACTES DE L'ÉTAT CIVIL.

CHAPITRE I.

DISPOSITIONS GÉNÉRALES.

ARTICLE 34.

Les actes de l'état civil énonceront l'année, le jour et l'heure où ils seront reçus, les prénoms, noms, âge, profession et domicile de tous ceux qui y seront dénommés.

35. Les officiers de l'état civil ne pourront rien insérer dans les actes qu'ils recevront, soit par note, soit par énonciation quelconque, que ce qui doit être déclaré par les comparans.

36. Dans les cas où les parties intéressées ne seront point obligées de comparaître en personne, elles pourront se faire représenter par un fondé de procuration spéciale et authentique.

37. Les témoins produits aux actes de l'état civil ne pourront être que du sexe masculin, âgés de vingt-un ans au moins, parens ou autres, et ils seront choisis par les personnes intéressées.

38. L'officier de l'état civil donnera lecture des

actes aux parties comparantes, ou à leurs fondés de procuration, et aux témoins. Il y sera fait mention de l'accomplissement de cette formalité.

39. Ces actes seront signés par l'officier de l'état civil, par les comparans et les témoins, ou mention sera faite de la cause qui empêchera les comparans et les témoins de signer.

40. Les actes de l'état civil seront inscrits, dans chaque commune, sur un ou plusieurs registres tenus doubles.

41. Les registres seront cotés par première et dernière, et paraphés, sur chaque feuille, par le président du tribunal de première instance, ou par le juge qui le remplacera.

42. Les actes seront inscrits sur les registres, de suite, sans aucun blanc. Les ratures et les renvois seront approuvés et signés de la même manière que le corps de l'acte. Il n'y sera rien écrit par abréviation, et aucune date ne sera mise en chiffres.

43. Les registres seront clos et arrêtés par l'officier de l'état civil, à la fin de chaque année ; et, dans le mois, l'un des doubles sera déposé aux archives de la commune, l'autre au greffe du tribunal de première instance.

44. Les procurations et les autres pièces qui doivent demeurer annexées aux actes de l'état civil, seront déposées, après qu'elles auront été paraphées

par la personne qui les aura produites; et par l'officier de l'état civil, au greffe du tribunal, avec le double des registres, dont le dépôt doit avoir lieu audit greffe.

45. Toute personne pourra se faire délivrer, par les dépositaires des registres de l'état civil, des extraits de ces registres. Les extraits délivrés conformes aux registres, et légalisés par le président du tribunal de première instance, ou par le juge qui le remplacera, feront foi jusqu'à inscription de faux.

46. Lorsqu'il n'aura pas existé de registres, ou qu'ils seront perdus, la preuve en sera reçue tant par titres que par témoins; et, dans ces cas, les mariages, naissances et décès pourront être prouvés tant par les registres et papiers émanés des pères et mères décédés, que par témoins.

47. Tout acte de l'état civil des Français et des étrangers, fait en pays étranger, fera foi, s'il a été rédigé dans les formes usitées dans ledit pays.

48. Tout acte de l'état civil des Français en pays étranger, sera valable, s'il a été reçu, conformément aux lois françaises, par les agens diplomatiques, ou par les commissaires des relations commerciales de la République.

49. Dans tous les cas où la mention d'un acte relatif à l'état civil devra avoir lieu en marge d'un autre acte déjà inscrit, elle sera faite, à la requête

des

des parties intéressées, par l'officier de l'état civil, sur les registres courans, ou sur ceux qui auront été déposés aux archives de la commune ; et par le greffier du tribunal de première instance, sur les registres déposés au greffe ; à l'effet de quoi l'officier de l'état civil en donnera avis, dans les trois jours, au commissaire du Gouvernement près ledit tribunal, qui veillera à ce que la mention soit faite, d'une manière uniforme, sur les deux registres.

50. Toute contravention aux articles précédens, de la part des fonctionnaires y dénommés, sera poursuivie devant le tribunal de première instance, et punie d'une amende qui ne pourra excéder cent francs.

51. Tout dépositaire des registres sera civilement responsable des altérations qui y surviendront, sauf son recours, s'il y a lieu, contre les auteurs desdites altérations.

52. Toute altération, tout faux dans les actes de l'état civil, toute inscription de ces actes faite sur une feuille volante, et autrement que sur les registres à ce destinés, donneront lieu aux dommages-intérêts des parties, sans préjudice des peines portées au Code pénal.

53. Le commissaire du Gouvernement près le tribunal de première instance sera tenu de vérifier l'état des registres lors du dépôt qui en sera fait au greffe ; il dressera un procès-verbal sommaire de

la vérification, dénoncera les contraventions ou délits commis par les officiers de l'état civil, et requerra contre eux la condamnation aux amen les.

54. Dans tous les cas où un tribunal de première instance connaîtra des actes relatifs à l'état civil, les parties intéressées pourront se pourvoir contre le jugement.

CHAPITRE II.

Des actes de naissance.

ARTICLE 55.

Les déclarations de naissance seront faites, dans les trois jours de l'accouchement, à l'officier de l'état civil du lieu ; l'enfant lui sera présenté.

56. La naissance de l'enfant sera déclarée par le père, ou, à défaut du père, par les officiers de santé ou autres personnes qui auront assisté à l'accouchement; et lorsque la mère sera accouchée hors de son domicile, par la personne chez laquelle elle sera accouchée.

L'acte de naissance sera rédigé de suite, en présence de deux témoins.

57. L'acte de naissance énoncera le jour, l'heure et le lieu de la naissance , le sexe de l'enfant et les prénoms qui lui seront donnés, les prénoms, noms,

profession et domicile des père et mère, et ceux des témoins.

58. Toute personne qui aura trouvé un enfant nouveau-né, sera tenue de le remettre à l'officier de l'état civil, ainsi que les vêtemens et autres effets trouvés avec l'enfant, et de déclarer toutes les circonstances du temps et du lieu où il aura été trouvé.

Il en sera dressé un procès-verbal détaillé, qui énoncera, en outre, l'âge apparent de l'enfant, son sexe, les noms qui lui seront donnés, l'autorité civile à laquelle il sera remis : le procès-verbal sera inscrit sur les registres.

59. S'il naît un enfant pendant un voyage de mer, l'acte de naissance sera dressé, dans les vingt-quatre heures, en présence du père, s'il est présent, et de deux témoins pris parmi les officiers du bâtiment, ou, à leur défaut, parmi les hommes de l'équipage. Cet acte sera rédigé, savoir : sur les bâtimens de l'état, par l'officier d'administration de la marine; et sur les bâtimens appartenant à un armateur ou négociant, par le capitaine, maître ou patron du navire. L'acte de naissance sera incrit à la suite du rôle d'équipage.

60. Au premier port où le bâtiment abordera, soit de relâche, soit pour toute autre cause que celle de son désarmement, les officiers de l'administration de la marine, capitaine, maître ou

patron , seront tenus de déposer deux expéditions authentiques des actes de naissance qu'ils auront rédigés ; savoir : dans un port français , au bureau du préposé à l'inscription maritime ; et dans un port étranger , entre les mains du commissaire des relations commerciales.

L'une de ces expéditions restera déposée au bureau de l'inscription maritime, ou à la chancellerie du commissariat ; l'autre sera envoyée au ministre de la marine, qui fera parvenir une copie, de lui certifiée, de chacun desdits actes, à l'officier de l'état civil du domicile du père de l'enfant, ou de la mère, si le père est inconnu. Cette copie sera inscrite de suite sur les registres.

61. A l'arrivée du bâtiment dans le port du désarmement, le rôle d'équipage sera déposé au bureau du préposé à l'inscription maritime, qui enverra une expédition de l'acte de naissance, de lui signée, à l'officier de l'état civil du domicile du père de l'enfant, ou de la mère, si le père est inconnu. Cette expédition sera inscrite de suite sur les registres.

62. L'acte de reconnaissance d'un enfant sera inscrit sur les registres à sa date, et il en sera fait mention en marge de l'acte de naissance, s'il en existe un.

CHAPITRE III.

Des actes de mariage.

A r t i c l e 63.

Avant la célébration du mariage, l'officier de l'état de civil fera deux publications, à huit jours d'intervalle, un jour de dimanche , devant la porte de la maison commune. Ces publications , et l'acte qui en sera dressé, énonceront les pré-noms, noms, professions et domiciles des futurs époux, leur qualité de majeurs ou de mineurs , et les prénoms, noms, professions et domiciles de leurs pères et mères. Cet acte énoncera , en outre, les jours, lieux et heures où les publica-tions auront été faites : il sera inscrit sur un seul registre, qui sera coté et paraphé comme il est dit en l'article 41 , et déposé, à la fin de chaque année, au greffe du tribunal de l'arrondissement.

64. Un extrait de l'acte de publication sera et restera affiché à la porte de la maison commune, pendant les huit jours d'intervalle de l'une à l'autre publication. Le mariage ne pourra être célébré avant le troisième jour depuis et non compris celui de la seconde publication.

65. Si le mariage n'a pas été célébré dans l'année , à compter de l'expiration du délai des

publications, il ne pourra plus être célébré qu'après que de nouvelles publications auront été faites dans la forme ci-dessus prescrite.

66. Les actes d'opposition au mariage seront signés, sur l'original et sur la copie, par les opposans ou par leurs fondés de procuration spéciale et authentique ; ils seront signifiés, avec la copie de la procuration, à la personne ou au domicile des parties, et à l'officier de l'état civil, qui mettra son *visa* sur l'original.

67. L'officier de l'état civil fera, sans délai, une mention sommaire des oppositions sur le registre des publications ; il fera aussi mention, en marge de l'inscription desdites oppositions, des jugemens, ou des actes de main-levée dont expédition lui aura été remise.

68. En cas d'opposition, l'officier de l'état civil ne pourra célébrer le mariage avant qu'on lui en ait remis la main-levée, sous peine de trois cents francs d'amende, et de tous dommages-intérêts.

69. S'il n'y a point d'opposition, il en sera fait mention dans l'acte de mariage ; et si les publications ont été faites dans plusieurs communes, les parties remettront un certificat, délivré par l'officier de l'état civil de chaque commune, constatant qu'il n'existe point d'opposition.

70. L'officier de l'état civil se fera remettre

l'acte de naissance de chacun des futurs époux.
Celui des époux qui serait dans l'impossibilité de
se le procurer, pourra le suppléer en rapportant
un acte de notoriété, délivré par le juge de paix
du lieu de sa naissance, ou par celui de son
domicile.

71. L'acte de notoriété contiendra la déclaration, par sept témoins de l'un ou de l'autre sexe,
parens ou non parens, des prénoms, noms, profession et domicile du futur époux, et de ceux
de ses père et mère, s'ils sont connus; le lieu,
et, autant que possible, l'époque de sa naissance, et les causes qui empêchent d'en rapporter
l'acte. Les témoins signeront l'acte de notoriété
avec le juge de paix; et s'il en est qui ne puissent
ou ne sachent signer, il en sera fait mention.

72. L'acte de notoriété sera présenté au tribunal
de première instance du lieu où doit se célébrer
le mariage. Le tribunal, après avoir entendu le
commissaire du Gouvernement, donnera ou refusera son homologation, selon qu'il trouvera
suffisantes ou insuffisantes les déclarations des
témoins, et les causes qui empêchent de rapporter
l'acte de naissance.

73. L'acte authentique du consentement des
pères et mères, ou aïeuls et aïeules, ou, à leur
défaut, celui de la famille, contiendra les prénoms, noms, professions et domiciles du futur

époux, et de tous ceux qui auront concouru à l'acte, ainsi que leur degré de parenté.

74. Le mariage sera célébré dans la commune où l'un des deux époux aura son domicile. Ce domicile, quant au mariage, s'établira par six mois d'habitation continue dans la commune.

75. Le jour désigné par les parties, après les délais des publications, l'officier de l'état civil, dans la maison commune, en présence de quatre témoins, parens ou non parens, fera lecture, aux parties, des pièces ci-dessus mentionnées, relatives à leur état et aux formalités du mariage, et du chapitre 6 du *titre du Mariage, contenant les droits et les devoirs respectifs des époux.* Il recevra de chaque partie, l'une après l'autre, la déclaration qu'elles veulent se prendre pour mari et femme; il prononcera, au nom de la loi, qu'elles sont unies par le mariage, et il en dressera acte sur-le-champ.

76. On énoncera dans l'acte de mariage,

1°, Les prénoms, noms, professions, âge, lieux de naissance et domiciles des époux;

2°. S'ils sont majeurs ou mineurs;

3°. Les prénoms, noms, professions et domiciles des pères et mères;

4°. Le consentement des pères et mères, aïeuls et aïeules, et celui de la famille, dans les cas où ils sont requis;

5°. Les actes respectueux, s'il en a été fait ;

6°. Les publications dans les divers domiciles ;

7°. Les oppositions, s'il y en a eu leur mainlevée, ou la mention qu'il n'y a point eu d'opposition ;

8°. La déclaration des contractans de se prendre pour époux, et la prononciation de leur union par l'officier public ;

9°. Les prénoms, noms, âge, professions et domiciles des témoins, et leur déclaration s'ils sont parens ou alliés des parties, de quel côté et à quel degré.

CHAPITRE IV.

Des actes de décès.

ARTICLE 77.

Aucune inhumation ne sera faite sans une autorisation, sur papier libre et sans frais, de l'officier de l'état civil, qui ne pourra la délivrer qu'après s'être transporté auprès de la personne décédée, pour s'assurer du décès, et que vingt-quatre heures après le décès, hors les cas prévus par les réglemens de police.

78. L'acte de décès sera dressé par l'officier de l'état civil, sur la déclaration de deux témoins. Ces témoins seront, s'il est possible, les deux

plus proches parens ou voisins, ou, lorsqu'une personne sera décédée hors de son domicile, la personne chez laquelle elle sera décédée, et un parent ou autre.

79. L'acte de décès contiendra les prénoms, noms, âge, profession et domicile de la personne décédée ; les prénoms et noms de l'autre époux, si la personne décédée était mariée ou veuve ; les prénoms, noms, âge, professions et domiciles des déclarans ; et, s'ils sont parens, leur degré de parenté.

Le même acte contiendra de plus, autant qu'on pourra le savoir, les prénoms, noms, profession et domicile des père et mère du décédé, et le lieu de sa naissance.

80. En cas de décès dans les hôpitaux militaires, civils, ou autres maisons publiques, les supérieurs, directeurs, administrateurs et maîtres de ces maisons, seront tenus d'en donner avis, dans les vingt-quatre heures, à l'officier de l'état civil, qui s'y transportera pour s'assurer du décès et en dresser l'acte, conformément à l'article précédent, sur les déclarations qui lui auront été faites, et sur les renseignemens qu'il aura pris.

Il sera tenu en outre, dans lesdits hôpitaux et maisons, des registres destinés à inscrire ces déclarations et ces renseignemens.

L'officier de l'état civil enverra l'acte de décès

à celui du dernier domicile de la personne décédée, qui l'inscrira sur les registres.

81. Lorsqu'il y aura des signes ou indices de
mort violente, ou d'autres circonstances qui donneront lieu de le soupçonner, on ne pourra faire
l'inhumation qu'après qu'un officier de police,
assisté d'un officier de santé, aura dressé procès-
verbal de l'état du cadavre, et des circonstances
y relatives, ainsi que des renseignemens qu'il aura
pu recueillir sur les prénoms, noms, âge, profession, lieu de naissance et domicile de la personne
décédée.

82. L'officier de police sera tenu de transmettre
de suite à l'officier de l'état civil du lieu où la personne sera décédée, tous les renseignemens énoncés dans son procès-verbal, d'après lesquels l'acte
de décès sera rédigé.

L'officier de l'état civil en enverra une expédition à celui du domicile de la personne décédée,
s'il est connu : cette expédition sera inscrite sur
les registres.

83. Les greffiers criminels seront tenus d'envoyer, dans les vingt-quatre heures de l'exécution
des jugemens portant peine de mort, à l'officier
de l'état civil du lieu où le condamné aura été exécuté, tous les renseignemens énoncés en l'article
79, d'après lesquels l'acte de décès sera rédigé.

84. En cas de décès dans les prisons ou maisons

de réclusion et de détention, il en sera donné avis sur-le-champ, par les concierges ou gardiens, à l'officier de l'état civil, qui s'y transportera, comme il est dit en l'article 80, et rédigera l'acte de décès.

85. Dans tous les cas de mort violente dans les prisons et maisons de réclusion, ou d'exécution à mort, il ne sera fait sur les registres aucune mention de ces circonstances, et les actes de décès seront simplement rédigés dans les formes prescrites par l'article 79.

86. En cas de décès pendant un voyage de mer, il en sera dressé acte, dans les vingt-quatre heures, en présence de deux témoins pris parmi les officiers du bâtiment, ou, à leur défaut, parmi les hommes de l'équipage ; cet acte sera rédigé, savoir : sur les bâtimens de l'état, par l'officier d'administration de la marine ; et sur les bâtimens appartenant à un négociant ou armateur, par le capitaine, maître ou patron du navire. L'acte de décès sera inscrit à la suite du rôle de l'équipage.

87. Au premier port où le bâtiment abordera, soit de relâche, soit pour toute autre cause que celle de son désarmement, les officiers de l'administration de la marine, capitaine, maître ou patron, qui auront rédigé des actes de décès, seront tenus d'en déposer deux expéditions, conformément à l'article 60.

A l'arrivée du bâtiment dans le port du désarmement, le rôle d'équipage sera déposé au bureau du préposé à l'inscription maritime ; il enverra une expédition de l'acte de décès, de lui signée, à l'officier de l'état civil du domicile de la personne décédée : cette expédition sera inscrite de suite sur les registres.

CHAPITRE V.

Des Actes de l'état civil concernant les militaires hors du territoire de la République.

88. Les actes de l'état civil faits hors de la République, concernant des militaires ou autres personnes employées à la suite des armées, seront rédigés dans les formes prescrites par les dispositions précédentes, sauf les exceptions contenues dans les articles suivans.

89. Le quartier-maître dans chaque corps d'un ou plusieurs bataillons ou escadrons, et le capitaine commandant dans les autres corps, rempliront les fonctions d'officiers de l'état civil : ces mêmes fonctions seront remplies, pour les officiers sans troupes, et pour les employés de l'armée, par l'inspecteur aux revues attaché à l'armée ou au corps d'armée.

90. Il sera tenu, dans chaque corps de troupes, un registre pour les actes de l'état civil relatifs aux

individus de ce corps, et un autre, à l'état-major de l'armée ou d'un corps d'armée, pour les actes civils relatifs aux officiers sans troupes et aux employés : ces registres seront conservés de la même manière que les autres registres des corps et états-majors, et déposés aux archives de la guerre, à la rentrée des corps ou armées sur le territoire de la République.

91. Les registres seront cotés et paraphés, dans chaque corps, par l'officier qui le commande ; et, à l'état-major, par le chef de l'état-major général.

92. Les déclarations de naissance à l'armée seront faites dans les dix jours qui suivront l'accouchement.

93. L'officier chargé de la tenue du registre de l'état civil, devra, dans les dix jours qui suivront l'inscription d'un acte de naissance audit registre, en adresser un extrait à l'officier de l'état civil du dernier domicile du père de l'enfant, ou de la mère, si le père est inconnu.

94. Les publications de mariage des militaires et employés à la suite des armées, seront faites au lieu de leur dernier domicile : elles seront mises en outre, vingt-cinq jours avant la célébration du mariage, à l'ordre du jour du corps, pour les individus qui tiennent à un corps ; et à celui de l'armée ou du corps d'armée, pour les officiers sans troupes, et pour les employés qui en font partie.

95. Immédiatement après l'inscription , sur le registre , de l'acte de célébration du mariage , l'officier chargé de la tenue du registre en enverra une expédition à l'officier de l'état civil du dernier domicile des époux.

96. Les actes de décès seront dressés , dans chaque corps , par le quartier-maître ; et pour les officiers sans troupes et les employés , par l'inspecteur aux revues de l'armée , sur l'attestation de trois témoins ; et l'extrait de ces registres sera envoyé , dans les dix jours , à l'officier de l'état civil du dernier domicile du décédé.

97. En cas de décès dans les hôpitaux militaires, ambulans ou sédentaires , l'acte en sera rédigé par le directeur desdits hôpitaux, et envoyé au quartier-maître du corps , ou à l'inspecteur aux revues de l'armée , ou du corps d'armée dont le décédé faisait partie ; ces officiers en feront parvenir une expédition à l'officier de l'état civil du dernier domicile du décédé.

98. L'officier de l'état civil du domicile des parties , auquel il aura été envoyé de l'armée expédition d'un acte de l'état civil , sera tenu de l'inscrire de suite sur les registres.

CHAPITRE VI.

De la rectification des actes de l'Etat civil.

99. Lorsque la rectification d'un acte de l'état civil sera demandée, il y sera statué, sauf l'appel, par le tribunal compétent, et sur les conclusions du commissaire du Gouvernement : les parties intéressées seront appelées, s'il y a lieu.

100. Le jugement de rectification ne pourra, dans aucun temps, être opposé aux parties intéressées qui ne l'auraient point réquis, ou qui n'y auraient pas été appelées.

101. Les jugemens de rectification seront inscrits sur les registres par l'officier de l'état civil, aussitôt qu'ils lui auront été remis, et mention en sera faite en marge de l'acte réformé.

Approuvé, *le premier Consul*, signé BONAPARTE.
Par le premier Consul : *le secrétaire d'état,* signé HUGUES-B. MARET.

Pour extrait conforme : *le secrétaire-général du Conseil d'Etat*, signé J.-G. LOCRÉ.

QUATRIÈME

QUATRIÈME PROJET DE LOI.

TITRE III DU CODE CIVIL,

Relatif au Domicile, présenté le 11 ventose au Corps législatif, par les conseillers d'état EMMERY, BERLIER *et* DUPUY, *chargés d'en soutenir la discussion, fixée au 23 ventose.*

Du 11 Ventose an XI.

EXPOSÉ des motifs du projet de loi concernant le Domicile.

CITOYENS LÉGISLATEURS,

LE maintien de l'ordre social exige qu'il y ait des règles d'après lesquelles on puisse juger du vrai domicile de chaque individu.

Il n'appartient qu'à la constitution de poser celles du domicile politique.

Les règles du domicile, considéré relativement à l'exercice des droits civils, sont du ressort de la loi civile. Il n'est ici question que de celles-ci.

Le citoyen cité devant un magistrat, est obligé de comparaître; mais cette obligation suppose qu'il a été touché de la citation.

Il n'est pas toujours possible de la donner à la

personne ; on peut toujours la remettre à son domicile.

On entend par-là le lieu où une personne,
jouissant de ses droits, a établi sa demeure, le
centre de ses affaires, le siége de sa fortune, le
lieu d'où cette personne ne s'éloigne qu'avec le
désir et l'espoir d'y revenir dès que la cause de son
absence aura cessé.

Le domicile de tout Français, quant à l'exercice
de ses droits civils, est donc au lieu où il a son
principal établissement.

L'enfant n'a pas d'autre domicile que celui de
son père ; et le vieillard, après avoir vécu long-
temps loin de la maison paternelle, y conserve encore son domicile, s'il n'a pas manifesté la volonté
d'en prendre un autre.

Le fait doit toujours concourir avec l'intention.
La résidence la plus longue ne prouve rien, si elle
n'est pas accompagnée de volonté ; tandis que si
l'intention est constante, elle opère avec la résidence la plus courte, celle-ci ne fût-elle que d'un
jour.

Vous voyez que toute la difficulté, dans cette
matière, tient à l'embarras de reconnaître avec
certitude quand le fait et l'intention se trouvent
réunis. Tant qu'un homme n'a pas abandonné son
premier domicile, on ne peut pas lui prêter une
volonté contraire à celle que le fait rend sensible.

La difficulté commence lorsque, de fait, il y a
changement de résidence ; si les motifs de ce changement restent incertains, s'ils sont tels, qu'on ne
puisse pas en conclure l'intention de quitter pour
toujours l'ancien domicile et d'en prendre un
nouveau.

Ces questions tombent nécessairement dans le domaine du juge; l'ancienne législation les y avait laissées, la nouvelle tenterait vainement de les en tirer : il n'y a pas moyen de prévoir tous les cas.

Ce que peut faire le législateur, c'est d'offrir à la bonne foi de ceux qui veulent changer de domicile, un moyen légal de manifester leur volonté sans équivoque, en sorte qu'il n'y ait plus de prétexte aux argumentations qu'on voudrait leur opposer.

On propose en conséquence de faire résulter la preuve de l'intention, d'une déclaration expresse qui aurait été faite, tant à la municipalité du lieu qu'on quitte, qu'à celle du lieu où l'on transfère son domicile.

Cette déclaration n'est point obligée : l'homme qui n'aura que des motifs honnêtes pour user de sa liberté naturelle, en changeant de domicile, ne craindra pas d'annoncer hautement sa volonté, que nul n'a le droit de contrarier ; le fait concourant avec elle, l'évidence se rencontrera des deux côtés, et il n'y aura plus matière à contestation.

Mais l'homme qui, par exemple, fuira ses créanciers, n'aura garde de signaler sa fuite par des déclarations; celui-ci ne pourra pas non plus faire admettre comme certain ce qui restera toujours en question, par rapport à lui : à défaut de déclaration expresse, la preuve de son intention dépendra des circonstances dont le juge deviendra l'arbitre.

Un citoyen appelé à des fonctions publiques, hors du lieu où il avait son domicile, le perdra-t-il en acceptant des fonctions qui l'obligent de résider ailleurs ? Cette question, d'un intérêt général dans la République, demandait une solution positive.

Il a paru qu'elle sortirait naturellement des principes, si l'on distinguait entre les fonctions temporaires et révocables, et celles qui sont conférées à vie.

Un fonctionnaire a l'intention de remplir ses devoirs dans toute leur étendue, la loi ne peut du moins admettre une autre supposition. Celui qui accepte des fonctions inamovibles, contracte, à l'instant même, l'engagement d'y consacrer sa vie ; lors donc qu'il se transporte au lieu fixé pour l'exercice de ses fonctions, ses motifs ne sont pas douteux ; à côté du fait constant se place une intention moralement évidente : il y a donc translation immédiate du domicile de ce fonctionnaire inamovible, dans le lieu où il doit exercer ses fonctions.

Mais si elles ne sont que temporaires ou révocables, la volonté d'abandonner l'ancien domicile n'est plus également présumable : on le quitte pour remplir des obligations auxquelles on voit un terme ; quand ce terme est arrivé, il n'y a plus de raison pour prolonger le sacrifice de toutes les habitudes de sa vie, pour induire un changement de domicile de l'acceptation de fonctions temporaires ou révocables : il faudra donc que l'intention de renoncer à son ancienne demeure, soit clairement manifestée.

L'ancien droit, fondé sur la nature même des choses, doit subsister, et subsistera par rapport aux femmes mariées, aux mineurs non-émancipés et aux majeurs interdits. Le domicile des premières est chez leurs maris, celui des autres, chez leurs pères, mères, tuteurs ou curateurs.

Les majeurs qui servent ou qui travaillent habituellement chez autrui, ont le même domicile que la personne qu'ils servent, ou chez laquelle ils travaillent, pourvu qu'ils demeurent avec cette personne, et dans la même maison. Cette condition suffit pour restreindre le principe général dans ses justes bornes, et prévenir toute incertitude dans l'application.

On rappelle, pour la confirmer, la règle en vertu de laquelle le lieu d'ouverture de la succession est déterminé par le domicile du défunt. Il importe à tous les intéressés de savoir précisément à quel tribunal ils doivent porter leurs demandes. Un homme peut mourir loin de chez lui, ses héritiers peuvent être dispersés ; ces circonstances feraient naître de grands embarras, s'il n'y était pourvu par le moyen qui est en usage, et qu'il a paru sage de maintenir.

Enfin, législateurs, on a cru devoir autoriser la convention par laquelle des parties contractantes, ou l'une d'elles, éliraient un domicile spécial et différent du domicile réel, pour l'exécution de tel ou tel acte. La loi ne fait en cela que prêter sa force à la volonté des parties, qui n'a rien que de licite et de raisonnable ; seulement on exige que l'élection de domicile soit faite dans l'acte même auquel elle se réfère ; et pour qu'on ne puisse pas en abuser, on a soin de restreindre l'effet d'une semblable stipulation aux significations, demandes et poursuites relatives à ce même acte : elles seules pourront être faites au domicile convenu, et devant le juge de ce domicile.

PROJET DE LOI.

TITRE III.

DU DOMICILE.

ARTICLE 102.

Le domicile de tout Français, quant à l'exercice de ses droits civils, est au lieu où il a son principal établissement.

103. Le changement de domicile s'opérera par le fait d'une habitation réelle dans un autre lieu, joint à l'intention d'y fixer son principal établissement.

104. La preuve de l'intention résultera d'une déclaration expresse faite, tant à la municipalité du lieu qu'on quittera, qu'à celle du lieu où on aura transféré son domicile.

105. A défaut de déclaration expresse, la preuve de l'intention dépendra des circonstances.

106. Le citoyen appelé à une fonction publique temporaire ou révocable, conservera le domicile qu'il avait auparavant, s'il n'a pas manifesté d'intention contraire.

107. L'acceptation de fonctions conférées à vie, emportera translation immédiate du domicile du fonctionnaire, dans le lieu où il doit exercer ces fonctions.

108. La femme mariée n'a point d'autre domicile que celui de son mari. Le mineur non-émancipé aura son domicile chez ses père et mère ou tuteur. Le majeur interdit aura le sien chez son curateur.

109. Les majeurs qui servent ou travaillent habituellement chez autrui, auront le même domicile que la personne qu'ils servent, ou chez laquelle ils travaillent, lorsqu'ils demeureront avec elle dans la même maison.

110. Le lieu où la succession s'ouvrira, sera déterminé par le domicile.

111. Lorsqu'un acte contiendra, de la part des parties ou de l'une d'elles, élection de domicile, pour l'exécution de ce même acte, dans un autre lieu que celui du domicile réel, les significations, demandes et poursuites relatives à cet acte pourront être faites au domicile convenu, et devant le juge de ce domicile.

Approuvé : *le premier Consul*, signé BONAPARTE.
  Par le premier Consul, *le secrétaire d'Etat*,
  signé Hugues-B. MARET.

Pour extrait conforme , *le secrétaire-général du Conseil-d'Etat* , signé J. G. LOCRÉ.

CINQUIÈME PROJET DE LOI.

TITRE IV DU CODE CIVIL,

Relatif aux Absens, présenté le 12 ventose au Corps législatif, par les conseillers d'état BIGOT-PRÉAMENEU, CRÉTET *et* BOULAY, *chargés d'en soutenir la discussion fixée au 24 ventose.*

Du 12 Ventose an XI.

EXPOSÉ des motifs du cinquième projet de loi, titre IV du Code civil, relatif aux Absens.

CITOYENS LÉGISLATEURS,

Le titre du Code civil qui a pour objet les *Absens*, offre les exemples les plus frappans de cette admirable surveillance de la loi, qui semble suivre pas à pas chaque individu pour le protéger aussitôt qu'il se trouve dans l'impuissance de défendre sa personne ou d'administrer ses biens.

Cette impuissance peut résulter de l'âge ou du défaut de raison, et la loi y pourvoit par les tutelles.

Elle peut venir aussi de ce que l'individu absent n'est plus à portée de veiller à ses intérêts.

Ici, la loi et les juges ont besoin de toute leur sagesse.

Leur but est de protéger l'absent ; mais lors même qu'ils ne veulent que le garantir des inconvéniens de son absence, ils sont le plus souvent exposés aux risques de le troubler dans le libre exercice que chacun doit avoir de ses droits.

L'absence, dans l'acception commune de cette expression, peut s'appliquer à ceux qui sont hors de leur domicile, mais dont on connaît le séjour ou l'existence ; il ne s'agit ici que des personnes qui se sont éloignées du lieu de leur résidence ordinaire, et dont on n'a point de nouvelles.

Depuis long-temps le vœu des jurisconsultes était qu'il y eût enfin à cet égard des règles fixes.

On n'en trouve presqu'aucune dans le droit romain.

Il n'a point été rendu en France, à cet égard, de loi générale.

Les relations du commerce extérieur et les temps de troubles ont plus que jamais multiplié les absences.

Enfin, il n'est point de matière sur laquelle la jurisprudence des tribunaux soit plus variée et plus incertaine.

Lorsque l'absence, sans nouvelles, s'est prolongée pendant un certain temps, on en a tiré dans les usages des différens pays diverses conséquences.

Dans les uns, et c'est le plus grand nombre, on a pris pour règle, que toute personne absente et dont la mort n'est pas constatée, doit être présumée vivre jusqu'à cent ans ; c'est-à-dire, jusqu'au terme le plus reculé de la vie ordinaire, mais

qu'alors même un autre mariage ne peut être contracté.

Dans d'autres pays, on a pensé que, relativement à la possession, et même à la propriété des
biens de l'absent, il devait être présumé mort avant
l'âge de cent ans, et que le mariage était le seul
lien qui dût être regardé comme indissoluble avant
l'expiration d'un siècle écoulé depuis la naissance
de l'époux absent.

D'autres enfin ont distingué entre les absens qui
étaient en voyage et ceux qui avaient disparu subitement : dans ce dernier cas, on présumoit plus facilement leur décès. Après un certain temps, on
les réputait morts du jour qu'ils avoient disparu,
et ce temps était moins long lorsqu'on savait qu'ils
avaient couru quelque danger.

Ces diverses opinions manquent d'une base solide, et elles ont conduit à des inconséquences
que l'on aura occasion de faire observer.

Il a paru préférable de partir d'idées simples et
qui ne puissent pas être contestées.

Lorsqu'un long temps ne s'est pas encore écoulé
depuis que l'individu s'est éloigné de son domicile,
la présomption de mort ne peut résulter de cette
absence ; il doit être regardé comme vivant.

Mais si pendant un certain nombre d'années on
n'a point de ces nouvelles, on considère alors
que les rapports de famille, d'amitié, d'affaires,
sont tellement dans le cœur et dans l'habitude des
hommes, que leur interruption absolue doit avoir
des causes extraordinaires, causes parmi lesquelles
se place le tribut même rendu à la nature.

Alors s'élèvent deux présomptions contraires ;
l'une de la mort par le défaut de nouvelles, l'autre
de la vie par son cours ordinaire. La conséquence

juste de deux présomptions contraires est l'état d'incertitude.

Les années qui s'écoulent ensuite rendent plus forte la présomption de la mort, mais il n'est pas moins vrai qu'elle est toujours plus ou moins balancée par la présomption de la vie; et si, à l'expiration de certaines périodes, il est nécessaire de prendre des mesures nouvelles, elles doivent être calculées d'après les différens degrés d'incertitude, et non pas exclusivement sur l'une ou l'autre des présomptions de vie ou de mort, ce qui conduit à des résultats très-différens.

Nous avons à parcourir les différentes périodes de l'absence, à examiner sur quel nombre d'années il a été convenable de les fixer, et qu'elles ont été, dans chacune de ces périodes, les mesures exigées par le propre intérêt de l'absent, par celui de sa famille, et par l'intérêt public, qui veut aussi que les propriétés ne soient pas abandonnées ou trop long-temps incertaines.

La première période est celle qui se trouve entre le moment du départ et l'époque où les héritiers présomptifs de l'absent peuvent être envoyés, comme dépositaires, en possession de ses biens.

Les usages sur la durée de cette période étaient très-variés.

A Paris, et dans une partie assez considérable de la France, elle était de trois ans; dans d'autres pays de cinq, dans d'autres de sept et de neuf ans.

Le cours de trois années n'a point paru suffisant: on doit, en fixant la durée de cette première période, considérer la cause la plus ordinaire de l'absence; ce sont les voyages maritimes, pendant lesquels il est assez ordinaire que plusieurs années s'écoulent avant qu'on ait pu donner de ses nouvelles.

Mais si, pendant cinq années entières, il n'en a été reçu aucunes, on ne pourra plus se dissimuler qu'il y a incertitude sur la vie; et lorsque les tribunaux auront fait, pour découvrir l'existence de l'absent, d'inutiles enquêtes, il y aura dans le langage de la loi, *absence proprement dite.*

Quant aux précautions à prendre pendant les cinq premières années, la loi ne peut, pour l'intérêt des personnes absentes, que s'en rapporter à la surveillance du ministère public et à la prudence des juges.

L'éloignement fait présumer que l'absence *proprement dite* aura lieu : mais lorsqu'elle n'est encore que présumée, il n'est point censé que la personne éloignée soit en souffrance pour ses affaires; il faut qu'il y en ait des preuves positives; et, lors même que cette personne n'a pas laissé de procuration, on doit croire que c'est à dessein de ne pas confier le secret de sa fortune.

Avec quelle réserve les magistrats eux-mêmes, malgré leur caractère respectable et la confiance qu'ils méritent, doivent-ils donc se décider à pénétrer dans le domicile, qui fut toujours un asyle sacré !

Cependant, celui qui s'est éloigné sans avoir donné une procuration peut avoir laissé des affaires urgentes, telles que l'exécution des congés de loyer, leur paiement, celui d'autres dettes exigibles. Il peut se trouver intéressé dans des inventaires, dans des comptes, des liquidations, des partages.

Ce sont autant de circonstances dans lesquelles

les créanciers ou les autres intéressés ne doivent pas être privés de l'exercice de leurs droits. Ils ont le droit de provoquer la justice; et tout ce que peuvent les tribunaux en faveur de celui qui, par son éloignement, s'est exposé à ces poursuites, c'est de se borner aux actes qui sont absolument nécessaires pour que, sur ses biens, il soit satisfait à des demandes justes.

Ainsi, lorsqu'il s'agira du paiement d'une dette, ce sera le magistrat, dont le secret et la bonne-foi ne peuvent être suspectes à la personne éloignée, qui pénétrera un seul instant dans son domicile, pour en extraire la partie de l'actif absolument nécessaire, afin de remplir ses engemens.

Les successions, les comptes, les partages, les liquidations, dans lesquels les absens se trouvent intéressés, étaient avant les lois nouvelles autant de motifs pour leur nommer des curateurs. Trop souvent ces curateurs ont été coupables de dilapidations; trop souvent même, avec de la bonne foi, ils ont, soit par ignorance, soit par négligence à défendre les intérêts de l'absent, soit même par le seul fait du discrédit que causent de pareilles gestions, opéré leur ruine.

Une loi de l'Assemblée constituante, du 11 février 1791, avoit réglé que « s'il y avoit lieu de » faire des inventaires, comptes, partages et liqui- » dations, dans lesquels se trouveraient fondés des » absens qui ne seraient défendus par aucun fondé » de procuration, la partie la plus diligente s'a- » dresserait au tribunal compétent, qui commet- » trait d'office un notaire pour procéder à la con- » fection de ces actes. »

L'absent lui-même n'eût pu choisir personne

qui, plus qu'un notaire, fût en état de connaître
et de défendre ses intérêts dans ce genre d'affaires.

Une mesure aussi sage a été maintenue.

Il n'en résulte pas que les nominations de curateurs soient interdites dans d'autres cas où les tribunaux le jugeront indispensable, mais ils ne le
feront qu'en cherchant tous les moyens d'éviter
les inconvéniens auxquels cette mesure expose.

Il peut encore arriver que le père qui s'est
éloigné, ait laissé des enfans mineurs. Il n'est pas
de besoin plus urgent que celui des soins qui leur
sont dus.

Rien à cet égard n'avait encore été prévu ni réglé.

Il est conforme aux principes qui vous seront
exposés au titre *des Tutelles*, que si la femme de
l'absent vit, elle ait la surveillance des enfans, et
qu'elle exerce tous les droits de son mari relatifs
à leur éducation et à l'administration de leurs
biens.

C'est l'intérêt des enfans, qui sont, à cet égard,
au nombre des tiers ayant droit d'invoquer la justice : c'est le droit naturel de la mère ; c'est la
volonté présumée et en quelque sorte certaine du
père absent, lorsqu'il n'y a aucune preuve d'intention contraire.

Si la mère n'existe plus, on ne saurait croire
que le père n'ait pris à son départ aucune précaution pour la garde et l'entretien de ses enfans ;
mais aussi on présume que ses précautions n'ont
été que pour un temps peu long, et dans l'espoir
d'un prochain retour : on présume qu'elles n'ont
point été suffisantes pour établir toutes les fonctions et tous les devoirs d'une tutelle.

Ainsi, lorsqu'un temps, que l'on a fixé à six

mois depuis la disparition du père, se sera écoulé, la surveillance des enfans sera déférée, par le conseil de famille, aux ascendans les plus proches, et, à leur défaut, à un tuteur provisoire.

Cette mesure sera également nécessaire dans le cas où la mère serait morte depuis le départ du père, avant que son absence ait été déclarée, et dans le cas où l'un des époux qui aurait disparu laisserait des enfans mineurs issus d'un mariage précédent.

Nous sommes parvenus à la seconde période, celle qui commence par la déclaration d'absence.

C'est cette formalité qui doit avoir les conséquences les plus importantes. D'un côté les biens ne peuvent pas rester dans un plus long abandon; mais d'un autre côté un citoyen ne peut pas être dépossédé de sa fortune avant qu'on ait employé tous les moyens de découvrir son existence, et de lui faire connaître qu'on le met dans son pays au nombre de ceux dont la vie est incertaine.

Des précautions si raisonnables, et qui seront désormais regardées comme étant d'une absolue nécessité, avaient été jusqu'ici inconnues.

La déclaration d'absence ne consistait que dans le jugement qui envoyait les héritiers présomptifs de l'absent en possession des biens. Il n'y avait, pour faire prononcer cet envoi, d'autre formalité à remplir que celle de produire aux juges un acte de notoriété dans lequel l'absence, sans nouvelles, était attestée.

Ceux qui déclarent qu'il n'y a point eu de nouvelles d'un absent, ne prouvent rien, si ce n'est qu'ils n'ont point entendu dire qu'il en ait été reçu.

Ce n'est point une preuve positive. Il n'en résulte pas que dans le même pays d'autres personnes n'aient point de renseignemens différens : cela constate encore moins que dans d'autres villes l'existence des absens, dans le cas sur-tout où ce sont des commerçans, soit inconnue.

Il fallait chercher des moyens plus surs de découvrir la vérité ; et, s'il en est un dont on puisse espérer de grands succès, c'est celui de donner à la déclaration d'absence une telle publicité, que tous ceux qui, en France, pourraient avoir des nouvelles de l'absent, soient provoqués à en donner, et que l'absent lui-même puisse connaître par la renommée les conséquences fâcheuses de son long silence.

Les formes les plus solennelles pour la déclaration de l'absence et pour sa publication, vous sont présentées.

A la place d'un simple acte de notoriété dans le lieu du domicile, on propose une enquête qui sera contradictoire avec le commissaire du Gouvernement.

L'envoi en possession était provoqué par des parens dont la cupidité, dès-lors allumée par l'espoir d'une propriété future, pouvoit les porter à séduire le petit nombre de témoins qui étaient nécessaires pour un acte de notoriété, ou ils en trouvaient facilement de trop crédules.

Suivant la loi proposée, les témoins seront appelés non-seulement par les intéressés qui demanderont la déclaration d'absence, mais encore par le commissaire du Gouvernement. Celui-ci se fera un devoir d'appeler tous ceux dont les relations avec l'absent pourront répandre sur son sort quelques lumières.

L'acte de notoriété n'était qu'une formule signée par

par les témoins : dans l'enquête on verra les différences entre leurs dépositions.

Ce sont ces variations et ces détails qui mettent sur la voie dans la recherche de la vérité.

Il était encore plus facile aux héritiers de trouver des témoins complaisans ou crédules, lorsque la résidence de l'absent, avant son départ, était dans un autre arrondissement que son domicile. Cet inconvénient est écarté par la double enquête qui sera faite, l'une par les juges du domicile, et l'autre par ceux de la résidence.

La formule en termes positifs que présentaient aux juges les actes de notoriété, commandait en quelque sorte leur jugement d'envoi en possession. Ce jugement n'était lui-même, pour ainsi dire, qu'une simple formule.

Suivant la loi proposée, il sera possible aux juges de vérifier si l'absence n'a point été déterminée par des motifs qui existeraient encore, et qui devraient faire différer la déclaration d'absence.

Tel serait le projet que l'absent aurait annoncé de séjourner plusieurs années dans quelque contrée lointaine; telle serait l'entreprise d'un voyage de terre ou de mer qui, par son objet ou par les grandes distances, exigerait un très-long temps.

Les juges pourront encore apprendre dans l'enquête si des causes particulières n'ont point empêché qu'on ne reçût des nouvelles de l'absent. Tels seraient la captivité, la perte d'un navire, ou d'autres événemens qui pourront encore déterminer les juges à prolonger les délais.

A tous ces moyens de découvrir la vérité, il en a été ajouté un dont on attend des effets avanta-

Code civil. An XI. 9

geux ; c'est la publicité que le ministre de la justice est chargé de donner aux jugemens qui auront ordonné les enquêtes pour constater l'absence sans nouvelles. Ce ministre emploiera non-seulement la voie des papiers publics , mais encore il provoquera dans les places de commerce les correspondances avec toutes les parties du globe.

Cette publication des jugemens deviendra l'enquête la plus solennelle et la plus universelle.

Les résultats en seront attendus pendant une année entière , qui sera la cinquième depuis le départ. Tous ceux qui auraient eu des nouvelles , ou ceux qui en recevraient, auront le temps d'en instruire la justice ; et il suffira qu'un seul de ces avis nombreux parvienne à l'absent, pour qu'il multiplie les moyens de faire connaître son existence.

C'est ainsi que la loi viendra au secours de l'absent d'une manière bien plus efficace , et qui sera exempte d'une grande partie des risques et des inconvéniens auxquels il était exposé dans l'ancienne forme d'envoi en possession.

Lorsqu'avec un simple acte de notoriété , un absent était dépossédé de tous ses biens, cette mesure présentait une idée dont on ne pouvait se défendre, celle d'un acte arbitraire et sans garantie pour le droit de propriété.

Mais lorsque d'une part les biens se trouveront dans l'abandon depuis cinq années , lorsque de l'autre toutes les recherches possibles sur l'existence de l'absent auront été faites , et tous les moyens de lui transmettre des avis auront été épuisés , la déclaration d'absence ne pourra plus laisser d'inquiétude. Elle ne saurait être dès-lors aux yeux du public qu'un acte de conservation fondé sur une nécessité constante, et pour l'absent lui-même un acte de protection qui a garanti son patrimoine d'une perte qui devenait inévitable.

Le jugement qui déclarera l'absence, ne sera même pas rendu dans le délai de cinq ans, si l'absent a laissé une procuration.

Vous aurez encore ici à observer une grande différence entre le droit ancien et celui qui vous est proposé.

L'usage le plus général était de regarder la procuration comme n'étant point un obstacle à l'envoi en possession après le délai ordinaire. Ainsi, l'homme qui prévoyait une longue absence, et qui avait pris des précautions pour que la conduite et le secret de ses affaires ne fussent pas livrés à d'autres qu'à celui qui avait sa confiance, n'en restait pas moins exposé à ce que sa volonté et l'exercice qu'il avait fait de son droit de propriété, fussent anéantis après un petit nombre d'années.

Il est vrai que quelques auteurs distinguaient entre la procuration donnée à un parent, et celle laissée à un étranger : ils pensaient que la procuration donnée à un parent devait être exécutée jusqu'au retour de l'absent, ou jusqu'à ce que sa mort fût constatée, mais que celle donnée à un étranger était révocable par les parens envoyés en possession.

Cette distinction, qu'il serait difficile de justifier, n'a point été admise, et la cessation trop prompte de l'effet des pouvoirs confiés par l'absent, a été regardée comme une mesure qui ne peut se concilier avec la raison ni avec l'équité.

En effet, l'on ne peut pas traiter également celui qui a formellement pourvu à l'administra-

9 *

tion de ses affaires, et celui qui les a laissées à l'abandon.

Le premier est censé avoir prévu une longue absence, puisqu'il a pourvu au principal besoin qu'elle entraîne. Il s'est dispensé de la nécessité d'une correspondance, lors même qu'il serait long-tems éloigné.

Les présomptions contraires s'élèvent contre celui qui n'a pas laissé de procuration : on croira plutôt qu'il espérait un prompt retour, qu'on ne supposera qu'il ait omis une précaution aussi nécessaire ; et, lorsqu'il y a manqué, il s'est au moins mis dans la nécessité d'y suppléer par sa correspondance.

L'erreur était donc évidente lorsque, dans l'un et l'autre cas, on tirait les mêmes inductions du défaut de nouvelles pendant le même nombre d'années : il a paru qu'il y aurait une proportion juste entre les présomptions qui déterminent l'envoi en possession, si on exigeait, pour déposséder l'absent qui a laissé une procuration, un temps double de celui après lequel on prononcera l'envoi en possession des biens de l'absent qui n'a point de mandataire.

Ainsi la procuration aura son effet pendant dix années, depuis le départ ou depuis les dernières nouvelles; et ce sera seulement à l'expiration de ce terme, que l'absence sera déclarée, et que les parens seront envoyés en possession.

On a aussi prévu le cas où la procuration cesse-rait par la mort ou par autre empêchement. Ces circonstances ne changent point les inductions qui naissent du fait même qu'il a été laissé une procuration, et on a dû tirer de ce fait deux consé-

quences : la première, que les héritiers présomptifs ne seraient envoyés en possession qu'à l'expiration du même délai de dix ans ; la seconde, qu'il
serait pourvu, depuis la cessation du mandat, aux
affaires urgentes, de la manière réglée pour tous
ceux qui ne sont encore que présumés absens.

Il faut maintenant nous placer à cette époque
où les absens, déclarés tels par des jugemens revê-
tus de toutes les formes, ont pu être dépossédé.

On avait à décider entre les mains de qui les
biens devaient être remis.

Il suffit que la loi reconnaisse qu'il y a incertitude de la vie, pour que le droit des héritiers, sans
cesser d'être éventuel, devienne plus probable :
et puisque les biens doivent passer en d'autres
mains que celles du propriétaire, les héritiers so
présentent avec un titre naturel de préférence.

La jurisprudence a toujours été uniforme à cet
égard : toujours les héritiers ont été préférés.

Personne ne peut avoir d'ailleurs plus d'intérêt
à la conservation et à la bonne administration de
ces biens, que ceux qui en profiteront si l'absent
ne revient pas.

Heureusement encore l'affection et la confiance
entre parens sont les sentimens les plus ordinaires,
et on peut présumer. que tels ont été ceux de
l'absent.

On propose de maintenir la règle qui donne la
préférence aux héritiers présomptifs.

Au surplus, cette possession provisoire n'est
qu'un dépôt confié aux parens. Ils se rendent
comptables envers l'absent, s'il revient ou si on a
de ses nouvelles.

La manière de constater quels avaient été les biens

laissés par l'absent, était différente suivant les usages de chaque pays.

Dans la plupart, les formalités étaient incomplètes ou insuffisantes.

On a réuni celles qui donneront une pleine sûreté.

La fortune de l'absent sera constatée par des inventaires en présence d'un magistrat. Les tribunaux décideront si les meubles doivent être vendus ; ils ordonneront l'emploi des sommes provenant du prix de la vente et des revenus ; les parens devront même, s'ils veulent éviter, pour l'avenir, des discussions sur l'état dans lequel les biens leur auront été remis, le faire constater. Ils seront tenus de donner caution pour sûreté de leur administration.

En un mot, la loi prend contre eux les mêmes précautions que contre un étranger, elle exige les mêmes formalités que pour les séquestres ordinaires ; et lors même qu'elle a été mise par l'absent dans la nécessité de le déposséder, elle semble encore ne le faire qu'à regret, et elle s'arme contre la cupidité ou l'infidélité, de formes qui ne puissent être éludées.

La loi proposée a écarté l'incertitude qui avait jusqu'ici existé sur l'exécution provisoire du testament que l'absent aurait fait avant son départ.

En général, les testamens ne doivent être exécutés qu'à la mort de ceux qui les ont faits. La loi romaine portait même la sévérité au point de punir de la peine de faux quiconque se serait permis de procéder à l'ouverture du testament d'une personne encore vivante ; mais en même temps elle décidait que s'il y avait du doute sur l'existence du testateur, le juge pouvait, après avoir fait les dispositions nécessaires, permettre de l'ouvrir.

Il ne saurait y avoir d'enquêtes plus solennelles que celles qui précéderont l'envoi en possession des biens de l'absent. D'ailleurs, l'ouverture des testamens et leur exécution provisoire doivent être autorisées par les mêmes motifs qui font donner aux héritiers présomptifs la possession des biens. Le droit qu'ils tiennent de la loi, et celui que les légataires tiennent de la volonté de l'absent, ne doivent également s'ouvrir qu'à la mort : si donc, par l'effet de la déclaration de l'absence, le temps où la mort serait constatée, est anticipé par l'envoi en possession des héritiers, il doit l'être également par une délivrance provisoire aux légataires.

Ces principes et ces conséquences s'appliquent à tous ceux qui auraient sur les biens de l'absent des droits subordonnés à son décès : ils pourront les exercer provisoirement.

Les mêmes précautions seront prises contre eux tous ; ils ne seront, comme les héritiers, que des dépositaires tenus de fournir caution et de rendre des comptes.

Il n'y a point eu jusqu'ici de loi qui ait décidé si la communauté entre époux continuait, lorsque l'un d'eux était absent.

Suivant l'usage le plus général, la communauté, dans le cas de l'absence de l'un des deux époux, était provisoirement dissoute du jour où les héritiers présomptifs avaient, après le temps d'absence requis, formé contre l'époux présent la demande d'envoi en possession des biens de l'absent.

Elle était pareillement dissoute du jour que l'époux présent avait agi à cet égard contre les héritiers de l'absent.

Si l'absence cessait, on considérait la communauté comme n'ayant jamais été dissoute, et les héritiers qui avaient été mis en possession étaient tenus de lui rendre compte de tous les biens qui la composaient.

Cependant la raison et l'équité veulent que l'époux présent, dont la position est déjà si malheureuse, n'éprouve dans sa fortune que le moindre préjudice, et sur-tout qu'il n'en souffre pas au profit des héritiers, et par leur seule volonté.

Les héritiers n'ont jamais prétendu que l'époux présent fût tenu de rester malgré lui en communauté avec eux : de quel droit le forceraient-ils à la dissoudre, si la continuation lui en était avantageuse, ou plutôt comment pourrait-on les admettre à contester un droit qui repose sur la foi du contrat de mariage ? Si l'incertitude a suffi pour les mettre en possession provisoire des biens, ce n'est pas sur une incertitude que des héritiers, n'ayant qu'un droit précaire et provisoire, peuvent, contre la volonté de l'une des parties, rompre un contrat synallagmatique.

Il faut conclure de ces principes, que l'époux présent doit avoir la faculté d'opter, soit la continuation, soit la dissolution de la communauté.

Tel a été le parti adopté dans la loi proposée.

On y a prévu quelles doivent être les conséquences de la continuation ou de la dissolution de communauté.

Dans le premier cas, l'époux présent qui préfère la continuation de communauté, ne peut pas être forcé de livrer les biens qui la composent, et leur administration, aux héritiers de l'absent; ils ne seraient envoyés en possesion que comme dépositaire. Et par quel renversement d'idées nom-

merait-on dépositaires d'une société ceux qui y sont
étrangers, lorsque l'associé pour moitié se trouve
sur les lieux ?

L'époux présent sera le plus ordinairement la
femme ; mais les femmes ne sont-elles pas aussi
capables d'administrer leurs biens ? Et dans le cas
où, sans qu'il y ait absence, le mari décède laissant des enfans, la femme ne gère-t-elle pas et sa
fortune et toute celle de ses enfans, qui sont plus
favorables que des héritiers présomptifs ?

L'époux commun en biens, qui veut continuer
la communauté, doit donc avoir la faculté d'empêcher l'envoi des héritiers en possession, et de
prendre ou de conserver par préférence l'administration des biens.

Au surplus, la déclaration qu'aurait faite la
femme de continuer la communauté, ne doit pas
la priver du droit d'y renoncer ensuite. Il est
possible que des affaires, entreprises avant le départ du mari, réussissent mal ; et d'ailleurs, les
droits que lui donne l'administration des biens de
la communauté, ne sont pas aussi étendus que
ceux du mari. Elle ne peut ni les hypothéquer ni
les aliéner ; leur administration, occasionnée par
l'absence, n'est pour elle qu'une charge qui ne doit
pas la priver d'un droit acquis, avant le départ de
son mari, par le contrat de mariage ou par la loi.

Dans le cas où l'époux présent demande la dissolution provisoire de la communauté, l'usage
ancien sur l'exercice des reprises et des droits ma-
trimoniaux de la femme était abusif ; il y avait une
liquidation, mais tous les biens restaient dans les
mains des héritiers envoyés en possession : le
motif était que si le mari reparaissait, la communauté serait regardée comme n'ayant point été

dissoute, et que ce serait à eux à lui rendre compte de tous les biens qui la composaient.

Ce motif n'est pas équitable : la conséquence à tirer d'une dissolution provisoire de communauté, n'est-elle pas plutôt que la femme reprenne aussi provisoirement tous ses droits ? Pourquoi les héritiers seraient-ils plutôt dépositaires de sa propre fortune qu'elle-même ? Et s'il est un point sur lequel on a pu hésiter dans la loi proposée, c'est sur la charge imposée à la femme de donner caution pour sûreté des restitutions qui devraient avoir lieu.

C'est ainsi qu'on a réglé tout ce qui concerne l'envoi en possession des biens.

Il fallait ensuite prévoir ce qui pourrait arriver pendant l'absence, et comment seraient exercés les droits de succession, ou tous autres dans lesquels l'absent se trouverait intéressé.

L'usage ancien à Paris, usage encore existant dans quelques pays, était que l'absent fut considéré, par rapport au droits qui s'ouvraient à son profit, comme s'il eût été présent. Ainsi on l'admettait au partage d'une succession, et ses créanciers avaient le droit d'exercer pour lui les actions du même genre en donnant caution.

On est ensuite revenu à une idée plus simple et la seule qui soit vraie, celle de ne point considérer la présomption de vie ou celle de mort de l'absent, mais de s'en tenir, à son égard, à la règle, suivant laquelle quiconque réclame un droit échu à l'individu dont l'existence n'est pas reconnue, doit prouver que cette individu existait quand le droit a été ouvert, et, jusqu'à cette preuve, doit être déclarée non-recevable dans sa demande.

S'il s'agit d'une succession, elle sera dévolué

exclusivement à ceux avec lesquels celui dont l'existence n'est pas reconnue, aurait eu le droit de concourir, ou à ceux qui l'auraient recueillie à son défaut.

Cette règle a été maintenue, et on continuera de l'appliquer aux absens, à l'égard de tous les droits qui pourraient leur échoir.

Après avoir prévu ce qui peut arriver pendant l'absence, il fallait encore déterminer quels sont les droits de l'absent lorsqu'ils revient.

Il est évident que s'il revient, ou si son existence est prouvée pendant l'envoi des héritiers en possession, les effets du jugement qui a déclaré l'absence doivent cesser, et que, dans le second cas, celui où l'on sait seulement qu'il existe, sans qu'il soit de retour, on doit se borner, dans l'administration de ses biens, aux mesures conservatoires prescrites pour le temps antérieur à la déclaration d'absence.

Mais un point qui souffrait difficulté, et sur lequel les usages étaient très-variés, c'était celui de la restitution des revenus recueillis par les héritiers envoyés en possession.

Par-tout on s'accordait sur ce qu'il eût été trop onéreux aux héritiers de rendre compte des revenus qu'ils auraient reçus pendant un nombre d'années. L'existence de l'absence, qui chaque année devient plus incertaine, les malheurs que les héritiers peuvent éprouver, l'accroissement du dépôt, la continuité des soins qu'il serait injuste de laisser aussi long-temps sans aucune indemnité, le refus qui serait fait d'une charge aussi pesante ; tous ces motifs ont fait jusqu'ici décider qu'après un certain temps les héritiers doivent profiter des revenus.

L'époque où finissait l'obligation de les restituer à l'absent, dans le cas de retour, était différente selon les divers pays, et, dans tous, la restitution cessait à cette époque d'une manière absolue; en sorte que si l'absent revenait, il se trouvait, même avec une fortune considérable, privé des ressources qui pouvaient lui être nécessaires au temps de son arrivée.

En Bretagne et dans d'autres provinces, les héritiers n'étaient plus tenus, après dix ans, de restituer les revenus; ailleurs, il fallait, pour être dispensé de cette restitution, quinze ans à compter de l'envoi en possession; à Paris, l'usage était qu'il y eût vingt années depuis cet envoi.

Ce système était vicieux: les sentimens d'humanité le repoussent. Comment concilier, avec les idées de justice et de propriété, la position d'un absent qui voit ses héritiers présomptifs enrichis de ses revenus pendant une longue suite d'années, et qui ne peut rien exiger d'eux pour satisfaire aux besoins multipliés que son dénuement peut exiger?

Et d'ailleurs, la jouissance entière de revenus au profit des héritiers est en opposition avec leur titre, qui n'est que celui de dépositaires. Qu'ils aient à titre d'indemnité une portion de ces revenus, que cette portion soit plus ou moins forte, suivant la longueur de l'absence; mais que l'absent, s'il revient, puisse se présenter à ses héritiers comme propriétaire ayant droit à une portion des revenus dont ils ont joui.

Telles sont les règles adoptées dans la loi qu'on vous prop se: ceux qui par suite de l'envoi provisoire, ou de l'administration légale, auront joui des biens de l'absent, ne seront tenus de lui rendre que le cinquième des revenus, s'il reparait avant quinze ans révolus d'absence; et le dixième s'il ne reparaît qu'après les quinze ans.

Il vaut mieux, pour l'intérêt de l'absent, qu'il fasse, pendant les premières années, le sacrifice d'une partie de ses revenus, pour ensuite conserver l'autre.

Cependant il est un terme au-delà duquel il ne serait ni juste ni conforme à l'intérêt public de laisser les héritiers dans un état aussi précaire.

Lorsque trente-cinq ans au moins se sont écoulés depuis la disparition, d'une part le retour serait l'événement le plus extraordinaire; d'une autre part il faut que le sort des héritiers soit enfin fixé. L'état de leur famille peut avoir éprouvé de grands changemens par les mariages, par la mort, et par tous les événemens qui se succèdent dans un aussi long intervalle de temps. Il faut enfin que les biens de l'absent puissent rentrer dans le commerce; il faut que toute comptabilité des revenus cesse de la part des héritiers.

On a, par ces motifs, établi comme règle d'ordre public, à laquelle l'intérêt particulier de l'absent doit céder, que si trente ans sont écoulés depuis que les héritiers ou l'époux survivant ont été mis en possession des biens de l'absent, ils pourront, chacun selon leur droit, demander à la justice l'envoi définitif en possession.

Le tribunal constatera dans la forme ordinaire, qui sera celle d'une enquête contradictoire avec le commissaire du Gouvernement, que, depuis le premier envoi en possession, l'absence a continué sans qu'on ait eu des nouvelles, et il prononcera l'envoi définitif

L'effet de cet envoi à l'égard des héritiers sera

que les revenus leur appartiendront en entier; ils ne seront plus simples dépositaires des biens, la propriété reposera sur leur tête : ils pourront les aliéner.

Le droit de l'absent, s'il paraît, sera borné à reprendre sa fortune dans l'état où elle se trouvera; si ses biens ont été vendus, il ne pourra en réclamer que le prix, ou les biens provenans de l'emploi qui aurait été fait de ce prix.

Si depuis l'envoi provisoire en possession, et avant l'envoi définitif, l'absent était parvenu au plus long terme de la vie ordinaire, celui de cent ans révolus; alors la présomption de mort est telle, qu'il n'y a aucun inconvénient à ce que l'envoi des héritiers en possession soit déclaré définitif.

Un cas qui ne sera point aussi rare, est celui où l'absent aurait une postérité, dont l'existence n'aurait point été connue pendant les trente-cinq ans qui doivent au moins s'être écoulés avant que les autres héritiers présomptifs aient été définitivement envoyés en possession.

Les descendans ne doivent pas être dépouillés par les collatéraux, sous prétexte de cet envoi définitif. En effet, s'ils prouvent l'existence ou la mort de l'absent, tout droit des collatéraux cesse; s'ils ne prouvent ni l'un ni l'autre de ces faits, ils ont au moins, dans leur qualité de descendans, un titre préférable pour obtenir la possession des biens.

Néanmoins leur action ne devra plus être admise, s'il s'est encore écoulé trente années depuis l'envoi définitif. Cet envoi a transporté aux collatéraux la propriété des biens, et postérieurement encore ils auront possédé pendant le plus long

temps qui soit requis pour opérer la prescription.
Ils doivent avoir le droit de l'opposer même aux
descendans de l'absent, qui ne pourront pas se
plaindre, si, après une révolution de soixante-
cinq ans au moins depuis la disparition, ils ne
sont plus admis à une recherche qui, comme toutes
les actions de droit, doit être soumise à une prescription.

Il est de règle, consacrée dans tous les temps,
qu'on ne peut contracter un second mariage avant
la dissolution du premier.

Suivant une jurisprudence presque universelle,
la présomption résultante de l'absence la plus
longue et de l'âge le plus avancé, fût-il même
de cent ans, n'est point admise comme pouvant
suppléer à la preuve du décès de l'un des époux.
Le plus important de tous les contrats ne saurait
dépendre d'une simple présomption, soit pour
déclarer anéanti celui qui aurait été formé, soit
pour en former un nouveau, qui ne serait, au
retour de l'époux absent, qu'un objet de scandale
ou de troubles.

Si l'époux d'un absent était contrevenu à des
règles aussi certaines, s'il avait formé de nouveaux
liens sans avoir rapporté la preuve que les premiers n'existaient plus, ce mariage serait nul, et
l'absent qui paraîtrait conserverait seul les droits
d'un hymen légitime.

L'état civil de l'enfant né d'un pareil mariage
dépend de la bonne-foi avec laquelle il a été
contracté par ses père et mère, ou même par l'un
d'eux. Non-seulement, la personne avec laquelle
se fait le second mariage peut avoir ignoré que
le premier existait; il est encore possible que
l'époux de l'absent ait cru avoir des preuves po-

sitives de sa mort, qu'il ait été trompé par de faux extraits, par des énonciations erronées dans des actes authentiques, ou de toute autre manière.

On a voulu, dans la loi proposée, que le mariage contracté pendant l'absence ne pût être attaqué que par l'époux même à son retour, ou par celui qui serait chargé de sa procuration.

La dignité du mariage ne permet pas de la compromettre pour l'intérêt pécuniaire des collatéraux, et il doit suffire aux enfans nés d'une union contractée de bonne-foi, d'exercer leurs droits de légitimité ; droits qui, dans ce cas, ne sauraient être contestés par les enfans même nés du premier mariage.

Tels sont, citoyens Législateurs, les motifs qui ont déterminé les dispositions proposées sur l'absence. Vous verrez sans doute avec plaisir que cette partie de la législation soit non-seulement améliorée, mais en quelque sorte nouvellement créée à l'avantage commun de ceux qui s'absentent de leurs familles et de la société entière.

PROJET

PROJET DE LOI.

TITRE IV.

DES ABSENS.

CHAPITRE PREMIER.

De la présomption d'absence.

ARTICLE 112.

S'il y a nécessité de pourvoir à l'administration de tout ou partie des biens laissés par une personne présumée absente, et qui n'a point de procureur fondé, il y sera statué par le tribunal de première instance, sur la demande des parties intéressées.

113. Le tribunal, à la requête de la partie la plus diligente, commettra un notaire pour représenter les présumés absens dans les inventaires, comptes, partages et liquidations dans lesquels ils seront intéressés.

114. Le ministère public est spécialement chargé de veiller aux intérêts des personnes présumées absentes, et il sera entendu sur toutes les demandes qui les concernent.

Code civil. An XI. 10

CHAPITRE II.

De la déclaration d'absence.

115. Lorsqu'une personne aura cessé de paraître au lieu de son domicile ou de sa résidence, et que depuis quatre ans on n'en aura point eu de nouvelles, les parties intéressées pourront se pourvoir devant le tribunal de première instance, afin que l'absence soit déclarée.

116. Pour constater l'absence, le tribunal, d'après les pièces et documens produits, ordonnera qu'une enquête soit faite contradictoirement avec le commissaire du Gouvernement, dans l'arrondissement du domicile et dans celui de la résidence, s'ils sont distincts l'un de l'autre.

117. Le tribunal, en statuant sur la demande, aura d'ailleurs égard aux motifs de l'absence, et aux causes qui ont pu empêcher d'avoir des nouvelles de l'individu présumé absent.

118. Le commissaire du Gouvernement enverra, aussitôt qu'ils seront rendus, les jugemens, tant préparatoires que définitifs, au grand-juge, ministre de la justice, qui les rendra publics.

119. Le jugement de déclaration d'absence ne sera rendu qu'un an après le jugement qui aura ordonné l'enquête.

CHAPITRE III.

Des effets de l'absence.

SECTION PREMIÈRE.

Des effets de l'absence relativement aux biens
que l'absent possédait au jour de sa dispari-
tion.

120. Dans le cas où l'absent n'aurait point laissé
de procuration pour l'administration de ses biens,
ses héritiers présomptifs, au jour de sa disparition
ou de ses dernières nouvelles, pourront, en vertu
du jugement définitif qui aura déclaré l'absence,
se faire envoyer en possession provisoire des biens
qui appartenaient à l'absent, au jour de son départ ou de ses dernières nouvelles, à la charge de
donner caution pour la sûreté de leur administration.

121. Si l'absent a laissé une procuration, ses héritiers présomptifs ne pourront poursuivre la déclaration d'absence et l'envoi en possession provisoire
qu'après dix années révolues, depuis sa disparition
ou depuis ses dernières nouvelles.

122. Il en sera de même si la procuration vient
à cesser; et, dans ce cas, il sera pourvu à l'admi-

nistration des biens de l'absent, comme il est dit au chapitre premier.

123. Lorsque les héritiers présomptifs auront obtenu l'envoi en possession provisoire, le testament, s'il en existe un, sera ouvert à la réquisition des parties intéressées, ou du commissaire du Gouvernement près le tribunal ; et les légataires, les donataires, ainsi que tous ceux qui avaient sur les biens de l'absent des droits subordonnés à la condition de son décès, pourront les exercer provisoirement, à la charge de donner caution.

124. L'époux commun en biens, s'il opte pour la continuation de la communauté, pourra empêcher l'envoi provisoire, et l'exercice provisoire de tous les droits subordonnés à la condition du décès de l'absent, et prendre ou conserver par préférence l'administration des biens de l'absent. Si l'époux demande la dissolution provisoire de la communauté, il exercera ses reprises et tous ses droits légaux et conventionnels, à la charge de donner caution pour les choses susceptibles de restitution.

La femme, en optant pour la continuation de la communauté, conservera le droit d'y renoncer ensuite.

125. La possession provisoire ne sera qu'un dépôt, qui donnera à ceux qui l'obtiendront l'admi-

nistration des biens de l'absent, et qui les rendra comptables envers lui, en cas qu'il reparaisse ou qu'on ait de ses nouvelles.

126. Ceux qui auront obtenu l'envoi provisoire, ou l'époux qui aura opté pour la continuation de la communauté, devront faire procéder à l'inventaire du mobilier et des titres de l'absent, en présence du commissaire du Gouvernement près le tribunal de première instance, ou d'un juge-de-paix requis par ledit commissaire.

Le tribunal ordonnera, s'il y a lieu, de vendre tout ou partie du mobilier. Dans le cas de vente, il sera fait emploi du prix, ainsi que des fruits échus.

Ceux qui auront obtenu l'envoi provisoire, pourront requérir pour leur sûreté, qu'il soit procédé par un expert, nommé par le tribunal, à la visite des immeubles, à l'effet d'en constater l'état. Son rapport sera homologué en présence du commissaire du Gouvernement; les frais en seront pris sur les biens de l'absent.

127. Ceux qui, par suite de l'envoi provisoire ou de l'administration légale, auront joui des biens de l'absent, ne seront tenus de lui rendre que le cinquième des revenus, s'il reparaît avant quinze ans révolus depuis le jour de sa disparition; et le dixième, s'il ne reparaît qu'après les quinze ans.

Après trente ans d'absence, la totalité des revenus leur appartiendra.

128. Tous ceux qui ne jouiront qu'en vertu de l'envoi provisoire, ne pourront aliéner ni hypothéquer les immeubles de l'absent.

129. Si l'absence a continué pendant trente ans depuis l'envoi provisoire, ou depuis l'époque à laquelle l'époux commun aura pris l'administration des biens de l'absent, ou s'il s'est écoulé cent ans révolus depuis la naissance de l'absent, les cautions seront déchargées; tous les ayant droits pourront demander le partage des biens de l'absent, et faire prononcer l'envoi en possession définitif par le tribunal de première instance.

130. La succession de l'absent sera ouverte du jour de son décès prouvé, au profit des héritiers les plus proches à cette époque; et ceux qui auraient joui des biens de l'absent seront tenus de les restituer, sous la réserve des fruits par eux acquis en vertu de l'article 127.

131. Si l'absent reparaît, ou si son existence est prouvée pendant l'envoi provisoire, les effets du jugement qui aura déclaré l'absence cesseront; sans préjudice, s'il y a lieu, des mesures conservatoires prescrites, pour l'administration de ses biens, au chapitre premier.

132. Si l'absent reparaît, ou si son existence est

prouvée, même après l'envoi définitif, il recouvrera ses biens dans l'état où ils se trouveront,
le prix de ceux qui auraient été aliénés, ou les
biens provenant de l'emploi qui aurait été fait du
prix de ses biens vendus.

133 Les enfans et descendans directs de l'absent pourront également, dans les trente ans, à
compter de l'envoi définitif, demander la restitution de ses biens, comme il est dit en l'article précédent.

134. Après le jugement de déclaration d'absence, toute personne qui aurait des droits à
exercer contre l'absent, ne pourra les poursuivre
que contre ceux qui auront été envoyés en possession des biens, ou qui en auront l'administration
légale.

SECTION II.

Des effets de l'absence, relativement aux droits
éventuels qui peuvent compéter à l'absent.

135. Quiconque réclamera un droit échu à un
individu dont l'existence ne sera pas reconnue,
devra prouver que ledit individu existait quand
le droit a été ouvert; jusqu'à cette preuve, il sera
déclaré non recevable dans sa demande.

136. S'il s'ouvre une succession à laquelle soit
appelé un individu dont l'existence n'est pas re-

connue, elle sera dévolue exclusivement à ceux
avec lesquels il aurait eu le droit de concourir,
ou à ceux qui l'auraient recueillie à son défaut.

137. Les dispositions des deux articles précédens auront lieu sans préjudice des actions en
pétition d'hérédité et d'autres droits, lesquels
compéteront à l'absent, ou à ses représentans et
ayant cause, et ne s'éteindront que par le laps
de temps établi pour la prescription.

138. Tant que l'absent ne se représentera pas,
ou que les actions ne seront point exercées de son
chef, ceux qui auront recueilli la succession gagneront les fruits par eux perçus de bonne foi.

S E C T I O N. I I I.

Des effets de l'absence, relativement au mariage.

139. L'époux absent, dont le conjoint a contracté
une nouvelle union, sera seul recevable à attaquer ce mariage par lui-même, ou par son fondé
de pouvoir, muni de la preuve de son existence.

140. Si l'époux absent n'a point laissé de parens
habiles à lui succéder, l'autre époux pourra demander l'envoi en possession provisoire des biens.

CHAPITRE III.

De la surveillance des enfans mineurs du père qui a disparu.

141. Si le père à disparu laissant des enfans mineurs issus d'un commun mariage, la mère en aura la surveillance, et elle exercera tous les droits du mari quant à leur éducation et à l'administration de leurs biens.

142. Six mois après la disparition du père, si la mère était décédée lors de cette disparition, ou si elle vient à décéder avant que l'absence du père ait été déclarée, la surveillance des enfans sera déférée par le conseil de famille aux ascendans les plus proches, et à leur défaut, à un tuteur provisoire.

143. Il en sera de même dans le cas où l'un des époux qui aura disparu, laissera des enfans mineurs, issus d'un mariage précédent.

Approuvé : *le premier Consul*, signé BONAPARTE.
Par le premier Consul : *le secrétaire d'Etat*, signé HUGUES-B. MARET.

Pour extrait conforme, *le secrétaire-général du Conseil d'état*, signé J.-G. LOCRÉ.

SIXIÈME PROJET DE LOI.

TITRE V DU CODE CIVIL,

Relatif au Mariage, présenté le 16 ventose au Corps législatif, par les conseillers d'état PORTALIS, RÉAL *et* GALLI, *chargés d'en soutenir la discussion, fixée au 26 ventose.*

Du 16 Ventose an XI.

EXPOSÉ des motifs du projet de loi concernant le Mariage.

CITOYENS LÉGISLATEURS,

Les familles sont la pépinière de l'état, et c'est le mariage qui forme les familles.

De-là, les règles et les solennités du mariage ont toujours occupé une place distinguée dans la législation civile de toutes les nations policées.

Le projet de loi qui vous est soumis sur cette importante matière, est le titre cinq du projet de code civil. Il est divisé en huit chapitres.

Le chapitre premier détermine *les qualités et conditions requises pour pouvoir contracter mariage ;* le second prescrit *les formalités relatives à la célébration du mariage ;* le troisième concerne *les oppositions au mariage ;* le quatrième traite *des demandes en nullité de mariage ;* le cinquième, *des obligations qui naissent du mariage ;* le sixième, *des droits et des devoirs respectifs des époux ;* le septième, *de la dissolution du mariage ;* et le huitième, *des seconds mariages.*

Ces différens chapitres embrassent tout. On y a suivi l'ordre naturel des choses.

On s'est d'abord arrêté au moment où les époux s'unissent. On a examiné ce qui est nécessaire pour préparer leur union, et en garantir la validité. On a passé ensuite aux principaux effets que cette union produit au moment où on la contracte et pendant sa durée. Finalement on a indiqué quand et comment elle se dissout, et l'on s'est expliqué sur la liberté que l'on a de contracter une nouvelle union après que la première a été légitimement dissoute.

Tel est le plan du projet de loi.

Le développement des diverses parties de ce plan doit être précédé par quelques observations générales sur la nature et les caractères essentiels du mariage.

On parle diversement du mariage d'après les idées dont on est diversement préoccupé.

Les philosophes observent principalement dans cet acte le rapprochement des deux sexes ; les jurisconsultes n'y voyent que le contrat civil ; les canonistes n'y aperçoivent qu'un sacrement, ou ce qu'ils appellent le *contrat ecclésiastique.*

Cependant, pour avoir une notion exacte du mariage, il faut l'envisager en lui-même et sous ses différens rapports.

Le mariage en soi ne consiste pas dans le simple

rapprochement des deux sexes. Ne confondons pas à cet égard l'ordre physique de la nature qui est commun à tous les êtres animés, avec le droit naturel qui est particulier aux hommes.

Nous appelons *droit naturel*, les principes qui régissent l'homme considéré comme un être moral, c'est-à-dire, comme un être intelligent et libre, et destiné à vivre avec d'autres êtres intelligens et libres comme lui.

Le desir général qui porte un sexe vers l'autre, et qui suffit pou: o :rer leur rapprochement, appartient à l'ordre physique de la nature. Le choix, la préference, l'attachement personnel, qui déterminent ce desir et le fixent sur un seul objet, ou qui du moins lui donnent sur cet objet préféré un plus haut degré d'énergie; les égards mutuels, les devoirs et les obligations réciproques qui naissent de l'union une fois formée, et qui s'établissent nécessairement entre des êtres capables de sentiment et de raison : tout cela est de l'empire du droit naturel.

Les animaux qui ne cédent qu'à un mouvement ou à un instinct aveugle, n'ont que des rapprochemens fortuits ou périodiques dénués de toute moralité. Mais, chez les hommes, la raison se mêle toujours plus ou moins à tous les actes de leur vie; le sentiment est à côté du desir, et le droit succède à l'instinct. Je découvre un véritable contrat dans l'union des deux sexes.

Ce contrat n'est pas purement civil, quoiqu'en disent les jurisconsultes; il a son principe dans la nature qui a daigné nous associer en ce point au grand ouvrage de la création; il est inspiré, et souvent commandé par la nature même.

Ce contrat n'est pas non plus un pur acte reli-

gieux, puisqu'il a précédé l'institution de tous les
sacremens et l'établissement de toutes les religions
positives, et qu'il date d'aussi loin que l'homme.

Qu'est-ce donc que le mariage en lui même, et
indépendamment de toutes les lois civiles et religieuses? c'est la société de l'homme et de la femme,
qui s'unissent pour perpétuer leur espèce, pour
s'aider, par des secours mutuels, à porter le poids
de la vie, et pour partager leur commune destinée.

Il était imposible d'abandonner ce contrat à la
licence des passions. Les animaux sont conduits
par une sorte de fatalité; l'instinct les pousse,
l'instinct les arrête : leurs desirs naissent de leurs
besoins, et le terme de leurs besoins devient celui
de leurs desirs. Il n'en est pas ainsi des hommes :
chez eux, l'imagination parle quand la nature se
tait. La raison et la vertu qui fondent et assurent
la dignité de l'homme, en lui laissant le droit de
rester libre, et en lui ménageant le pouvoir de se
commander à lui-même, n'opposeraient souvent
que de bien foibles barrières à des desirs immo-
dérés et à des passions sans mesure. Ne craignons
pas de le dire : si dans des choses sur lesquelles
nos sens peuvent exercer un empire tyrannique,
l'usage de nos forces et de nos facultés n'eût été
constamment réglé par des lois, il y a long-temps
que le genre humain eût péri par les moyens
mêmes qui lui ont été donnés pour se conserver
et pour se reproduire.

On voit donc pourquoi le mariage a toujours
fixé la sollicitude des législateurs. Mais les réglemens de ces législateurs n'ont pu détruire l'essence
ni l'objet du mariage, en protégeant les engagemens que le mariage suppose, et en régularisant
les effets qui le suivent. D'autre part, tous les

peuples ont fait intervenir le ciel dans un contrat
qui doit avoir une si grande influence sur le sort
des époux, et qui liant l'avenir au présent, semble
faire dépendre leur bonheur d'une suite d'événemens incertains, dont le résultat se présente à l'esprit comme le fruit d'une bénédiction particulière.
C'est dans de telles occurences que nos espérances
et nos craintes ont toujours appelé les secours de
la religion, établie entre le ciel et la terre pour
combler l'espace immense qui les sépare.

Mais la religion se glorifie elle-même d'avoir
été donnée aux hommes, non pour changer l'ordre
de la nature, mais pour l'ennoblir et le sanctifier.

Le mariage est donc aujourd'hui ce qu'il a
toujours été, un acte naturel, nécessaire, institué
par le créateur lui-même.

Sous l'ancien régime, les institutions civiles et les
institutions religieuses étaient intimément unies.
Les magistrats instruits reconnaissaient qu'elles pouvaient être séparées : ils avaient demandé que l'état
civil des hommes fût indépendant du culte qu'ils
professaient. Ce changement rencontrait de grands
obstacles.

Depuis, la liberté des cultes a été proclamée.
Il a été possible alors de séculariser la législation.
On a organisé cette grande idée, qu'il faut souffrir
tout ce que la providence souffre, et que la loi,
qui ne peut forcer les opinions religieuses des
citoyens, ne doit voir que des Français, comme
la nature ne voit que des hommes.

Vous pouvez juger actuellement, Citoyens
Législateurs, quelle a été la marche que l'on a
suivie dans la rédaction du projet de loi. En res-
pectant les principes de la raison naturelle, on a
cherché à faire le bien des familles particulières

et celui de la grande famille qui les comprend toutes.

Nous avons vu, par la définition du mariage, que cet acte, dans ses rapports essentiels, embrasse à la fois l'homme physique et l'homme moral. En déterminant les qualités et les conditions requises pour pouvoir contracter mariage, nous avons cherché à défendre l'homme moral contre ses propres passions et celles des autres, et à nous assurer que l'homme physique a la capacité nécessaire pour remplir 1 destination.

Notre premier soin a été de fixer l'âge auquel on peut se marier. La nature n'a point marqué d'une manière uniforme le moment où l'homme voit se développer en lui cette organisation régulière et animée qui le rend propre à se reproduire. L'époque de ce développement varie selon les différens climats ; et sous le même climat elle ne saurait être la même dans les divers individus. Mille causes l'avancent ou la retardent.

Il faut pourtant qu'il y ait une règle, et que cette règle soit générale. La loi ne pourrait suivre dans chaque individu les opérations invisibles de la nature, ni apprécier dans chaque homme les différences souvent imperceptibles qui le distinguent d'un autre homme. On arrive à la véritable puberté par des progrès plus ou moins lents, plus ou moins rapides ; c'est une fleur qui se colore peu-à-peu, et qui s'épanouit dans le printemps de la vie. Mais il est sage, il est même nécessaire que la loi qui statue sur l'universalité des choses et des personnes, admette un âge après lequel tous les hommes sont présumés avoir atteint ce moment décisif, qui semble commencer pour eux une nouvelle existence.

Dans la fixation de l'âge qui rend propre au mariage, il est des considérations qui naissent de la situation du pays que l'on gouverne, et qu'aucun législateur ne peut raisonnablement méconnaître. Mais par-tout on peut, jusqu'à un certain point, reculer plus ou moins cet âge. L'expérience prouve qu'une bonne éducation peut étendre jusqu'à un âge très-avancé l'ignorance des desirs et la pureté des sens; et il est encore certain, d'après l'expérience, que les peuples qui n'ont point précipité l'époque à laquelle on peut devenir époux et père, ont été redevables à la sagesse de leurs lois, de la vigueur de leur constitution, et de la multitude de leurs enfans.

Dans les temps qui ont précédé la révolution, les filles pouvaient se marier à douze ans, et les garçons à quatorze. Un tel usage semblait donner un démenti à la nature, qui ne précipite jamais ses opérations, et qui est bonne ménagère de ses forces et de ses moyens : il n'y avait point de jeunesse pour ceux qui usaient du dangereux privilége que la loi leur donnait; ils tombaient dans la caducité au sortir de l'enfance.

Nous avons pensé que la véritable époque du mariage pour les garçons était l'âge de dix-huit ans, et pour les filles celui de quinze. Cette fixation fondée sur des motifs que chacun aperçoit, autorisée par des exemples anciens et modernes, est infiniment mieux assortie à l'état de nos sociétés.

Cependant, comme des circonstances rares, à la vérité, mais impérieuses, peuvent exiger des exceptions, nous avons cru que la loi devait laisser au Gouvernement la faculté d'accorder des dispenses.

Les

Les forces du corps se développent plus rapidement que celles de l'ame. On existe long-temps
sans vivre ; et quand on commence à vivre, on ne
peut encore se conduire ni se gouverner. En conséquence, nous requérons le consentement des
pères et des mères pour le mariage des fils qui n'ont
point atteint l'âge de vingt-cinq ans, et pour celui
des filles qui n'ont point atteint la vingt-unième
année.

La nécessité de ce consentement, reconnue par
toutes les lois anciennes, est fondée sur l'amour
des parens, sur leur raison, et sur l'incertitude de
celle de leurs enfans.

Comme il y a un âge propre à l'étude des scien-
ces, il y en a un pour bien saisir la connoissance
du monde.

Cette connoissance échappe à la jeunesse qui
peut être si facilement abusée par ses propres illusions, et trompée par des suggestions étrangères.

Ce n'est point entreprendre sur la liberté des
époux que de les protéger contre la violence de
leurs penchans.

Le mariage étant de toutes les actions humaines
celle qui intéresse le plus la destinée des hommes,
on ne saurait l'environner de trop de précautions.
Il faut connoître les engagemens que l'on contracte, pour être en droit de les former. Un époux
honnête, quoique malheureux par sa légèreté ou
par ses erreurs, ne violera point la foi promise,
mais il se repentira de l'avoir donnée : il faut dans
un temps utile, par des mesures qui éclairent
l'ame, prévenir ces regrets amers qui la brisent.

Dans quelques législations anciennes, c'étaient
les magistrats qui avaient, sur le mariage des citoyens, l'inspection qu'il est si raisonnable de lais-

ser au père. Mais nulle part les enfans, dans le premier âge des passions, n'ont été abandonnés à eux-mêmes pour l'acte le plus important de leur vie.

Dira-t-on que les pères peuvent abuser de leur puissance? Mais cette puissance n'est-elle pas éclairée par leur tendresse? Il a été judicieusement remarqué que les pères aiment plus leurs enfans que les enfans n'aiment leur père.

Chez quelques hommes, la vexation et l'avarice usurpèrent peut-être les droits de l'autorité paternelle. Mais, pour un père oppresseur, combien d'enfans ingrats ou rebelles! La nature a donné aux pères et aux mères un desir de voir prospérer leurs enfans, que ceux-ci sentent à peine pour eux-même. La loi peut donc sans inquiétude s'en rapporter à la nature.

Nous avons prévu le cas où le père et la mère, dans leur délibération, auraient des avis différens. Nous avons compris que dans une société de deux, toute délibération, tout résultat deviendrait impossible, si l'on n'accordait la prépondérance au suffrage de l'un des associés. La prééminence du sexe a par-tout garanti cet avantage au père.

La différence que l'on a cru devoir mettre, pour le terme de la majorité, entre les filles et les mâles, n'a pas besoin d'être expliquée. Tous les législateurs ont établi cette différence, parce que les mêmes raisons ont été senties par tous les législateurs. La nature se développe plus rapidement dans un sexe que dans l'autre. Une fille qui languirait péniblement dans une trop longue attente, perdrait une partie des attraits qui peuvent favoriser son établissement, et souvent même elle se trouverait exposée à des dangers qui pourraient compromettre sa vertu; car une fille ne voit dans le

mariage que la conquête de sa liberté. On ne peut
avoir les mêmes craintes pour notre sexe, qui n'est
que trop disposé au célibat, et à qui l'on peut
malheureusement adresser le reproche de fuir le
mariage comme on fuit la servitude et la gêne.

Dans les actions ordinaires de la vie, le terme
de la majorité est moins reculé que pour les mariages ; c'est que les mariages sont de toutes les
actions de la vie celles desquelles dépend le bonheur ou le malheur de la vie entière des époux, et
qui ont une plus grande influence sur le sort des
familles, sur les mœurs générales et sur l'ordre
public.

Jusqu'ici, en parlant de la nécessité du consentement des parens, nous avons supposé que le père
et la mère vivaient. Si l'un des deux est mort, on
se trouve dans l'impossibilité de donner son suffrage, nous avons pensé que le consentement de
l'autre devait suffire.

Si les père et mère sont décédés, les aïeuls ou
aïeules les remplacent.

On fait concourir les aïeuls et aïeules des deux
lignes paternelle et maternelle : en cas de partage
entre les deux lignes, ce partage vaut consentement, parce que, dans le doute, il faut se décider pour la liberté et pour la faveur des mariages.
Je ne dois pas omettre une observation. En exi-
geant, comme autrefois, le consentement des
pères et des mères pour le mariage des enfans, nous
ne motivons plus la nécessité de ce consentement
par les mêmes principes.

Dans l'ancienne jurisprudence, cette nécessité
dérivait de la puissance, et, selon l'expression des
auteurs, d'une sorte de droit de propriété qui, dans
l'origine, avait appartenu aux pères sur ceux aux-

quels ils avaient donné le jour. Ce droit n'était point partagé par la mère pendant la vie du chef. Il ne l'était pas non plus par les ascendans de la ligne maternelle, tant qu'il existait des ascendans paternels. Aujourd'hui ces idées de puissance ont été remplacées par d'autres. On a plus d'égards à l'amour des pères et à leur prudence, qu'à leur autorité. De-là ce concours simultané des parens au même degré pour remplir les mêmes devoirs et exercer la même surveillance. Un tel système adoucit et étend la magistrature domestique, sans l'énerver. Il communique les mêmes droits à tous ceux qui sont présumés avoir le même intérêt. Il ne relâche point les liens de famille; il les multiplie et les ennoblit.

À défaut des père et mère et des ascendans, les enfans sont obligés de rapporter le consentement de leurs tuteurs et des conseils de famille, qui exercent à cet égard une sorte de magistrature subsidiaire.

La protection que la loi accorde aux enfans, en les soumettant à rapporter le consentement de leur père et mère, était limitée aux enfans légitimes, c'est-à-dire, aux enfans nés d'un mariage contracté selon les formes prescrites. Les enfans naturels n'y avaient aucune part : ils étaient abandonnés à leur libre arbitre dans un âge où il est si difficile de se défendre contre les autres et contre soi-même. Cela tenait au principe dont nous avons déjà fait mention, que le consentement des pères n'était qu'un effet de leur puissance, et qu'il ne dérivait pas originairement de l'intérêt des enfans, mais d'un droit inouï de propriété concédé à ceux qui leur avaient donné le jour. Or, comme la puissance paternelle ne pouvait être produite que par un mariage légitime, les enfans naturels étaient hors de cette puissance.

Le projet de loi consacre des idées plus équitables. La raison indique que c'est, non une vaine puissance accordée au père, mais l'intérêt des enfans qui doit motiver la nécessité du consentement paternel. En conséquence, nous avons cru que l'intérêt des enfans naturels, lorsque ces enfans sont reconnus et peuvent nommer un père certain, n'était pas indigne de fixer la sollicitude du législateur.

Sans doute il serait contre les bonnes mœurs que les enfans nés d'un commerce illicite, eussent les mêmes prérogatives que les enfans nés d'un mariage légitime; mais l'abandon absolu des enfans naturels serait contre l'humanité.

Ces enfans n'appartiennent à aucune famille; mais ils appartiennent à l'Etat: l'Etat a donc intérêt à les protéger, et il le doit.

D'autre part, on ne doute pas que les pères naturels ne soient obligés d'élever leurs enfans, de les entretenir et de les nourrir: la loi positive elle-même a placé ce devoir parmi les obligations premières que la nature, indépendamment de toute loi, impose à tous les pères. Or, le consentement paternel au mariage des enfans ne fait-il pas partie de la tendre sollicitude que l'on doit apporter à leur entretien, à leur éducation, à leur établissement? La nécessité de ce consentement, qui est fondée sur des raisons naturelles, ne saurait donc être plus étrangère aux enfans naturels qu'aux enfans légitimes: de-là nous avons appliqué aux uns et aux autres, les dispositions relatives à la nécessité de ce consentement.

Cependant, comme les enfans naturels n'appartiennent à aucune famille, on ne leur a point appliqué la mesure par laquelle on appelle les aïeuls et aïeules, et ensuite les assemblées de parens, après le décès des père et mère. On eût placé dans des mains peu sûres l'intérêt de ces enfans, en les confiant à des familles dont ils sont plutôt la charge qu'ils n'en sont une portion. Cependant, comme il fallait veiller pour eux, on leur nomme, dans les cas prévus, un tuteur spécial, chargé d'acquitter à leur égard la dette de la nature et de la patrie.

Quand les enfans, soit naturels, soit légitimes, sont arrivés à leur majorité, ils deviennent eux-mêmes les arbitres de leur propre destinée; leur volonté suffit: ils n'ont besoin du concours d'aucune autre volonté. Il est pourtant vrai que pendant la vie des père et mère, les enfans majeurs étaient encore obligés de s'adresser aux auteurs de leurs jours pour requérir leur consentement, quoique la loi eût déclaré qu'il n'était plus nécessaire. Il nous a paru utile aux mœurs de faire revivre cette espèce de culte rendu par la piété filiale au caractère de dignité, et, j'ose dire, de majesté que la nature elle-même semble avoir imprimé sur ceux qui sont pour nous, sur la terre, l'image et même les ministres du créateur.

Le mariage, quels que soient les contractans, mineurs ou majeurs, suppose leur consentement. Or, point de consentement proprement dit sans liberté: requise dans tous les contracts, elle doit être sur-tout parfaite et entière dans le mariage; le cœur doit, pour ainsi dire, respirer sans gêne dans une action à laquelle il a tant de part: ainsi l'acte le plus doux doit être encore l'acte le plus libre.

Il est dans nos mœurs qu'un premier mariage

valable et subsistant, soit un obstacle à un second mariage. La multiplicité des maris ou des femmes peut être autorisée dans certains climats, elle n'est légitime sous aucun; elle entraîne nécessairement la servitude d'un sexe et le despotisme de l'autre; elle ne saurait être sollicitée par les besoins réels de l'homme, qui, ayant toute la vie pour se conserver, n'a que des instans pour se reproduire; elle introduirait dans les familles une confusion et un désordre qui se communiqueraient bientôt au corps entier de la société; elle choque toutes les idées: elle dénature tous les sentimens; elle ôte à l'amour tous ses charmes, en lui ôtant tout ce qu'il a d'exclusif; enfin, elle répugne à l'essence même du mariage, c'est-à-dire, à l'essence d'un contrat par lequel deux époux se donnent tout, le corps et le cœur. En approchant des pays où la polygamie est permise, il semble que l'on s'éloigne de la morale même.

Le principe qui fait prohiber à un mari la pluralité des femmes, et à une femme la pluralité des maris, ne saurait comporter le concours simultané ou successif de plusieurs mariages.

De deux choses l'une : ou ces mariages subsisteraient ensemble sans se détruire, ou ils se détruiraient l'un par l'autre. Dans le premier cas, vous vous plongeriez dans le stupide abrutissement de certaines nations à la fois corrompues et à demi-barbares de l'Asie. Dans le second, vous apprendriez aux hommes à se jouer des engagemens les plus sacrés, puisque vous laisseriez au caprice d'un seul des conjoints, le droit inouï de dissoudre un contrat qui est l'ouvrage de la volonté de deux.

Aussi, la maxime, qu'on ne peut contracter un

second mariage tant que le premier subsiste , constitue le droit universel de toutes les nations policées.

Dans tous les temps , le mariage a été prohibé entre les enfans et les auteurs de leurs jours : il serait souvent inconciliable avec les lois physiques de la nature , il le serait toujours avec les lois de la pudeur ; il changerait les rapports essentiels qui doivent exister entre les pères , les mères et leurs enfans ; il répugnerait à leur situation respective , il bouleverserait entre eux tous les droits et tous les devoirs , il ferait horreur.

Ce que nous disons des père et mère et de leurs enfans, naturels et légitimes, s'applique, en ligne directe, à tous les ascendans et descendans , et alliés dans la même ligne.

Les causes de ces prohibitions sont si fortes et si naturelles , qu'elles ont agi presque par toute la terre , indépendamment de toute communication.

Ce ne sont point les lois romaines qui ont appris à des sauvages et à des barbares, qui ne connaissent pas ces lois, à maudire les mariages incestueux. C'est un sentiment plus puissant que toutes les lois, qui remue et fait frissonner une grande assemblée, lorsqu'on voit sur nos théâtres, Phèdre, plus malheureuse encore que coupable, brûler d'un amour incestueux, et lutter laborieusement entre la vertu et le crime.

L'horreur de l'inceste du frère avec la sœur , et des alliés au même degré, dérive du principe de l'honnêteté publique. La famille est le sanctuaire des mœurs ; c'est là où l'on doit éviter avec tant de soin tout ce qui peut les corrompre. Le mariage n'est sans doute pas une corruption ; mais l'espè-

rance du mariage entre des êtres qui vivent sous
le même toit, et qui sont déjà invités par tant de
motifs à se rapprocher et à s'unir, pourrait allumer des desirs criminels, et entraîner des désordres qui souilleraient la maison paternelle, en
banniraient l'innocence, et poursuivraient ainsi la
vertu jusque dans son dernier asile.

Les mêmes raisons d'honnêteté publique nous
ont déterminés à prohiber le mariage de l'oncle
avec la nièce, et de la tante avec le neveu. L'oncle
tient souvent la place du père, et dès-lors il doit
en remplir les devoirs. La tante n'est pas toujours
étrangère aux soins de la maternité. Les devoirs
de l'oncle et les soins de la tante ne pourraient
presque jamais s'accorder avec les procédés moins
sérieux qui précèdent le mariage et qui le pré-
parent.

Les lois romaines et les lois ecclésiastiques portaient plus loin la prohibition de se marier entre
parens ; les lois romaines avaient défendu le mariage entre cousins-germains. D'abord les lois
ecclésiastiques n'avaient fait qu'appuyer la prohibition faite par la loi civile. Insensiblement, les
canonistes étendirent cette prohibition ; et, selon
Dumoulin, leur doctrine sur cet objet ne fut que
la suite d'une erreur évidente.

Tout le monde sait que le droit civil et le droit
canonique comptent les degrés de parenté diffé-
remment. Les cousins-germains sont au quatrième
degré, suivant le droit civil, et ne sont qu'au
second, suivant le droit canonique.

Or, les lois romaines ayant défendu les mariages
au quatrième degré, on fit une confusion de la
façon de compter les degrés au civil et au canonique ; et de-là résultèrent des défenses générales

de contracter mariage au quatrième degré, c'est-
à-dire, jusqu'aux petits-enfans des cousins-germains.

Nous avons corrigé cette erreur, qui mettait
des entraves trop multipliées à la liberté des mariages, et qui imposait un joug trop incommode
à la société.

Nous n'avons pas même cru que le mariage dût
être prohibé entre cousins-germains. Il est incontestable que les mariages entre cousins-germains,
permis par le droit naturel, n'ont jamais été défendus par le droit divin. Les mariages entre parens étaient même ordonnés par la loi qui fut
donnée aux Juifs.

La première défense contre les mariages des
cousins-germains, est celle portée par une loi de
de l'empereur Théodose, vers la fin du quatrième
siècle. Cette loi est perdue; mais elle est citée par
Libanius, par *Aurelius Victor*, et par les premiers pères de l'église, qui conviennent que la
loi divine ne défendait point ces mariages, et
qu'ils étaient permis avant cette loi.

Les prohibitions du mariage entre parens, dans
les degrés non prohibés par le droit naturel, ont
été plus ou moins restreintes ou plus ou moins
étendues chez les différens peuples, selon la différence des mœurs et les intérêts politiques de ces
peuples. Quand un législateur, par exemple, avait
établi un certain ordre de successions, qu'il croyait
important d'observer pour la constitution politique de l'état, il réglait les mariages de telle manière qu'ils ne fussent jamais permis entre personnes dont l'union aurait pu changer ou altérer
cet ordre. Nous avons vu des exemples de cette
sollicitude dans quelques républiques de l'ancienne

Grèce. Ailleurs, selon que les familles étaient plus ou moins réunies dans la même maison, et selon l'intérêt plus ou moins grand que l'on avait à favoriser les alliances entre les diverses familles, on étendait ou on limitait davantage les prohibitions du mariage entre parens.

Dans nos mœurs actuelles, les raisons qui ont pu faire prohiber dans d'autres temps ou dans d'autres pays les mariages entre cousins-germains, ne subsistent plus. Nous n'avons pas besoin de favoriser, et moins encore de forcer par des prohibitions, les alliances des diverses familles entre elles. Nous pouvons nous en rapporter à cet égard à l'influence de l'esprit de société, qui ne prévaut malheureusement que trop parmi nous sur l'esprit de famille. D'autre part, le temps n'est plus où les cousins germains vivaient comme des frères, et où l'on voyait une nombreuse famille rassemblée toute entière et ne former qu'un seul ménage dans une commune habitation. Aujourd'hui, les frères mêmes sont quelquefois plus étrangers les uns aux autres que ne l'étaient autrefois les cousins-germains. Les motifs de pureté et de décence qui faisaient écarter l'idée du mariage de tous ceux qui vivaient sous le même toit et sous la surveillance d'un même chef, ont donc cessé; et d'autres motifs semblent nous engager au contraire à protéger l'esprit de famille contre l'esprit de société.

Si les lois de la nature sont inflexibles et invariables, les lois humaines sont susceptibles d'exceptions et de dispenses. Quand on peut le plus, on peut le moins. Un législateur qui serait libre de ne pas porter la loi, peut, à plus forte raison déclarer qu'elle cessera en certains cas.

Il ne serait ni sage ni possible que ces cas d'exceptions en toute matière fussent toujours spécifiquement déterminés par le législateur. La loi ne doit pas faire par elle-même ce qu'elle ne peut pas bien faire par elle-même. Elle doit confier à la sagesse d'autrui ce qu'elle ne saurait régler d'avance par sa propre sagesse.

De-là, l'origine des dispenses en matière de mariage ; et l'usage de ces dispenses a été universel, relativement à la prohibition du mariage entre parens.

Nous n'avons donc pas hésité d'attribuer au Gouvernement le droit d'accorder ces dispenses, quand les circonstances l'exigent. Nous avons pourtant limité ce droit à la prohibition faite du mariage entre l'oncle et la nièce, entre la tante et le neveu, parce que les motifs d'honnêteté publique, qui faisaient prohiber le mariage entre le frère et la sœur, devaient l'emporter, dans tous les cas, sur les considérations particulières par lesquelles on croirait pouvoir motiver une exception.

Je ne parle point de la prohibition en ligne directe ; elle ne saurait être susceptible de dispense. Il n'est pas au pouvoir des hommes de légitimer la contravention aux lois de la nature.

Dans l'ancienne jurisprudence, les dispenses étaient accordées par les ministres de l'église ; mais en ce point, dans tout ce qui concernait le contrat, les ministres de l'église n'étaient que les vice-gérens de la puissance temporelle. Car, nous ne saurions trop le dire : la religion dirige le mariage par sa morale, elle le sanctifie par ses rits ; mais il n'appartient qu'à l'Etat de le régler par des lois dans ses rapports avec l'ordre de la société. Aussi c'est une maxime constante, attestée par tous les hommes instruits, que les empêchemens dirimans ne peuvent être établis que par la puissance qui régit l'Etat.

Quand les institutions religieuses et les institutions civiles étaient unies, rien n'empêchait qu'on abandonnât à l'église le droit d'accorder des dispenses, même pour le contrat; mais ce droit n'existait que parce qu'il était avoué ou toléré par la loi civile.

La chose est si évidente, qu'elle résulte de tous les monumens de l'histoire. Nous n'avons qu'à jeter les yeux sur ce qui s'est passé dans les premiers âges du christianisme. Ce ne sont point les ministres de l'église, mais les empereurs qui ont promulgué les premières prohibitions du mariage entre parens; ce ne sont point les ministres de l'église, mais les empereurs qui ont d'abord dispensé de ces prohibitions. Nous en avons la preuve dans une loi d'*Honorius*, par laquelle ce prince défend de solliciter auprès de lui des dispenses pour certains degrés, et annonce qu'il n'en donnera qu'entre cousins-germains. Cette loi est au titre 10 du code Theodosien.

Il est encore parlé des dispenses que les empereurs donnaient pour mariage, dans une loi de l'empereur *Zenon*, et dans une loi de l'empereur *Anastase.*

Cassiodore, sénateur et conseil des rois goths, rapporte la formule de dispense que ces rois donnaient pour mariages.

D'après le témoignage du père Thomassin, ce n'est que dans le onzième siècle que les papes commencèrent à accorder des dispenses; et nous voyons que, dans des temps postérieurs, les souverains bien avisés continuèrent à user de leurs droits. Ainsi l'empereur Louis IV, célèbre par ses disputes avec le Saint-Siége, donna, au commencement du quatorzième siècle, des dispenses de parenté à Louis de Brandebourg et à Marguerite, duchesse de Carinthie.

La transaction arrêtée à Passau en 1552, et suivie en 1555 de la paix de la religion, reconnaît le droit que les électeurs et les autres souverains d'Allemagne avaient d'accorder des dispenses.

En 1592, le roi Henri IV, conformément à plusieurs arrêts des parlemens, fit un règlement général, par lequel les dispenses en toute matière furent attribuées aux évêques nationaux.

Ce règlement fut exécuté pendant quatre ans; on vit renaître ensuite l'usage de recourir à Rome pour certaines dispenses que l'on réputa plus importantes que d'autres.

Mais les droits de la souveraineté sont inaliénables et imprescriptibles. La loi civile peut donc aujourd'hui ce qu'elle pouvait autrefois, et elle a dû reprendre l'exercice du droit d'accorder des dispenses, depuis que le contrat de mariage a été séparé de tout ce qui concerne le sacrement.

Si les ministres de l'église peuvent et doivent veiller sur la sainteté du sacrement, la puissance civile est seule en droit de veiller sur la validité du contrat. Les reserves et les précautions dont les ministres de l'église peuvent user pour pourvoir à l'objet religieux, ne peuvent, dans aucun cas ni en aucune manière, influer sur le mariage même, qui en soi est un objet temporel.

C'est d'après ce principe, que l'engagement dans les ordres sacrés, le vœu monastique et la disparité de culte, qui, dans l'ancienne jurisprudence, étaient des empêchemens dirimans, ne le sont plus. Ils ne l'étaient devenus que par les lois civiles qui prohibaient les mariages mixtes, et qui avaient sanctionné par le pouvoir coactif les réglemens ecclésiastiques, relatifs au célibat des prêtres séculiers et réguliers. Ils ont cessé de l'être depuis que la liberté de conscience est devenue elle-même une loi de l'Etat, et l'on ne peut certainement contester à aucun souverain le droit de séparer les affaires religieuses d'avec les affaires civiles, qui ne sauraient appartenir au même ordre de choses, et qui sont gouvernées par des principes différens.

D'après le droit commun, d'après la morale des Etats, ce ne sont point les cérémonies, c'est uniquement la foi, le consentement des parties, qui font le mariage, et qui méritent à la compagne qu'un homme s'associe, la qualité d'épouse; qualité si honorable, que, suivant l'expression des anciens, ce n'est point la volupté, mais la vertu, l'honneur même, qui la font appeler de ce nom.

Mais il importe à la société que le consentement des époux intervienne dans une forme solennelle et régulière.

Le mariage soumet les conjoints à de grandes obligations envers ceux auxquels ils donnent l'être. Il faut donc que l'on puisse connaître ceux qui sont tenus de remplir ces obligations.

Les unions vagues et incertaines sont peu favorables à la propagation. Elles compromettent les mœurs; elles entraînent des désordres de toute espèce. Cependant, qui garantirait la sûreté des mariages, si, contractés obscurément et sans précaution légale, ils ressemblaient à ces unions passagères et fugitives que le plaisir produit, et qui finissent avec le plaisir?

Enfin, la société contracte elle-même des obligations envers des époux dont elle doit respecter l'union. Elle est intéressée à protéger, contre la licence et l'entreprise des tiers, cette union sacrée qui doit être sous la sauve-garde de tous les gens de bien.

Ces importantes considérations ont déterminé les législateurs à établir des formalités capables de fixer la certitude des mariages, et de leur donner le plus haut degré de publicité. Ces formalités sont l'objet du chapitre second du projet de loi.

Conformément aux dispositions que ce chapitre présente, le mariage doit être célébré publiquement, devant l'officier civil du domicile de l'une des deux parties.

Cet officier est le témoin nécessaire de l'engagement des époux. Il reçoit au nom de la loi cet engagement inviolable stipulé au profit de l'État, au profit de la société générale du genre humain.

La célébration du mariage doit être faite, en présence du public, dans la maison Commune. On ne peut, sous de vains prétextes, chercher le secret ou le mystère. Rien ne doit être caché dans un acte où le public même, à certains égards, est partie, et qui donne une nouvelle famille à la cité.

Nous avons parlé des qualités et des conditions requises pour pouvoir contracter mariage. Pour que ces qualités et ces conditions ne soient pas éludées, deux publications faites à des distances marquées doivent précéder le contrat, et ces publications doivent avoir lieu dans la municipalité où chacun des conjoints a son domicile.

Un domicile de six mois suffit pour autoriser la célébration

célébration du mariage dans le lieu où l'un des contractans a acquis ce domicile. On n'a rien changé sur ce point à l'ancienne jurisprudence. Mais il faut alors que les publications soient faites non-seulement dans le lieu du domicile abrégé des six mois, mais encore à la municipalité du dernier domicile.

Si les contractans sont sous la puissance d'autrui, leur prochain mariage est encore publié dans le domicile des personnes sous la puissance desquelles ils se trouvent.

On peut, selon les circonstances, obtenir la dispense d'une des deux publications, mais jamais des deux. La dispense sera accordée par le Gouvernement, ou par ceux qui auront reçu de lui le pouvoir de l'accorder.

La terre a été donnée en partage aux enfans des hommes. Un citoyen peut se transporter par-tout, et par-tout il peut exercer les droits attachés à sa qualité d'homme. Dans le nombre de ces droits, le plus naturel est incontestablement la faculté de contracter mariage. Cette faculté n'est pas locale, elle ne saurait être circonscrite par le territoire; elle est, pour ainsi dire, universelle comme la nature, qui n'est absente nulle part. Nous ne refusons donc pas aux Français le droit de contracter mariage en pays étranger, ni celui de s'unir à une personne étrangère. La forme du contrat est réglée alors par les lois du lieu où il est passé. Mais tout ce qui touche à la substance même du contrat, aux qualités et aux conditions qui déterminent la capacité des contractans, continue d'être gouverné par les lois françaises. Il faut même que, trois mois après son retour, le Français qui s'est marié ailleurs qu'en France, vienne faire hommage à sa patrie du titre qui l'a rendu époux ou père, et qu'il naturalise ce titre, en le faisant inscrire dans un registre national.

Il est plus expédient de prévenir le mal qu'il n'est facile de le réparer. A quoi serviraient les conditions et les formalités relatives à la célébration du mariage, si personne n'avait action pour empêcher qu'elles ne soient éludées ou enfreintes ?

Le droit de pouvoir s'opposer à un mariage a donc été reconnu utile et même indispensable. Mais ce droit ne doit pas dégénérer en action populaire ; il doit être limité à certaines personnes et à certains cas, à moins qu'on ne veuille que chaque mariage devienne une occasion de scandale et de troubles dans la société.

Il est juste, par exemple, que l'on puisse s'opposer au second mariage d'un mari ou d'une femme qui ne respecte pas un premier engagement. Il est juste que celui ou celle qui a été partie dans ce premier engagement, puisse défendre son titre, et réclamer l'exécution de la foi promise.

Pourrait-on raisonnablement refuser aux pères et aux mères, aux aïeuls et aux aïeules, le droit de veiller sur l'intérêt de leurs enfans même majeurs, lorsque la crainte de les voir se précipiter dans des engagemens honteux ou inconsidérés, donne l'éveil à leur sollicitude ?

Nous avons senti que les collatéraux ne pouvaient avoir la même faveur, parce qu'ils ne sauraient inspirer la même confiance. Cependant il est des occasions où il doit être permis à un frère, à un oncle, à un proche, de parler et de se faire entendre. Il ne faut pas sans doute que ces occasions soient arbitraires. Nous les avons limitées au cas où l'on exciperait de la démence du futur conjoint et à celui où l'on aurait négligé d'assembler le conseil de famille, requis pour les mariages des mineurs qui ont perdu leurs père et mère et autres ascendans. Nous avons pensé que, dans ces occurences, on ne pouvait étouffer la voix de la nature, puisque les circonstances ne permettaient pas de la confondre avec celle des passions.

On soumet à des dommages et intérêts ceux qui succombent dans leur opposition, si cette opposition a été funeste à ceux dont elle a différé ou même empêché le mariage, car souvent une opposition mal fondée peut mettre obstacle à une union sortable et légitime. Il existe alors un préjudice grave; ce préjudice doit être réparé. N'importe qu'il n'y ait eu qu'imprudence ou erreur dans la personne qui a cru devoir se rendre opposante : il n'y a point à balancer entre celui qui se trompe et celui qui souffre.

La même rigueur n'est point appliquée aux pères et aux mères ni aux autres ascendans. Les pères et les aïeuls sont toujours magistrats dans leurs familles, lors même que vis-à-vis de leurs enfans ils paroissent ne se montrer que comme parties dans les tribunaux. Leur tendresse présumée écarte d'eux tout soupçon de mauvaise foi, et elle fait excuser leur erreur. Après la majorité accomplie de leurs enfans, l'autorité des pères finit; mais leur amour, leur sollicitude ne finit pas.

Souvent on n'a aucune raison décisive pour empêcher un mauvais mariage. Mais un père ne peut point renoncer à l'espoir de ramener son enfant par des conseils salutaires : il se rend opposant, parce qu'il sait que le temps est une grande ressource contre les déterminations qui peuvent tenir à la promptitude de l'esprit, à la vivacité du caractère, ou à la fougue des passions. Pourrait-on punir, par une adjudication de dommage et intérêt, ce père déjà trop malheureux des espérances qu'il avait conçues, et des sages lenteurs sur lesquelles il fondait ses espérances. La conscience, le cœur d'un bon père est un asyle qu'il ne faut pas indiscrètement forcer.

Il a existé un temps, et ce temps n'est pas loin de nous, où sous le prétexte de la plus légère inégalité dans la fortune ou la condition, on osait former opposition à un mariage honnête et raisonnable. Mais aujourd'hui où l'égalité est établie par nos lois, deux époux pourront céder aux douces inspirations de la nature, et n'auront plus à lutter contre les préjugés de l'orgueil, contre toutes ces vanités sociales qui mettaient dans les alliances et dans les mariages, la gêne, la nécessité, et, nous osons le dire, la fatalité du destin même. On a moins à craindre ces oppositions bizarres qui étaient inspirées par l'ambition, ou commandées par l'avarice. On ne craint plus ces spéculations combinées avec tant d'art, dans lesquelles, en fait de mariage, on s'occupait de tout, excepté du bonheur. Toutes les classes de la société étaient plus ou moins dominées par les mêmes préjugés ; les vanités étaient graduées comme les conditions : un caractère sûr, des vertus éprouvées, les grâces de la jeunesse, les charmes même de la beauté, tout était sacrifié à des idées ridicules et misérables, qui faisaient le malheur des générations présentes, et qui étouffaient d'avance les générations à venir.

Dans le système de notre législation, nous ne sommes plus exposés aux mêmes dangers : chacun est devenu plus maître de sa destinée : mais il ne faut pas tomber dans l'extrêmité contraire. Le souvenir de l'abus que l'on faisait des oppositions aux mariages des fils de famille ou des citoyens, n'a pas dû nous déterminer à proscrire toute opposition. Nous eussions favorisé le jeu des passions et la licence des mœurs, en croyant ne protéger que la liberté des mariages.

Le mariage est valable quand il est conforme aux lois, il est même parfait avant que d'avoir été consommé.

Dans le système du droit civil qui régissait la France, un mari périssait-il par accident ou par toute autre cause avant la consommation? la veuve était obligée de porter le deuil; la communauté, dans les pays où elle était admise, avait lieu depuis la célébration du mariage. Les gains nuptiaux, les avantages coutumiers étaient acquis, les donations réciproques s'exécutaient.

On ne s'écartait de ces principes que dans quelques coutumes particulières et isolées, qui ne supposaient un mariage réel que lorsque la femme, selon l'expression de ces coutumes, avait *été introduite dans le lit nuptial.*

Presque par-tout, le caractère moral imprimé au contrat par la foi que les époux se donnent, prévalait sur tout autre caractère.

Mais si la consommation du mariage n'a jamais été réputée nécessaire pour sa validité, on a du moins pensé dans tous les temps, qu'un mariage est nul lorsque les conditions et les formes prescrites par les lois n'ont point été observées.

On sait ce qui a été dit contre les mariages clandestins et contre les mariages secrets. Il importe de fixer l'idée que l'on doit se former de ces deux espèces de mariages. Elles ont donné lieu à

beaucoup de méprises, même parmi les hommes
instruits, qui n'ont pas toujours su les distinguer
avec précision.

Une déclaration de 1639, privait les mariages
secrets de tous effets civils. On appelait mariages
secrets, ceux qui, quoique contractés selon les lois,
avaient été tenus cachés pendant la vie des époux.
On avait établi en maxime qu'il ne suffisait pas,
pour la publicité d'un mariage, qu'il eût été célébré avec toutes les formalités prescrites, mais qu'il
fallait encore qu'il fût suivi, de la part des deux
époux, d'une profession publique de leur état.

Le législateur, en flétrissant les mariages secrets,
craignait pour l'éducation des enfans nés d'un union
tenue cachée; il craignait même pour la certitude
de leur naissance : il voulait parer au scandale que
peut faire naître la vie commune de deux époux,
quand le public ne connaît pas le véritable lien
qui les unit et les rapproche; il voulait sur-tout,
d'après l'extrème différence qui existait alors dans
les rangs et les conditions des citoyens, prévenir
ces alliances inégales qui blessaient l'orgueil des
grands noms, ou qui ne pouvaient se concilier avec
l'ambition d'une grande fortune.

C'est par la conduite des époux que l'on jugeait
du secret de leur union. Un mariage célébré selon
les formes a toujours une publicité quelconque ;
mais on ne comptait pour rien cette publicité d'un
moment, si elle était démentie par la vie entière
des conjoints.

On ne réputait un mariage public que lorsque
les époux ne rougissaient pas d'être unis, lorsqu'ils
manifestaient leur union par leur vie publique et
privée, lorsqu'ils demeuraient ensemble, lorsque
la femme portait le nom de son mari, lorsque les

enfans portaient le nom de leur père, lorsque les deux familles alliées étaient respectivement instruites du lien qui les approchait, lorsqu'enfin les relations d'état étaient publiques et notoires.

On appelait en conséquence mariage secret, celui dont la connaissance avait été concentrée avec soin par le petit nombre de témoins nécessaires à sa célébration, et avait été attentivement dérobée aux regards des autres hommes, c'est-à-dire, à cette portion de la société qui, par rapport à chaque particulier, forme ce que nous appelons le public.

Nous n'avons plus les mêmes raisons de redouter l'abus des mariages secrets.

D'abord, la liberté des mariages n'ayant plus à lutter contre la plupart des préjugés qui la gênaient, les citoyens sont sans intérêt à cacher à l'opinion un mariage qu'ils ne cherchent pas à dérober aux regards de la loi.

En second lieu, quand les mariages étaient attribués aux ecclésiastiques, le ministre du contrat offrait aux époux qui voulaient contracter un mariage que le respect humain ne leur permettait pas d'avouer, un dépositaire plus indulgent et plus discret. Il n'eût été ni juste ni raisonnable d'exiger qu'un ministre de la religion eût, dans le conflit des convenances ou des préjugés de la société et des intérêts de la conscience, sacrifié les intérêts de la conscience aux préjugés ou aux simples convenances de la société. Les époux étaient donc assurés, dans les occurences difficiles, de trouver toutes les ressources et tous les ménagemens que leur situation exigeait. Sans blesser les lois qui établissaient les formes publiques de la célébration, on accordait des permissions et des dispenses

qui en modifiaient l'exécution et en tempéraient
la rigueur. Un mariage pouvait rester secret, malgré
l'observation littérale des formes établies pour en
garantir la publicité. Dans l'état actuel des choses,
le mariage est célébré en présence de l'officier
civil, et il est célébré dans la maison commune.
Cet officier n'a aucun pouvoir personnel de changer le lieu, ni de modifier les formalités de la célébration ; il n'est chargé que des intérêts de la société. On est obligé de recourir au Gouvernement,
pour obtenir la dispense d'une des deux publications. Le secret devient impossible, il ne pourrait
être que l'ouvrage de la fraude. Vainement les
deux époux chercheraient-ils des précautions pour
cacher, pendant le reste de leur vie, une union
qu'ils n'auraient pu éviter de contracter publiquement. Il est donc clair que la crainte des mariages
secrets doit disparaître avec les diverses causes qui
la produisaient.

Le vrai danger serait celui de conserver un point
de jurisprudence, toujours incertain et arbitraire
dans son application. L'observation des formes
dans la célébration du mariage, doit suffisamment
garantir sa publicité de droit et de fait. Si, malgré
l'observation de ces formes, des époux pouvaient
encore se voir exposés à la privation des effets
civils, sous prétexte que par leur conduite postérieure ils ont cherché à rendre leur union secrète,
quelle source d'incertitude et de trouble pour les
familles ! Toutes les fois que la question d'un mariage prétendu secret se présentait aux tribunaux,
les juges manquaient d'une règle assurée pour prononcer. Leur raison se perdait dans un dédale de
faits, d'enquêtes, de témoignages plus ou moins
suspects, et de présomptions plus ou moins con-

cluantes. Des démarches indifférentes, des circonstances fugitives étaient travesties en preuves; et après avoir fidèlement observé toutes les lois, on était exposé à perdre la sûreté qu'elles garantissent à ceux qui les observent et les respectent.

Il en est autrement des mariages clandestins. Ou il faut renoncer à toute législation sur les mariages, ou il faut proscrire la clandestinité; car, d'après la définition des jurisconsultes, les mariages clandestins sont ceux que la société n'a jamais connus, qui n'ont été célébrés devant aucun officier public, et qui ont constamment été ensevelis dans le mystère et dans les ténèbres. Cette espèce de mariage clandestin n'est pas la seule; elle est la plus criminelle. On place encore parmi les mariages clandestins, ceux qui n'ont point été précédés des publications requises, ou qui n'ont point été célébrés devant l'officier civil que la loi indiquait aux époux, ou dans lesquels le consentement des père et mère, des aïeuls et aïeules et des tuteurs, n'est point intervenu. Comme toutes ces précautions ont été prises pour prévenir la clandestinité, il y a lieu au reproche de clandestinité quand on a négligé ces précautions.

La nullité des mariages clandestins est évidente.

Mais un mariage peut être nul sans être clandestin. Ainsi, le défaut d'âge, le défaut de liberté, la parenté des époux au degré prohibé, annullent le mariage, sans lui imprimer d'ailleurs aucun caractère de clandestinité.

Les mariages contractés à l'extrémité de la vie, étaient encore prohibés par la déclaration de 1639, dont nous parlions tantôt. Il paraissait étrange qu'une personne mourante pût concevoir l'idée

de transformer subitement son lit de mort en lit
nuptial, et pût avoir la prétention d'allumer les
feux brillans de l'hymen à côté des torches funè-
bres, dont la sombre lueur semblait déjà réfléchir
sur une existence presque éteinte. On appréhendait, avec quelque fondement, les surprises et les
machinations ténébreuses qui pouvaient être pra-
tiquées en pareille occurence, pour arracher à la
faiblesse ou à la maladie un consentement auquel
la volonté n'aurait aucune part. On appréhendait
encore que ceux qui aiment les douceurs du mariage, sans en aimer les charges, ne fussent invités à vivre dans un célibat honteux, par l'espoir
d'effacer un jour, à l'ombre d'un simulacre de mariage, les torts de leur vie entière.

Il faut convenir que la considération de ces dangers avait quelque poids : mais qu'était-ce qu'un
mariage *in extremis* ? Ici l'art conjectural de la
médecine venait ajouter aux doutes et aux incertitudes de la jurisprudence. A chaque instant un
mariage légitime pouvait être compromis, et il
était difficile d'atteindre un mariage frauduleux.
Nous trouvons à peine, dans nos immenses recueils
d'arrêts, deux ou trois jugemens intervenus sur
cette matière; et ces jugemens ne font qu'attester
les embarras qu'éprouvaient les tribunaux dans
l'application de la loi.

Est-il d'ailleurs certain que cette loi fût bonne
et convenable ? L'équité comporte-t-elle que l'on
condamne au désespoir un père mourant, dont
le cœur, déchiré par le remords, voudrait, en
quittant la vie, assurer l'état d'une compagne
qui ne l'a jamais abandonné, ou celui d'une postérité innocente dont il prévoit la misère et le malheur ? Pourquoi des enfans qui ont fixé sa ten-

dresse, et une compagne qui a mérité sa reconnaissance, ne pourraient-ils pas, avant de recueillir ses derniers soupirs, faire un appel à sa justice ? Pourquoi le forcerait-on à être inflexible, dans un moment où il a lui-même besoin de faire un appel à la miséricorde ? En contemplant la déplorable situation de ce père, on se dit que la loi ne peut ni ne doit aussi cruellement étouffer la nature.

Les différentes nullités d'un mariage ne sont pas toutes soumises aux mêmes règles ; dans l'école, on les a distinguées en nullités absolues et en nullités relatives. On a attribué aux unes et aux autres des effets différens. Mais l'embarras était de suivre dans la pratique une distinction qu'il était si facile d'énoncer dans la théorie. De nouveaux doutes provoquaient à chaque instant de nouvelles décisions ; les difficultés étaient interminables.

On a compris que le langage de la loi ne pouvait être celui de l'école. En conséquence, dans le projet que nous présentons, nous avons appliqué à chaque nullité les règles qui lui sont propres.

Une des premières causes qui peuvent faire annuler le mariage, est le défaut de liberté.

Il a été arrêté que l'action produite par le défaut de liberté, ne peut être exercée que par les deux époux, ou par celui des deux dont le consentement n'a pas été libre. Cela dérive de la nature même des choses.

Le défaut de liberté est un fait dont le premier juge est la personne qui prétend n'avoir pas été libre. Des tiers peuvent avoir été les témoins de procédés extérieurs, desquels on se croit autorisé à conclure qu'il y a eu violence ou contrainte : mais ils ne peuvent jamais apprécier l'impression continue ou passagère qui a été ou qui n'a pas été opérée par ces procédés.

Il est rare qu'un mariage soit déterminé par une violence réelle et à force ouverte. Un tel attentat dégénérerait en rapt ou en viol; il y aurait plus que nullité, il y aurait crime. Communément, les faits de crainte qui opèrent le défaut de liberté sont des faits graves sans doute, et capables d'ébranler une âme forte, mais plus cachés, et combinés avec plus de prudence que ne l'est un acte caractérisé de violence. C'est conséquemment à la personne qui se plaint de n'avoir pas été libre, à nous dénoncer sa situation. Quel est celui qui aurait le droit de soutenir que je n'ai pas été libre, quand, malgré les apparences, j'assure l'avoir été ? Dans une affaire aussi personnelle, mon témoignage ne serait-il pas supérieur à tout autre témoignage ? Le sentiment de ma liberté n'en deviendrait-il pas la preuve ?

Il y a plus : une volonté d'abord forcée, ne l'est pas toujours ; ce que l'on a fait dans le principe par contrainte, on peut dans la suite le ratifier par raison et par choix. Qui serait donc autorisé à se plaindre, quand je ne me plains pas ? Mon silence ne repousse-t-il pas tous ceux qui voudraient inconsidérément parler quand je me tais ?

Il est incontestable que le défaut de liberté peut être couvert par un simple consentement tacite. Cela était vrai pour les vœux monastiques. Après un certain temps, le silence faisait présumer le consentement, et l'on refusait d'écouter le religieux même qui réclamait contre son engagement. Aucun tiers n'était admis dans aucun temps à exercer l'action du religieux qui gardait le silence, lorsqu'il aurait pu le rompre s'il l'avait voulu. Or, si dans l'hypothèse du vœu monastique, où il ne s'agissait que de l'intérêt du religieux, on eût craint, en donnant action à des tiers, de troubler un engagement imparfait dans son origine, mais confirmé dans la suite, au moins par le silence de la partie intéressée, comment permettrait-on à des tiers de venir troubler un mariage existant, au préjudice des enfans, au préjudice de deux familles, au préjudice des époux eux-mêmes qui ne réclament pas ?

Donc, rien de plus sage que de n'avoir donné action pour le défaut de liberté qu'aux deux époux, ou à celui des deux dont le consentement n'a pas été libre.

S'il n'y a point de véritable consentement lorsqu'il n'y a point de liberté, il n'y a pas non plus de consentement véritable quand il y a erreur.

L'erreur, en matière de mariage, ne s'entend pas d'une simple erreur sur les qualités, la fortune ou la condition de la personne à laquelle on s'unit, mais d'une erreur qui aurait pour objet la personne même. Mon intention déclarée était d'épouser une telle personne ; on me trompe, ou je suis trompé par un concours singulier de circonstances, et j'en épouse une autre qui lui est substituée à mon insçu et contre mon gré : le mariage est nul.

Mais, dans ce cas, l'action ne compète qu'à moi, parce qu'elle ne peut compéter qu'à l'époux qui a été induit en erreur.

Dans l'hypothèse de l'erreur et dans celle du défaut de liberté, il fallait prescrire de sages limites à l'action même que l'on donne aux époux. On l'a fait en statuant que la demande en nullité ne sera plus recevable toutes les fois qu'il constera d'une co-habitation continuée pendant six mois, depuis que l'erreur aura été reconnue, ou que la liberté aura été recouvrée.

Le mariage contracté sans le consentement des père et mère, des ascendans ou du conseil de famille, dans le cas où ce consentement était nécessaire, ne peut être attaqué que par ceux dont le consentement était requis, ou par celui des deux époux qui avait besoin de ce consentement.

Il est naturel d'interdire aux collatéraux une action qui ne peut compéter qu'aux parens dont le consentement est nécessaire. Ceux-ci vengent leur propre injure en exerçant cette action; ils font plus: ils remplissent un devoir. La loi requérait leur intervention dans le mariage, pour l'utilité même des époux. Ils satisfont au vœu de la loi, ils répondent à sa confiance, en cherchant à réparer par la voie de la cassation, le mal qu'ils n'ont pu prévenir par les voies plus douces d'une tendre surveillance. Que deviendrait la loi qui exige la nécessité du consentement des parens, si ceux-ci ne pouvaient la réclamer quand elle est violée?

Nous avons également cru juste d'accorder aux enfans à qui le consentement des parens était nécessaire, le droit de faire annuller leur propre mariage par la considération du défaut de ce consentement. En général, il est permis à tous ceux qui ont contracté une obligation nulle et vicieuse, de réclamer contre leur engagement, et sur-tout lorsqu'ils l'ont contracté pendant leur minorité. L'intérêt des parties est la mesure de leur action; et si on reçoit favorablement les plaintes d'un mineur qui prétend avoir été surpris dans une covention peu importante, on doit, avec plus de justice, lui accorder la même faveur, lorsqu'il demande à être restitué contre l'aliénation qu'il a faite de tous ses biens et de sa personne.

Mais l'action en nullité provenant du défaut de consentement des parens, ne peut plus être intentée, ni par les époux, ni par les parens dont le consentement était requis, toutes les fois que le mariage a été approuvé expressément ou tacitement par ceux dont le consentement était nécessaire, ou lorsqu'il s'est écoulé une année sans réclamation de leur part depuis qu'ils ont eu connaissance du mariage. Elle ne peut être intentée non plus par l'époux, lorsqu'il s'est écoulé une année sans réclamation de sa part, depuis qu'il a atteint l'âge compétent pour consentir lui-même à son mariage. La sagesse de ces dispositions est évidente par elle-même.

Les nullités qui dérivent du défaut d'âge, de l'existence d'un premier lien et de l'empêchement de consanguinité, sont d'une autre nature que les nullités précédentes. Elles intéressent l'ordre public et les bonnes mœurs : elles ne sont pas uniquement relatives à l'intérêt privé des époux, elles sont liées aux principes de l'honnêteté publique. Aussi l'action est ouverte, non-seulement aux époux, mais à tous ceux qui y ont intérêt, et même au ministère public qui est le gardien des mœurs et le vengeur de tous les désordres qui attaquent la société.

Cependant le remède deviendrait souvent pire que le mal, si la faculté que l'on donne de dénoncer les nullités dont nous parlons, demeurait illimitée dans ses effets comme dans sa durée.

Par exemple, le défaut d'âge est réparable. Il

serait donc absurde qu'il servit de prétexte pour attaquer un mariage lorsqu'il s'est déjà écoulé un délai de six mois après que les époux auraient atteint l'âge compétent. Alors la nullité n'existe plus : l'effet ne doit pas survivre à sa cause. On donne un délai de six mois, parce que toutes les fois que la loi donne une action, elle doit laisser un temps utile pour l'exercer.

Il serait encore peu raisonnable que l'on pût exciper du défaut d'âge, quand une grossesse survient dans le ménage avant l'échéance des six mois donnés pour exercer l'action en nullité. La loi ne doit pas aspirer au droit d'être plus sage que la nature : la fiction doit céder à la réalité.

L'action doit être refusée, dans l'hypothèse dont il s'agit, aux pères, mères, ascendans, et à la famille, s'ils ont consenti au mariage avec connaissance de cause. Il ne faut pas qu'ils puissent se jouer de la foi du mariage après s'être joué des lois.

Dans les cas que nous venons d'énumérer, l'action en nullité compète aux collatéraux, et à tous ceux qui y ont intérêt. Mais, comme cette action ne peut naître qu'avec l'intérêt qui en est le principe, les collatéraux ou les enfans nés d'un autre mariage ne sont point admis à l'exercer du vivant des deux époux, mais seulement lorsqu'ils ont un droit échu et un intérêt actuel.

En thèse, des collatéraux ou des héritiers avides sont écoutés peu favorablement. Ils n'ont en leur faveur, ni le préjugé de la nature, ni l'autorité de la loi. L'espérance d'accroître leur patrimoine ou leur fortune est le seul mobile de leur démarche ; cette espérance seule les anime. Ils n'ont aucune magistrature domestique à exercer sur des
individus

individus qui ne sont pas confiés à leur sollici-
citude. Ils ne doivent donc pas être admis à troubler un mariage concordant et paisible. Ils ne
doivent et ils ne peuvent se montrer que lorsqu'il
s'agit de savoir s'ils sont exclus d'une succession
par des enfans légitimes, ou s'ils sont fondés à
contester l'état de ces enfans, et à prendre leur
part dans cette succession. Hors de-là, ils n'ont
point d'action.

Il ne faudrait pas ranger dans la classe des collatéraux, ou de toutes autres personnes qui ne peuvent attaquer un mariage nul pendant la vie des
conjoints, l'époux qui se prévaut d'un premier engagement contracté en sa faveur et toujours subsistant, pour faire anéantir un second engagement
frauduleux. Cet époux peut incontestablement attaquer le second mariage du vivant même du conjoint qui était uni à lui par un premier lien ; car
c'est précisément l'existence de ce premier lien qui
fait la nullité du second ; et le plus grand profit
de la demande en nullité est, dans ce cas, de faire
disparaître le second mariage pour maintenir et
venger le premier.

Dans le concours de deux mariages, si l'époux
délaissé peut attaquer le second comme nul, ceux
qui ont contracté ce second mariage peuvent également arguer le premier de nullité : ce qui est nul
ne produit aucun effet. Un premier mariage non
valablement contracté ne peut donc légalement
motiver la cassation d'un second mariage valable ;
conséquemment la question élevée sur la validité
du premier mariage, suspend nécessairement le
sort du second. Cette question est un préalable
qu'il faut vider avant tout.

Nous avons dit que le commissaire du Gouvernement, que le ministère public peut s'élever d'office contre un mariage infecté de quelqu'une des nullités que nous avons énoncées comme appartenantes au droit public ; l'objet de ce magistrat doit être de faire cesser le scandale d'un tel mariage, et de faire prononcer la séparation des époux. Mais gardons-nous de donner à cette censure, confiée au ministère public pour l'intérêt des mœurs e de la société, une étendue qui la rendrait oppressive, et qui la ferait dégénérer en inquisition. Le ministère public ne doit se montrer que quand le vice du mariage est notoire, quand il est subsistant, ou quand une longue possession n'a pas mis les époux à l'abri des recherches directes du magistrat. Il y a souvent plus de scandale dans les poursuites indiscrètes d'un délit obscur, ancien ou ignoré, qu'il n'y en a dans le délit même.

Les publications qui précèdent le mariage ont été introduites pour qu'on puisse être averti, dans un temps convenable, des empêchemens qui pourraient rendre le mariage nul. L'omission de ces publications et l'inobservation des délais dans lesquels elles doivent être faites, peuvent opérer la nullité d'un mariage en certain cas : mais, parce que les lois qui ont établi ces formalités n'ont en vue que certaines personnes et certaines circonstances, lorsque ces circonstances ne subsistent plus, lorsque l'état des persoonnes est changé, et que leur volonté est toujours la même, ce qui était nul dans son principe, se ratifie dans la suite, et l'on n'applique point au mariage cette maxime qui n'a lieu que dans les testamens : *Quod ab initio non valet, tractu temporis non convalescit.*

La plus grave de toutes les nullités est celle qui dérive de ce qu'un mariage n'a pas été célébré

publiquement, et en présence de l'officier civil
compétent. Cette nullité donne action aux pères
et aux mères, aux époux, au ministère public, et
à tous ceux qui y ont intérêt. Elle ne peut être
couverte par la possession ni par aucun acte exprès
ou tacite de la volonté des parties; elle est indéfinie et absolue. Il n'y a pas mariage, mais commerce illicite entre des personnes qui n'ont point
formé leur engagement en présence de l'officier
civil compétent, témoin nécessaire du contrat.
Dans notre législation actuelle, le défaut de présence de l'officier civil compétent a les mêmes
effets qu'avait autrefois le défaut de présence du
propre curé. Le mariage était radicalement nul,
il n'offrait qu'un attentat aux droits de la société,
et une infaction manifeste des lois de l'état.

Aussi, nul ne peut réclamer le titre d'époux et
les effets civils du mariage, s'il ne représente un
acte de célébration inscrit sur le registre de l'état
civil. On admettait les mariages présumés, avant
l'ordonnance de Blois. Cet abus a disparu : il faut
un titre écrit, attesté par des témoins et par l'officier public que la loi désigne. La preuve testimoniale et les autres manières de preuves ne sont
reçues que dans les cas prévus par la loi sur *les
actes de l'état civil*, et aux conditions prescrites
par cette loi. Aucune possession ne saurait dispenser de représenter le titre ; car la possession
seule ne désigne pas plus un commerce criminel
qu'un mariage légitime. Si la possession sans titre
ne garantit aucun droit, le titre avec la possession
devient inattaquable.

Des époux dont le titre aurait été falsifié, ou
qui auraient rencontré un officier public assez né-
gligent pour ne pas s'acquiter des devoirs de sa

13 *

place, auraient action pour faire punir le crime et
réparer le préjudice. Si l'officier public était décédé, ils auraient l'action en dommage contre ses
héritiers.

La preuve acquise de la célébration d'un mariage, soit par la voie extraordinaire, soit par la
voie civile, garantit aux époux et aux enfans tous
les effets du mariage à compter du jour de sa célébration; car la preuve d'un titre n'est pas un titre
nouveau, elle n'est que la déclaration d'un titre
préexistant, dont les effets doivent remonter à
l'époque déterminée par sa date. Mais nous ne saurions trop le dire : pour constater un mariage, il
faut un titre ou l'équivalent.

Au reste, n'exagérons rien et distinguons les
temps. Autre chose est de juger des preuves d'un
mariage pendant la vie des époux, autre chose est
d'en juger après leur mort et relativement à l'intérêt des enfans. Pendant la vie des époux, la
représentation du titre est nécessaire. Des conjoints
ne peuvent raisonnablement ignorer le lieu où ils
ont contracté l'acte le plus important de leur vie,
et les circonstances qui ont accompagné cet acte;
mais, après leur mort, tout change. Des enfans,
souvent délaissés dès leur premier âge par les
auteurs de leurs jours, ou transportés dans des
contrées éloignées, ne connoissent et ne peuvent
connaitre ce qui s'est passé avant leur naissance.
S'ils n'ont point reçu de documens, si les papiers
domestiques manquent, quelle sera leur ressource?
La jurisprudence ne les condamne point au désespoir. Ils sont admis à prouver que les auteurs de
leurs jours vivaient comme époux, et qu'ils avaient
la possession de leur état. Il suffit même pour les
enfans que cette possession de leurs père et mère

soit énoncée dans leur acte de naissance : cet acte
est leur titre. C'est dans le moment de cet acte que
la patrie les a marqués du sceau de ses promesses ;
c'est sous la foi de cet acte qu'ils ont toujours
existé dans le monde ; c'est avec cet acte qu'ils
peuvent se produire et se faire reconnaître ; c'est
cet acte qui constate leur nom, leur origine, leur
famille ; c'est cet acte qui leur donne une cité et
qui les met sous la protection des lois de leur pays.
Qu'ont-ils besoin de remonter à des époques qui
leur sont étrangères? Pouvaient-ils pourvoir à leur
intérêt, quand il n'existait point encore? Leur destinée n'est-elle pas irrévocablement fixée par l'acte
inscrit dans des registres que la loi elle-même a
établis pour constater l'état des citoyens, et pour
devenir, pour ainsi dire, dans l'ordre civil, le
livre des destinées?

Quoique régulièrement le seul mariage légitime
et véritable puisse faire de véritables époux et
produire des enfans légitimes, cependant, par un
effet de la faveur des enfans, et par la considération de la bonne foi des époux, il a été reçu, par
équité, que s'il y avait quelque empêchement
caché qui rendît ensuite le mariage nul, les époux,
s'ils avaient ignoré cet empêchement, et les enfans
nés de leur union, conserveraient toujours le nom
et les prérogatives d'époux et d'enfans légitimes,
parce que les uns se sont unis, et les autres sont
nés sous le voile, sous l'ombre, sous l'apparence
du mariage.

De-là cette maxime commune, que le mariage
putatif, pour nous servir de l'expression des jurisconsultes, c'est-à-dire, celui que les conjoints ont
cru légitime, a le même effet pour assurer l'état

des époux et des enfans, qu'un mariage véritablement légitime : maxime originairement introduite
par le droit canonique, depuis long-temps adoptée
dans nos mœurs, et aujourd'hui consacrée par le
projet de loi.

Quand un seul des conjoints est dans la bonne
foi, ce conjoint seul peut réclamer les effets civils du
mariage. Quelques anciens jurisconsultes avaient
pensé que, dans ce cas, ies enfans devaient être
légitimes par rapport à l'un des conjoints, et illégitimes par rapport à l'autre ; mais on a rejeté leur
opinion, sur le fondement que l'état des hommes
est indivisible, et que, dans le cours, il fallait se
décider entièrement pour la légitimité.

Le mariage soumet à de grandes obligations
ceux qui le contractent.

Parmi ces obligations, la première est celle de
nourrir, entretenir et élever ceux auxquels on a
donné le jour.

Les alimens et l'entretien ont pour objet la conservation et le bien être de la personne. L'éducation se rapporte à son avantage moral.

Dans les pays de droit écrit, le père était obligé
de doter sa fille pour lui procurer un établissement. Cette obligation n'existait pas pour le père
dans les pays de coutume.

Il fallait se décider entre ces deux jurisprudences absolument opposées l'une à l'autre. On a
donné la préférence à la jurisprudence coutu-
mière, comme moins susceptible d'inconvéniens
et d'abus.

L'action qu'une fille avait, dans les pays de
droit écrit, pour obliger son père à la doter, avait
peu de danger, parce que, dans ces pays, la puis-

sance paternelle était si grande, qu'elle avait tous les moyens possibles de se maintenir contre l'inquiétude et la licence des enfans.

Aujourd'hui cette puissance n'est plus ce qu'elle était. Il ne faut pas l'avilir après l'avoir affaiblie. Il ne faut pas conserver aux enfans les moyens d'attaque, quand on a dépouillé le père de ses moyens de défense.

Dans les pays coutumiers, où la puissance paternelle était plus tempérée, on avait eu garde de laisser aux enfans le droit d'inquiéter leurs pères. Il n'y avait donc point à balancer entre la jurisprudence des pays coutumiers et celle des pays de droit écrit. Comme il faut que tout soit harmonie, il eût été absurde d'augmenter les droits des enfans quand on diminuait ceux des pères. L'équilibre eût été rompu, les familles eussent été déchirées par des troubles journaliers. L'audace des enfans se fût accrue, et il n'aurait plus existé de gouvernement domestique.

En laissant subsister la jurisprudence des pays de coutume, on ne fait aucune révolution dans ces pays. On en eût fait une funeste, si on y eût introduit un droit nouveau.

A la vérité, dans les pays de droit écrit on opère un changement par rapport au droit des filles, puisqu'on y affoiblit ce droit en y introduisant la jurisprudence des pays de coutume. Mais ce changement, contraire aux droits des enfans, est suffisamment compensé à leur profit par les changemens qu'a éprouvés la puissance des pères.

Ce n'est pas dans un temps où tant d'événemens ont relâché tous les liens, qu'il faut achever de les briser tous. On va au mal par une pente rapide, et on ne remonte au bien qu'avec effort. S'il est des objets dans lesquels les lois doivent suivre le mœurs, il en est d'autres où les mœurs doivent être corigées par les lois.

Nous avons donc cru, après avoir pesé les inconvéniens et les avantages des diverses jurisprudences qui régissaient la France, que les enfans ne devaient point avoir action contre leurs père et mère, pour un établissement par mariage ou autrement.

Si les père et mère sont obligés de nourrir leurs enfans, les enfans sont obligés à leur tour de nourrir leurs père et mère.

L'engagement est réciproque, et de part et d'autre il est fondé sur la nature.

Les gendres et les belles-filles sont soumis à la même obligation envers leurs beau-père et belle-mère. Cette obligation cesse, 1°. dans le cas où la belle-mère a contracté un second mariage ; 2°. lorsque celui des époux qui produisait l'affinité, et les enfans de son union avec l'autre époux, sont décédés.

Les beaux-pères et les belles-mères sont tenus, de leur côté, quand les circonstances l'exigent, de fournir des alimens à leur gendre et à leur belle-fille.

La parenté d'alliance imite la parenté du sang.

Les alimens comprennent tout ce qui est nécessaire. Mais il faut distinguer deux sortes de nécessaire : l'absolu et le relatif. L'absolu est réglé par les besoins indispensables de la vie ; le relatif, par l'état et les circonstances. Le nécessaire relatif n'est donc pas égal pour tous les hommes ; l'absolu même ne l'est pas. La vieillesse a plus de besoins que l'enfance ; le mariage, que le célibat ; la faiblesse, que la force ; la maladie, que la santé.

Les bornes du nécessaire absolu sont fort étroites. Un peu de justice et de bonne foi suffisent pour les connaître. A l'égard du nécessaire relatif, il est à l'arbitrage de l'opinion et de l'équité.

Le devoir de fournir des alimens cesse, quand celui à qui on les doit, recouvre une fortune suffisante, ou quand celui qui en est débiteur, tombe dans une indigence qui ne lui permet pas, ou qui lui permet à peine de se nourrir lui-même. Un père et une mère peuvent, suivant les circonstances, refuser de fournir des alimens à leurs enfans, en offrant de les recevoir dans leur maison. C'est au juge à déterminer les cas où l'obligation de fournir des alimens, est susceptible de cette modification et de ce tempérament. Ces sortes de questions sont plutôt des questions de fait que des questions de droit.

Après nous être occupés des obligations qui naissent du mariage, entre les pères et les enfans, nous avons fixé notre attention sur les droits et les devoirs respectifs des époux.

Ils se doivent mutuellement fidélité, secours et assistance.

Le mari doit protection à sa femme, et la femme obéissance à son mari.

Voilà toute la morale des époux.

On a long-tems disputé sur la préférence ou l'égalité des deux sexes. Rien de plus vain que ces disputes.

On a très-bien observé que l'homme et la femme ont par-tout des rapports, et par-tout des différences. Ce qu'ils ont de commun, est de l'espèce; ce qu'ils ont de différent, est du sexe. Ils seraient moins disposés à se rapprocher, s'ils étaient plus semblables. La nature ne les a faits si différens que pour les unir.

Cette différence qui existe dans leur être, en suppose dans leurs droits et dans leurs devoirs respectifs. Sans doute, dans le mariage, les deux époux concourent à un objet commun ; mais ils ne sauraient y concourir de la même manière. Ils sont égaux en certaines choses, et ils ne sont pas comparables dans d'autres.

La force et l'audace sont du côté de l'homme, la timidité et la pudeur du côté de la femme.

L'homme et la femme ne peuvent partager les mêmes travaux, supporter les mêmes fatigues, ni se livrer aux mêmes occupations. Ce ne sont point les lois, c'est la nature même qui a fait le lot de chacun des deux sexes. La femme a besoin de protection, parce qu'elle est plus faible ; l'homme est plus libre, parce qu'il est plus fort.

La prééminence de l'homme est indiquée par la constitution même de son être, qui ne l'assujettit pas à autant de besoins, et qui lui garantit plus d'indépendance pour l'usage de son temps et pour l'exercice de ses facultés. Cette prééminence est la source du pouvoir de protection que le projet de loi reconnaît dans le mari.

L'obéissance de la femme est un hommage rendu au pouvoir qui la protège, et elle est une suite nécessaire de la société conjugale, qui ne pourrait subsister si l'un des époux n'était subordonné à l'autre.

Le mari et la femme doivent incontestablement être fidèles à la foi promise ; mais l'infidélité de la femme suppose plus de corruption, et a des effets plus dangereux que l'infidélité du mari : aussi l'homme a toujours été jugé moins sévèrement que la femme. Toutes les nations, éclairées en ce point par l'expérience, et par une sorte d'instinct, se sont accordées à croire que le sexe le plus aimable doit encore, pour le bonheur de l'humanité, être le plus vertueux.

Les femmes connaîtraient peu leur véritable intérêt, si elles pouvaient ne voir dans la sévérité apparente dont on use à leur égard, qu'une rigueur tyrannique plutôt qu'une distinction honorable et utile. Destinées par la nature aux plaisirs d'un seul et à l'agrément de tous, elles ont reçu du ciel cette sensibilité douce qui anime la beauté, et qui est sitôt émoussée par les plus légers égaremens du cœur; ce tact fin et délicat qui remplit chez elles l'office d'un sixième sens, et qui ne se conserve ou ne se perfectionne que par l'exercice de toutes les vertus; enfin, cette modestie touchante qui triomphe de tous les dangers, et qu'elles ne peuvent perdre sans devenir plus vicieuses que nous. Ce n'est donc point dans notre injustice, mais dans leur vocation naturelle, que les femmes doivent chercher le principe des devoirs plus austères qui leur sont imposés pour leur plus grand avantage, et au profit de la société.

Des devoirs respectifs de protection et d'obéissance que le mariage établit entre les époux, il suit que la femme ne peut avoir d'autre domicile que celui de son mari, qu'elle doit le suivre partout où il lui plaît de résider, et que le mari est obligé de recevoir sa femme et de lui fournir tout ce qui est nécessaire pour les besoins de la vie, selon ses facultés et son état.

La femme ne peut ester en jugement sans l'autorisation de son mari. Il n'y a d'exception à cette règle que lorsque la femme est poursuivie criminellement, ou pour fait de police. Alors, l'autorité du mari disparaît devant celle de la loi, et la nécessité de la défense naturelle dispense la femme de toute formalité.

Le même principe qui empêche la femme de pouvoir exercer des actions en justice sans l'autorisation de son mari, l'empêche, à plus forte raison, d'aliéner, hypothéquer, acquérir a titre gratuit ou onéreux, sans cette autorisation.

Cependant, comme il n'y a aucun pouvoir particulier qui ne soit soumis à la puissance publique, le magistrat peut intervenir pour réprimer les refus injustes du mari, et pour rétablir toutes choses dans l'état légitime.

La faveur du commerce a fait regarder la femme, marchande publique, comme indépendante du pouvoir marital, dans tout ce qui concerne les opérations commerciales qu'elle fait. Sous ce rapport, le mari peut devenir la caution de sa femme, mais il cesse d'être son maître.

Les droits du mari ne sont suspendus, dans tout le reste, que par son interdiction, son absence, ou toute cause qui peut le mettre dans l'impossibilité actuelle de les exercer ; et, dans ces hypothèses, l'autorité du mari est remplacée par celle du juge.

L'autorité du juge intervient encore, si le mari est mineur. Comment celui-ci pourroit-il autoriser les autres, quand il a lui-même besoin d'autorisation ?

La nullité des actes faits par la femme, fondée sur le défaut d'autorisation de ces actes, ne peut être opposée que par la femme elle-même, par son mari, ou par leurs héritiers.

Au reste, la femme peut faire des dispositions testamentaires sans y être autorisée, parce que ces sortes de dispositions qui ne peuvent avoir d'effet qu'après la mort, c'est-à-dire, qu'après que l'union conjugale est dissoute, ne peuvent blesser les lois de cette union.

Nous en avons assez dit dans le projet de loi pour faire sentir l'importance et la dignité du mariage, pour le présenter comme le contrat le plus sacré, le plus inviolable, et comme la plus sainte des institutions. Ce contrat, cette société finit par la mort de l'un des conjoints, et par le divorce légalement prononcé. Elle finit encore, relativement aux effets civils, par une condamnation prononcée contre l'un des époux et emportant mort civile.

Je n'ai pas besoin de m'expliquer sur la dissolution pour cause de mort. La dissolution de la société conjugale, dans ce cas, est opérée par un événement qui dissout toutes les sociétés. La dissolution pour cause de divorce sera l'objet d'un projet de loi particulier.

Quant à la mort civile, on vous a déjà développé tout ce qu'elle opérait relativement au mariage, dans le projet de loi concernant *la jouissance et la privation des effets civils.*

Après un premier mariage dissous, on peut en contracter un second. Cette liberté compète au mari qui a perdu sa femme, comme à la femme qui a perdu son mari. Mais les bonnes mœurs et l'honnêteté publique ne permettent pas que la femme puisse convoler à de secondes noces, avant que l'on se soit assuré, par un délai suffisant, que le premier mariage demeure sans aucune suite pour elle, et que sa situation ne saurait plus gêner les actes de sa volonté. Ce délai était autrefois d'un an : on l'appelait l'*an de deuil.* Nous avons cru que dix mois suffisaient pour nous rassurer contre toute présomption capable d'alarmer la décence et l'honnêteté.

Actuellement, ma tâche est remplie. C'est à vous, citoyens Législateurs, en confirmant par vos suffrages le projet de loi que je vous présente, au nom du Gouvernement, *sur le Mariage*, à consolider les vrais fondemens de l'ordre social, et à ouvrir les principales sources de la félicité publique. Quelques auteurs du siècle ont demandé que l'on encourageât les mariages : il n'ont besoin que d'être réglés.

Par-tout où il se trouve une place où deux personnes peuvent vivre commodément, il se forme un mariage. Le Législateur n'a rien à faire à cet égard; la nature a tout fait. Toujours aimable, elle verse d'une main libérale tous ses trésors sur l'acte le plus important de la vie humaine; elle nous invite, par l'attrait du plaisir, à l'exercice du plus beau privilége qu'elle ait pu donner à l'homme, celui de se reproduire, et elle nous prépare des délices de sentiment mille fois plus douces que ce plaisir même. Il y aura toujours assez de mariages pour la prospérité de la République; l'essentiel est qu'il y ait assez de mœurs pour la prospérité des mariages. C'est à quoi le Législateur doit pourvoir par la sagesse de ses réglemens; les bonnes lois fondent la véritable puissance des états, et elles sont le plus riche héritage des nations.

PROJET DE LOI.

TITRE V.

DU MARIAGE.

CHAPITRE PREMIER.

Des qualités et conditions requises pour pouvoir contracter mariage.

ARTICLE 144.

L'homme avant dix-huit ans révolus, la femme avant quinze ans aussi révolus, ne peuvent contracter mariage.

145. Le Gouvernement pourra néanmoins, pour des motifs graves, accorder des dispenses d'âge.

146. Il n'y a pas de mariage lorsqu'il n'y a point de consentement.

147. On ne peut contracter un second mariage avant la dissolution du premier.

148. Le fils qui n'a pas atteint l'âge de vingt-cinq ans accomplis, la fille qui n'a pas atteint l'âge de vingt-un ans accomplis, ne peuvent contracter mariage sans le consentement de leurs père et mère ; en cas de dissentiment, le consentement du père suffit.

149. Si l'un des deux est mort, ou s'il est dans l'impossibilité de manifester sa volonté, le consentement de l'autre suffit.

150. Si le père et la mère sont morts, ou s'ils sont dans l'impossibilité de manifester leur volonté, les aïeuls et aïeules les remplacent : s'il y a dissentiment entre l'aïeul et l'aïeule de la même ligne, il suffit du consentement de l'aïeul.

S'il y a dissentiment entre les deux lignes, ce partage emportera consentement.

151. Les enfans de famille ayant atteint la majorité fixée par l'article 148, sont tenus, avant de contracter mariage, de demander, par un acte respectueux et formel, le conseil de leur père et de leur mère, ou celui de leurs aïeuls et aïeules, lorsque leur père et leur mère sont décédés, ou dans l'impossibilité de manifester leur volonté.

152. Les dispositions contenues aux articles 147, 148, 149, et la disposition de l'article 151, relative à l'acte respectueux qui doit être fait aux père et mère dans le cas prévu par cet article, sont applicables aux enfans naturels légalement reconnus.

153. L'enfant naturel qui n'a point été reconnu, et celui qui, après l'avoir été, a perdu ses père et mère, ou dont les père et mère ne peuvent manifester leur volonté, ne pourra, avant l'âge de vingt-un ans révolus, se marier qu'après avoir obtenu le

consentement

consentement d'un tuteur *ad hoc*, qui lui sera nommé.

154. S'il n'y a ni père ni mère, ni aïeuls ni aïeules, ou s'ils se trouvent tous dans l'impossibilité de manifester leur volonté, les fils ou filles mineurs de vingt-un ans ne peuvent contracter mariage sans le consentement du conseil de famille.

155. En ligne directe, le mariage est prohibé entre tous les ascendans et descendans légitimes ou naturels, et les alliés dans la même ligne.

156. En ligne collatérale, le mariage est prohibé entre le frère et la sœur légitimes ou naturels, et les alliés au même degré.

157. Le mariage est encore prohibé entre l'oncle et la nièce, la tante et le neveu.

158. Néanmoins le Gouvernement pourra, pour des causes graves, lever les prohibitions portées au précédent article.

CHAPITRE II.

Des formalités relatives à la célébration du mariage.

159. Le mariage sera célébré publiquement, devant l'officier civil du domicile de l'une des deux parties.

160. Les deux publications ordonnées par l'ar-

ticle 63, chapitre 3 du titre des *Actes de l'état civil*, seront faites à la municipalité du lieu où chacune des parties contractantes aura son domicile.

161. Néanmoins, si le domicile actuel n'est établi que par six mois de résidence, les publications seront faites, en outre, à la municipalité du dernier domicile.

162. Si les parties contractantes, ou l'une d'elles, sont, relativement au mariage, sous la puissance d'autrui, les publications seront encore faites à la municipalité du domicile de ceux sous la puissance desquels elles se trouvent.

163. Le Gouvernement, ou ceux qu'il préposera à cet effet, pourront, pour des causes graves, dispenser de la seconde publication.

164. Le mariage contracté en pays étranger entre Français, et entre Français et étranger, sera valable, s'il a été célébré dans les formes usitées dans le pays, pourvu qu'il ait été précédé des publications prescrites par l'article 63, chapitre 3 des *Actes de l'état civil*, et que le Français n'ait point contrevenu aux dispositions contenues au chapitre précédent.

165. Dans les trois mois après le retour du Français sur le territoire de la République, l'acte de célébration du mariage contracté en pays étranger, sera transcrit sur le registre public des mariages du lieu de son domicile.

CHAPITRE III.

Des oppositions au mariage.

166. Le droit de former opposition à la célébration du mariage, appartient à la personne engagée par mariage avec l'une des deux parties contractantes.

167. Le père, et à défaut du père, la mère, et à défaut de père et mère, les aïeuls et aïeules, peuvent former opposition au mariage de leurs enfans et descendans, encore que ceux-ci aient vingt-cinq ans accomplis.

168. A défaut d'aucun ascendant, le frère ou la sœur, l'oncle ou la tante, le cousin ou la cousine germains, majeurs, ne peuvent former opposition que dans les deux cas suivant :

1°. Lorsque le consentement du conseil de famille, requis par l'article 154, n'a pas été obtenu;

2°. Lorsque l'opposition est fondée sur l'état de démence du futur époux; et cette opposition, dont le tribunal pourra prononcer main-levée pure et simple, ne sera jamais reçue qu'à la charge, par l'opposant, de provoquer l'interdiction, et d'y faire statuer dans le délai qui sera fixé par le jugement.

169. Dans les deux cas prévus par le précé-

14 *

dent article, le tuteur ou curateur ne pourra, pendant la durée de la tutelle ou curatelle, former opposition qu'autant qu'il y aura été autorisé par un conseil de famille, qu'il pourra convoquer.

170. Tout acte d'opposition énoncera la qualité qui donne à l'opposant le droit de la former; il contiendra élection de domicile dans le lieu où le mariage devra être célébré; il devra également, à moins qu'il ne soit fait à la requête d'un ascendant, contenir les motifs de l'opposition : le tout à peine de nullité, et de l'interdiction de l'officier ministériel qui aurait signé l'acte contenant opposition.

171. Le tribunal de première instance prononcera dans les dix jours sur la demande en mainlevée.

172. S'il y a appel, il y sera statué dans les dix jours de la citation.

173. Si l'opposition est rejetée, les opposans, autres néanmoins que les ascendans, pourront être condamnés à des dommages-intérêts.

CHAPITRE IV.

Des demandes en nullité de mariage.

174. Le mariage qui a été contracté sans le consentement libre des deux époux, ou de l'un

d'eux, ne peut être attaqué que par les époux,
ou par celui des deux dont le consentement n'a
pas été libre.

Lorsqu'il y a eu erreur dans la personne, le
mariage ne peut être attaqué que par celui des
deux époux qui a été induit en erreur.

175. Dans le cas de l'article précédent, la demande en nullité n'est plus recevable, toutes les
fois qu'il y a eu co-habitation continuée pendant
six mois, depuis que l'époux a acquis sa pleine
liberté, ou que l'erreur a été par lui reconnue.

176. Le mariage contracté sans le consentement
des père et mère, des ascendans ou du conseil de
famille, dans les cas où ce consentement était
nécessaire, ne peut être attaqué que par ceux
dont le consentement était requis, ou par celui
des deux époux qui avait besoin de ce consentement.

177. L'action en nullité ne peut plus être intentée, ni par les époux, ni par les parens dont
le consentement était requis, toutes les fois que le
mariage a été approuvé expressément ou tacitement par ceux dont le consentement était nécessaire, ou lorsqu'il s'est écoulé une année sans
réclamation de leur part depuis qu'ils ont eu connoissance du mariage; elle ne peut être intentée
non plus par l'époux lorsqu'il s'est écoulé une
année sans réclamation de sa part depuis qu'il a

atteint l'âge compétent pour consentir par lui-même au mariage.

178. Tout mariage contracté en contravention aux dispositions contenues aux articles 144, 147, 155, 156 et 157, peut-être attaqué, soit par les époux eux-mêmes, soit par tous ceux qui y ont intérêt, soit par le ministère public.

179. Néanmoins le mariage contracté par des époux qui n'avaient point encore atteint l'âge requis, ou dont l'un des deux n'avait point atteint cet âge, ne peut plus être attaqué, 1°. lorsqu'il s'est écoulé six mois depuis que cet époux, ou ces époux, ont acquis l'âge compétent ; 2°. lorsque la femme, qui n'avait point atteint cet âge, avait conçu avant l'échéance des six mois.

180. Les père, mère, les ascendans et la famille qui ont consenti au mariage contracté dans le cas de l'article précédent, ne sont point recevables à en demander la nullité.

181. Dans tous les cas où, conformément à l'article 178, l'action en nullité peut être intentée par tous ceux qui y ont intérêt, elle ne peut l'être par les parens collatéraux ou par les enfans nés d'un autre mariage, du vivant des deux époux, mais seulement lorsqu'ils y ont un intérêt né et actuel.

182. L'époux au préjudice duquel a été contracté un second mariage, peut en demander la

nullité du vivant même de l'époux qui était engagé avec lui.

183. Si les nouveaux époux opposent la nullité du premier mariage, la validité ou nullité de ce mariage doit être jugée préalablement.

184. Le commissaire du Gouvernement, dans tous les cas auxquels s'applique l'article 178 du présent titre, et sous les modifications portées en l'article 179, peut et doit demander la nullité du mariage du vivant des deux époux, et les faire condamner à se séparer.

185. Tout mariage qui n'a point été contracté publiquement, et qui n'a point été célébré devant l'officier public compétent, peut être attaqué par les époux eux-mêmes, par les père et mère, par les ascendans, et par tous ceux qui y ont eu un intérêt né et actuel, ainsi que par le ministère public.

186. Si le mariage n'a point été précédé des deux publications requises, ou s'il n'a pas été obtenu des dispenses permises par la loi, ou si les intervalles prescrits dans les publications et célébrations n'ont point été observés, le commissaire fera prononcer contre l'officier public une amende qui ne pourra excéder trois cents francs, ou contre les parties contractantes, et ceux sous la puissance desquels elles ont agi, une amende proportionnée à leur fortune.

187. Les mêmes peines prononcées par l'article précédent, seront encourues par les personnes qui y sont désignées, pour toute contravention aux régles prescrites par l'article 159, lors même que ces contraventions 'ne seraient pas jugées suffisantes pour faire prononcer la nullité du ma-riage.

188. Nul ne peut réclamer le titre d'époux et les effets civils du mariage, s'il ne représente un acte de célébration inscrit sur le registre de l'état civil, sauf les cas prévus par l'article 46, titre des *Actes de l'état civil.*

189. La possession d'état ne pourra dispenser les prétendus époux qui l'invoqueront respective-ment, de représenter l'acte de célébration du ma-riage devant l'officier de l'état civil.

190. Lorsqu'il y a possession d'état, et que l'acte de célébration du mariage devant l'officier de l'état civil est représenté, les époux sont res-pectivement non recevables à demander la nullité de cet acte.

191. Si néanmoins, dans le cas des articles 188 et 189, il existe des enfans issus de deux individus qui ont vécu publiquement comme mari et femme, et qui soient tous deux décédés, la légitimité des enfans ne peut être contestée sous le seul prétexte du défaut de représentation de l'acte de célé-bration, toutes les fois que cette légitimité est

prouvée par une possession d'état qui n'est point contredite par l'acte de naissance.

192. Lorsque la preuve d'une célébration légale du mariage se trouve acquise par le résultat d'une procédure criminelle, l'inscription du jugement sur les registres de l'état civil assure au mariage, à compter du jour de sa célébration, tous les effets civils, tant à l'égard des époux qu'à l'égard des enfans issus de ce mariage.

193. Si les époux, ou l'un d'eux, sont décédés sans avoir découvert la fraude, l'action criminelle peut être intentée par tous ceux qui ont intérêt de faire déclarer le mariage valable, et par le commissaire du Gouvernement.

194. Si l'officier public est décédé lors de la découverte de la fraude, l'action sera dirigée au civil, contre ses héritiers, par le commissaire du Gouvernement, en présence des parties intéressées et sur leur dénonciation.

195. Le mariage qui a été déclaré nul, produit néanmoins les effets civils, tant à l'égard des époux, qu'à l'égard des enfans, lorsqu'il a été contracté de bonne foi.

196. Si la bonne foi n'existe que de la part de l'un des deux époux, le mariage ne produit les effets civils qu'en faveur de cet époux et des enfans issus du mariage.

CHAPITRE V.

Des obligations qui naissent du mariage.

197. Les époux contractent ensemble, par le fait seul du mariage, l'obligation de nourrir, entretenir et élever leurs enfans

198. L'enfant n'a pas d'action contre ses père et mère pour un établissement par mariage ou autrement.

199. Les enfans doivent des alimens à leurs père et mère, et autres ascendans qui sont dans le besoin.

200. Les gendres et belles-filles doivent également, et dans les mêmes circonstances, des alimens à leurs beau-père et belle-mère ; mais cette obligation cesse, 1°. lorsque la belle-mère a convolé en seconde noces ; 2°. lorsque celui des époux qui produisait l'affinité, et les enfans de son union avec l'autre époux, sont décédés.

201. Les obligations résultantes de ces dispositions sont réciproques.

202. Les alimens ne sont accordés que dans la proportion du besoin de celui qui les réclame, et de la fortune de celui qui les doit.

203. Lorsque celui qui fournit ou celui qui reçoit des alimens est replacé dans un état tel que

l'un ne puisse plus en donner, ou que l'autre n'en ait plus besoin en tout ou en partie, la décharge ou réduction peut en être demandée.

204. Si la personne qui doit fournir des alimens justifie qu'elle ne peut payer la pension alimentaire, le tribunal pourra, en connoissance de cause, ordonner qu'elle recevra dans sa demeure, qu'elle nourrira et entretiendra celui auquel elle devra des alimens.

205. Le tribunal prononcera également si le père ou la mère qui offrira de recevoir, nourrir et entretenir dans sa demeure l'enfant à qui il devra des alimens, devra dans ce cas être dispensé de payer la pension alimentaire.

CHAPITRE VI.

Des droits et des devoirs respectifs des époux.

206. Les époux se doivent mutuellement fidélité, secours, assistance.

207. Le mari doit protection à sa femme, la femme obéissance à son mari.

208. La femme est obligée d'habiter avec le mari et de le suivre par-tout où il juge à-propos de résider : le mari est obligé de la recevoir et de lui fournir tout ce qui est nécessaire pour les besoins de la vie, selon ses facultés et son état.

209. La femme ne peut ester en jugement sans l'autorisation de son mari, quand même elle serait marchande publique, ou non commune, ou séparée de biens.

210. L'autorisation du mari n'est pas nécessaire, lorsque la femme est poursuivie en matière criminelle ou de police.

211. La femme, même non commune ou séparée de biens, ne peut donner, aliéner, hypothéquer, acquérir à titre gratuit ou onéreux, sans le concours du mari dans l'acte, ou son consentement par écrit.

212. Si le mari refuse d'autoriser sa femme à ester en jugement, le juge peut donner l'autorisation.

213. Si le mari refuse d'autoriser sa femme à passer un acte, la femme peut faire citer son mari directement devant le tribunal de première instance de l'arrondissement du domicile commun, qui peut donner ou refuser son autorisation, après que le mari aura été entendu ou dûment appelé en la chambre du conseil.

214. La femme, si elle est marchande publique, peut, sans l'autorisation de son mari, s'obliger pour ce qui concerne son négoce; et audit cas, elle oblige aussi son mari, s'il y a communauté entre eux.

Elle n'est pas réputée marchande publique, si

elle ne fait que détailler les marchandises du commerce de son mari, mais seulement quand elle fait un commerce séparé.

215. Lorsque le mari est frappé d'une condamnation emportant peine afflictive ou infamante, encore qu'elle n'ait été prononcée que par contumace, la femme, même majeure, ne peut, pendant la durée de la peine, ester en jugement, ni contracter, qu'après s'être fait autoriser par le juge qui peut, en ce cas, donner l'autorisation, sans que le mari ait été entendu ou appelé.

216. Si le mari est interdit ou absent, le juge peut, en connaissance de cause, autoriser la femme, soit pour ester en jugement, soit pour contracter.

217. Toute autorisation générale, même stipulée par contrat de mariage, n'est valable que quant à l'administration des biens de la femme.

218. Si le mari est mineur, l'autorisation du juge est nécessaire à la femme, soit pour ester en jugement, soit pour contracter.

219. La nullité fondée sur défaut d'autorisation ne peut être opposée que par la femme, par le mari, ou par leurs héritiers.

220. La femme peut tester sans l'autorisation de son mari.

CHAPITRE VII.

Dissolution du mariage.

221. Le mariage se dissout,

1°. Par la mort de l'un des époux ;

2°. Par le divorce légalement prononcé ;

3°. Par la condamnation devenue définitive de l'un des époux emportant mort civile.

CHAPITRE VIII.

Des seconds mariages.

222. La femme ne peut contracter un nouveau mariage qu'après dix mois révolus depuis la dissolution du mariage précédent.

Approuvé, *le premier Consul*, signé BONAPARTE.

Par le premier Consul : *le secrétaire d'état*, signé HUGUES-B. MARET.

Pour extrait conforme : *le secrétaire-général du Conseil d'Etat*, signé J.-G. LOCRÉ.

SEPTIÈME PROJET DE LOI.

TITRE VI DU CODE CIVIL,

Relatif au Divorce, présenté le 18 ventose au Corps législatif, par les conseillers d'état TREILHARD, EMMERY *et* DUMAS, *chargés d'en soutenir la discussion, fixée au 30 ventose.*

Du 18 Ventose an XI.

———

EXPOSÉ des motifs du projet de loi concernant le Divorce.

CITOYENS LÉGISLATEURS,

Le Gouvernement n'a pas dû se dissimuler les difficultés d'une loi sur le divorce : l'intérêt, les passions, les préjugés, les habitudes, des motifs encore d'un autre ordre, toujours respectables par la source même dont ils émanent, présentent, s'il est permis de le dire, à chaque pas des ennemis à combattre : tous ces obstacles, le Gouvernement les a prévus, et il a dû se flatter de les vaincre, parce que son ouvrage ne doit être offert ni à l'esprit de parti, ni à des passions exaltées, mais à la

sagesse d'un corps politique placé au-dessus du
tourbillon des intrigues, qui sait embrasser d'un
coup d'œil l'ensemble d'une institution, et consacrer de grands résultats quand ils offrent beaucoup
plus d'avantages que d'inconvéniens.

C'est dans cette conviction que je présenterai
les motifs du projet de loi sur le divorce, et, sans
en discuter chaque article en particulier, je m'at-
tacherai aux grandes bases. Leur sagesse une fois
prouvée, tout le reste en deviendra la conséquence
nécessaire.

Faut-il admettre le divorce? pour quelles causes?
dans quelles formes? quels seront ses effets?

Faut-il admettre le divorce?

Vous n'attendez pas que, cherchant à résoudre
cette grande question par les autorités, je fasse ici
l'énumération des peuples qui ont admis ou rejeté
le divorce; que je recherche péniblement s'il a été
pratiqué en France dans les premiers âges de la
monarchie, et à quelle époque l'usage en a été
interdit: je ne dirais rien qui fût nouveau pour
vous, et tout le monde doit sentir qu'une question
de cette nature ne peut pas se résoudre par des
exemples.

L'autorisation du divorce serait inutile, dépla-
cée, dangereuse chez un peuple naissant, dont les
mœurs pures, les goûts simples assureraient la stabilité des mariages, parce qu'elles garantiraient le
bonheur des époux.

Elle serait utile, nécessaire, si l'activité des
passions, et le déréglement des mœurs pouvaient
entraîner la violation de la foi promise, et les
désordres incalculables qui en sont la suite.

Elle serait inconséquente chez un peuple qui
n'admettrait qu'un seul culte, s'il pensait que ce
culte

culte établit d'une manière absolue l'indissolubilité du mariage.

Ainsi, la question doit recevoir une solution différente, suivant le génie et les mœurs des peuples, l'esprit des siècles, et l'influence des idées religieuses sur l'ordre politique.

C'est pour nous, dans la position où nous sommes, que la question s'agite; pour un peuple dont le pacte social garantit à chaque individu la liberté du culte qu'il professe, et dont le code civil ne peut par conséquent recevoir l'influence d'une croyance particulière.

Déjà vous voyez que la question doit être envisagée sous un point de vue purement politique. Les croyances religieuses peuvent différer sur beaucoup de points; il suffit pour le législateur qu'elles s'accordent sur un article fondamental, sur l'obéissance due à l'autorité légitime : du reste, personne n'a le droit de s'interposer entre la conscience d'un autre et la divinité, et le plus sage est celui qui respecte le plus tous les cultes.

La question du divorce doit donc être discutée, abstraction faite de toute idée religieuse ; et elle doit cependant être décidée de manière à ne gêner aucune conscience, à n'enchaîner aucune liberté ; il serait injuste de forcer le citoyen dont la croyance repousse le divorce, à user de ce remède ; il ne le serait pas moins d'en refuser l'usage, quand il serait compatible avec la croyance de l'époux qui le sollicite.

Nous n'avons donc qu'une question à examiner; dans l'état actuel du peuple français, le divorce doit-il être permis?

Nous ne connaissons pas d'acte plus solennel que celui du mariage. C'est par le mariage que les familles se forment et que la société se perpétue : voilà une première vérité sur laquelle je pense que tout le monde est d'accord, de quelque opinion qu'on puisse être d'ailleurs sur la question du divorce.

C'est encore un point également incontestable, que de tous les contrats, il n'en est pas un seul dans lequel on doive plus desirer l'intention et le vœu de la perpétuité de la part de ceux qui contractent.

Il n'est pas, et il ne doit pas être moins universellement reconnu, que la légèreté des esprits, la perversité du cœur, la violence des passions, la corruption des mœurs ont trop souvent produit dans l'intérieur des familles, des excès tels que l'on s'est vu forcé de permettre de faire la rupture d'unions qu'on regardait cependant comme indissolubles de droit; les monumens de la jurisprudence, qui sont aussi le dépôt des faiblesses humaines, n'attestent que trop cette triste vérité.

Voilà notre position ; je demande actuellement si l'on peut raisonnablement espérer, par quelque institution que ce puisse être, de remédier si efficacement et si promptement au désordre, que l'on n'ait plus besoin du remède ; si l'on peut trouver le moyen d'assortir si parfaitement les unions conjugales, d'inspirer si fortement aux époux le sentiment et l'amour de leurs devoirs respectifs, qu'on doive se flatter qu'ils ne s'en écarteront plus dans la suite, et qu'ils ne nous rendront plus les témoins de ces scènes atroces, de ces scandales révoltans qui durent forcer si impérieusement la séparation de deux époux. Ah ! sans doute, si l'on peut, par quelque loi salutaire, épurer tout-à-coup l'espèce humaine, on ne saurait trop se hâter de donner ce bienfait au monde. Mais s'il nous est défendu de concevoir de semblables espérances, si elles ne peuvent naître, même dans l'esprit de ceux qui jugent l'humanité avec la prévention la plus indulgente, il ne nous reste plus que le choix du remède à appliquer au mal que nous ne saurions extirper.

Voilà la question réduite à son vrai point : faut-il préférer au divorce l'usage ancien de la séparation de corps ? faut-il préférer à l'usage de la séparation celui du divorce ? ne convient-il pas de laisser aux citoyens la liberté d'user de l'une ou l'autre voie ?

Écartons, avant tout et avec le même soin, les déclamations que se sont permises des esprits exaltés dans l'un et l'autre parti : la vérité et la sagesse se trouvent rarement dans les extrêmes.

Les uns ont parlé du divorce comme d'une institution presque céleste et qui allait tout purifier ; les autres en ont parlé comme d'une institution infernale et qui acheverait de tout corrompre ; ici le divorce est le triomphe ; là c'est la honte de la raison. Si nous croyons ceux-ci, l'admission du divorce déshonorera le code ; ceux-là prétendent que son rejet laissera ce même code dans un état honteux d'imperfection ; le législateur ne se laisse pas surprendre par de pareilles exagérations.

Le divorce en lui-même ne peut pas être un bien ; c'est le remède d'un mal. Le divorce ne doit pas être signalé comme un mal, s'il peut être un remède quelquefois nécessaire.

Doit-il être politiquement préféré à la séparation ? Voilà la seule question, puisqu'il est reconnu et incontestable que la loi doit offrir à des époux outragés, maltraités, en péril de leurs jours, des moyens de mettre à couvert leur honneur et leur vie.

Le mariage, comme tous les autres contrats, ne peut se former sans le consentement des parties: ce consentement en est la première condition, la condition la plus impérieusement exigée; sans ce consentement il n'y a pas de mariage.

On ne doit cependant pas confondre le contrat de mariage avec une foule d'autres actes qui tirent aussi leur existence du consentement des parties, mais qui n'intéressant qu'elles, peuvent se dissoudre par une volonté contraire à celle qui les a formés.

Le mariage n'intéresse pas seulement les époux qui contractent; il forme un lien entre deux familles, et il crée dans la société une famille nouvelle qui peut elle-même devenir la tige de plusieurs autres familles: le citoyen qui se marie devient époux, il deviendra père; ainsi s'établissent de nouveaux rapports que les époux ne sont plus libres de rompre par leur seule volonté: la question du divorce doit donc être examinée dans les rapports des époux entre eux, dans leurs rapports avec les enfans, dans leurs rapports avec la société.

Le divorce rompt le lien conjugal; la séparation laisse encore subsister ce lien; à cela près les effets de l'un et de l'autre sont peu différens: cette union des personnes, cette communauté de la vie qui forment si essentiellement le mariage n'existent plus. Les jugemens de séparation prononçaient toujours des défenses expresses au mari de hanter et fréquenter sa femme. Quel est donc l'effet de cette conservation apparente du lien conjugal dans les séparations, et pourquoi retenir encore le nom avec tant de soin, lorsqu'il est évident que la chose n'existe plus ? Le vœu principal du mariage n'est-il pas trompé ? N'est-il pas vrai que l'époux n'a réellement plus de femme, que la femme n'a plus de mari ? Quel est donc encore une fois l'effet de la conservation du lien ?

On interdit à deux époux, devenus célibataires de fait, tout espoir d'un lien légitime, et on laisse subsister entr'eux une communauté de nom qui fait encore rejaillir sur l'un le déshonneur dont l'autre peut se couvrir. Nous n'avons que trop vu les funestes conséquences de cet état, et le passé nous annonce ce que nous devrions en attendre pour l'avenir.

Cependant l'un des époux était du moins sans reproche ; il avait été séparé comme une victime de la brutalité ou de la débauche : fallait-il l'offrir une seconde fois en sacrifice par l'interdiction des sentimens les plus doux et les plus légitimes ? L'époux même dont les excès avaient forcé la séparation, ne pouvait-il pas mériter quelque intérêt ? Etait-il impossible que, mûri par l'âge et par la réflexion, il pût trouver une compagne qui obtiendrait de lui cette affection si constamment refusée à la première ?

Certes, si nous ne considérons que la personne des deux époux, il est bien démontré que le divorce est pour eux préférable à la séparation.

Je ne connais qu'une objection ; on la tire de la possibilité d'une réunion : mais je le demande, combien de séparations a vu le siècle dernier, et combien peu de rapprochemens ! Comment pourraient-ils s'effectuer, ces rapprochemens ?

La demande en séparation suppose déjà des esprits extraordinairement ulcérés; la discussion, par sa nature, augmente encore la malignité du poison. Le réglement des intérêts pécuniaires, après la séparation, lui fournit un nouvel aliment.

Enfin, chacun des deux époux, isolé, en proie aux regrets, quelquefois aux remords, éprouvant le desir bien naturel de remplir le vide affreux qui l'environne, et cependant sans espoir de former une union qu'il pourra avouer, forcé en quelque manière de courir après les distractions par le besoin pressant de se fuir lui-même, se trouve insensiblement entraîné dans la dissipation, et dans tous les désordres qu'elle mène à sa suite.

A Dieu ne plaise que je prétende que ce tableau soit celui de tous les époux séparés! je dis seulement que l'impossibilité de former un nouveau lien, les expose à toutes les espèces de séductions; qu'il faut pour résister à des dangers si pressans, un effort peu commun et dont peu de personnes sont capables, et que l'interdiction d'un lien légitime a souvent plongé sans retour nombre de victimes dans les mauvaises mœurs.

J'ajoute qu'il n'y a presque pas d'exemples de réunion entre deux époux séparés, et que ces réunions furent quelquefois plus scandaleuses que la séparation même: l'on a vu au contraire plusieurs fois, dans les lieux où le divorce était admis, deux êtres infortunés, victimes l'un et l'autre, tant qu'ils furent unis, de la violence des passions, former après leur divorce des mariages qui, s'ils ne furent pas toujours parfaitement heureux, du moins ne furent suivis d'aucun éclat, ni d'aucun signe extérieur de repentir.

J'en tire cette conséquence que, pour les époux, le divorce est sans contredit préférable à la séparation.

Mais les enfans, les enfans, que deviendront-ils après le divorce ? Je demanderai à mon tour que deviennent-ils après les séparations ?

Sans doute le divorce ou la séparation des pères forment dans la vie des enfans une époque bien funeste ; mais ce n'est pas l'acte de divorce ou de séparation qui fait le mal, c'est le tableau hideux de la guerre intestine qui a rendu ces actes nécessaires.

Au moins les époux divorcés auront encore le droit d'inspirer pour leur personne un respect et des sentimens qu'un nouveau nœud pourra légitimer ; ils ne perdront pas l'espoir d'effacer par le tableau d'une union plus heureuse, les fatales impressions de leur union première ; et n'étant pas forcés de renoncer au titre honorable d'époux, ils se préserveront avec soin de tout écart qui pourrait les en rendre indignes.

C'est peut-être ce qui peut arriver de plus heureux pour les enfans. L'affection des pères se soutiendra bien plus sûrement dans la sainteté d'un nœud légitime, que dans les désordres d'une liaison licite, auxquels il est si difficile d'échapper quand on n'a plus droit de prétendre aux honneurs du mariage.

Mais, dit-on, les lois ont toujours regardé d'un œil défavorable les secondes noces ; je n'examinerai pas si cette défaveur est fondée sur des raisons sans réplique, ou si au contraire, dans une foule d'occasions, un second mariage ne fut pas pour les enfans un grand acte de tendresse ; j'observe seulement qu'il ne s'agit point ici d'une épouse à qui la mort a

ravi son protecteur et son ami, et dont le cœur,
plein de ses premiers sentimens, repousse avec
amertume toute idée d'une affection nouvelle.

Il s'agit d'époux dont les discordes ont éclaté,
dont tous les souvenirs sont amers, qui éprouvant
le besoin de fuir, pour ainsi dire leur vie passée, et
de se créer une nouvelle existence, se précipite-
ront trop souvent dans le vice, si les affections légitimes leur sont interdites.

Le véritable intérêt des enfans est de voir les auteurs de leurs jours, heureux, dignes d'estime et
de respect, et non pas de les trouver isolés, tristes,
éprouvant un vide insupportable, ou comblant ce
vide par des jouissances qui ne sont jamais sans
amertume, parce qu'elles ne sont jamais sans remords.

Quant à la société, il est hors de doute que son
intérêt réclame le divorce, parce que les époux
pourront contracter dans la suite de nouvelles
unions. Pourquoi frapperoit elle d'une fatale interdiction des êtres que la nature avoit formés pour
éprouver les plus doux sentimens de la paternité.
Cette interdiction seroit également funeste et aux
individus et à la société : aux individus, qu'elle
condamne à des privations qui peuvent être méri-
toires quand elles sont volontaires, mais qui sont
trop amères quand elles sont forcées; à la société,
qui se trouve ainsi appauvrie de nombre de familles
dont elle eût pu s'enrichir.

Les formes, les épreuves dont le divorce sera en-
vironné pourront en prévenir l'abus : espérons que
le nombre des époux divorcés ne sera pas grand;
mais enfin, quelque peu considérable qu'il soit,
ne seroit-il pas également injuste et impolitique
de les laisser toujours victimes, de changer seule-

ment l'espèce du sacrifice? et lorsque l'Etat peut légitimement attendre d'eux des citoyens qui le défendront, qui l'honoreront peut-être, faut-il étouffer un espoir si consolant?

Toute personne sans passion et sans intérêt sera donc forcée de convenir que le divorce, qui, brisant le lien, laisse la possibilité d'en contracter un nouveau, est préférable à la séparation qui, ne conservant du lien que le nom, livre deux époux à des combats perpétuels et dont il est si difficile de sortir toujours avec avantage.

Il faut donc admettre le divorce.

Mais le pacte social garantit à tous les Français la liberté de leur croyance : des consciences délicates peuvent regarder comme un précepte impérieux l'indissolubilité du mariage. Si le divorce étoit le seul remède offert aux époux malheureux, ne placerait-on pas des citoyens dans la cruelle alternative de fausser leur croyance, ou de succomber sous un joug qu'ils ne pourraient plus supporter? Ne les mettroit-on pas dans la dure nécessité d'opter entre une lâcheté ou le malheur de toute leur vie?

Nous aurions bien mal rempli notre tâche, si nous n'avions pas prévu cet inconvénient : en permettant le divorce, la loi laissera l'usage de la séparation; l'époux qui aura le droit de se plaindre, pourra former à son choix l'une ou l'autre demande: ainsi nulle gêne dans l'opinion, et toute liberté à cet égard est maintenue.

Cependant, il ne serait pas juste que l'époux qui a choisi, comme plus conforme à sa croyance, la voie de la séparation, dût maintenir pourtoujours l'autre époux, dont la croyance, peut n'être pas la même, dans une interdiction absolue de contracter un second mariage. Cette liberté, que la constitution garantit à tous, se trouverait alors violée dans la personne de l'un des époux; il a donc fallu autoriser celui-ci, après un certain intervalle, à demander que la séparation soit convertie en divorce, si l'époux qui a fait prononcer cette séparation ne consent pas à la faire cesser; et c'est ainsi que se trouvent conciliés, autant qu'il est possible, deux intérêts également sacrés; la sûreté des époux d'un côté, et la liberté religieuse de l'autre.

Après avoir établi la nécesssité d'admettre le divorce, je dois parler des causes qui peuvent le motiver.

Le projet de loi en indique quatre : 1°. l'adultère; 2°. les excès, sévices ou injures graves; 3°. la condamnation à une peine infamante; 4°. le consentement mutuel et persévérant des époux, exprimé de la manière prescrite sous les conditions et après les épreuves requises.

En admettant le divorce, il falloit éviter également deux excès opposés : celui d'en restreindre tellement les causes, que le recours fût fermé à des époux pour qui cependant le joug seroit absoment insupportable, et celui de les étendre au point que le divorce pût favoriser la légèreté, l'inconstance, de fausses délicatesses ou une sensibilité déréglée : nous croyons avoir évité les deux excès avec le même soin.

L'adultère brise le lien en attaquant l'époux dans la partie la plus sensible : ses effets sont cependant bien différens chez la femme ou chez le mari; c'est par ce motif que l'adultère du mari ne donne lieu au divorce que lorsqu'il est accompagné d'un caractère particulier de mépris par l'établissement de la concubine dans la maison commune, outrage si sensible sur-tout aux femmes vertueuses.

Les excès, les sévices, les injures graves sont aussi des causes de divorce : il serait superflu d'observer qu'il ne s'agit pas de simples mouvemens de vivacité, de quelques paroles dures échappées dans des instans d'humeur ou de mécontentement; de quelques refus, même déplacés, de la part d'un des époux, mais de véritables excès, de mauvais traitemens personnels, de sévices dans la rigoureuse acception de ce mot *sævitia*, cruauté, et d'injures portant un grand caractère de gravité.

Les condamnations à une peine infamante motivent également une demande en divorce.

Forcer un époux de vivre avec un infamé, ce serait renouveler le supplice d'un cadavre attaché à un corps vivant.

Ces trois causes sont appelées des causes déterminées; elles consistent en faits dont la preuve doit être administrée aux tribunaux, qui prononcent ensuite dans leur sagesse.

La quatrième cause, celle du consentement mutuel, n'est pas susceptible d'une preuve de cette nature; mais on s'en formerait une bien fausse idée, et l'on calomnierait d'une étrange manière les intentions du Gouvernement, si l'on pouvait penser qu'il a voulu que le contrat de mariage fût détruit par le seul consentement contraire de deux époux.

La simple lecture de l'article proposé en annonce l'esprit et la véritable intention.

« Le consentement mutuel et persévérant des
» époux, exprimé de la manière prescrite par la loi,
» sous les conditions et après les épreuves qu'elle
» détermine, prouvera suffisamment que la vie
» commune leur est insupportable, et qu'il existe
» par rapport à eux une cause péremptoire de
» divorce. »

Ainsi les conditions et les formes imposées doivent garantir l'existence d'une cause péremptoire : le consentement dont il est question ne consiste pas dans l'expression d'une volonté passagère ; il doit être le résultat d'une position insupportable. Les épreuves garantiront la constance de cette volonté ; la présence des pères en garantira la nécessité ; les sacrifices auxquels les époux sont forcés, donneront enfin de nouveaux gages de l'existence d'une cause absolue de divorce.

Citoyens Législateurs, parmi les causes déterminées de divorce, il en est quelques-unes d'une telle gravité, qui peuvent entraîner de si funestes conséquences pour l'époux défendeur, (telles, par exemple, que les attentats à la vie) que des êtres doués d'une excessive délicatesse préféreraient les tourmens les plus cruels, la mort même, au malheur de faire éclater ces causes par des plaintes judiciaires. Ne convenait-il pas, pour la sûreté des époux, pour l'honneur des familles toujours compromis, quoiqu'on puisse dire, dans ces fatales occasions, pour l'intérêt même de toute la société, de ne pas forcer une publicité non moins amère pour l'innocent que pour le coupable ?

L'honnêteté publique n'empêcherait-elle pas une femme de traîner à l'échafaud son mari, quoique criminel ? Faudrait-il aussi toujours et nécessairement pour terminer le supplice d'un mari infortuné, le contraindre à exposer au grand jour des torts qui l'ont blessé cruellement dans ses plus douces affections, et dont la publicité le vouera cependant encore à la malignité publique ? L'injustice, sans doute, est ici du côté du public ; mais se trouve-t-il beaucoup d'hommes assez forts, assez courageux pour la braver ? est-

on maître de détruire tout-à-coup ce préjugé? et
ne faut-il pas aussi ménager un peu l'empire de
cette opinion, quelquefois injuste, j'en conviens,
mais qui peut aussi sur beaucoup de points atteindre et flétrir, quand elle est bien dirigée, des
vices qui échappent aux poursuites des lois?

Si le divorce pouvait avoir lieu, dans des cas
semblables, sans éclat et sans scandale, ce serait
un bien, on sera forcé d'en convenir.

Que faudrait-il donc faire pour obtenir ce résultat? tracer un mode de consentement, prescrire
des conditions, attacher des privations, vendre
enfin, s'il est permis de le dire, vendre si chè-
rement le divorce qu'il ne puisse y avoir que
ceux à qui il est absolument nécessaire, qui soient
tentés de l'acheter.

Alors la conscience du Législateur est tran-
quille; il a fait pour les individus, il a fait pour
la société, tout ce que l'on peut attendre de la
prudence humaine; et s'il ne peut pas s'assurer
qu'on n'usera jamais de cette institution, du
moins il rend le témoignage suffisant pour lui,
que l'abus en a infiniment rare, et qu'il a atteint
la seule espece de perfection dont les établissemens humains soient susceptibles.

Quelques personnes ont paru préférer le divorce
pour incompatibilité d'humeur, au divorce par
consentement mutuel : une réflexion bien simple
suffira pour les ramener à notre projet.

Si l'allégation d'incompatibilité d'humeur avait
été permise à un seul des époux, on se serait
exposé au reproche fondé d'attacher la dissolution
d'un contrat formé par le consentement de deux
personnes, au seul repentir de l'un des deux

contractans; et, sous ce point de vue, la cause d'incompatibilité était susceptible des plus fortes objections.

Si, au contraire, on veut supposer que pour être admise, l'allégation d'incompatibilité eût dû être proposée par les deux époux, il est clair que cette cause rentrerait dans celle du consentement mutuel; il n'y aurait que le nom de changé.

On a dit aussi que les vœux du législateur seraient presque toujours trompés, et que le coupable d'excès envers l'autre époux refuseroit son consentement: ce refus est possible, il n'est pas vraisemblable.

Une femme convaincue d'adultère ne se trouverait-t-elle pas trop heureuse que, par un excès d'indulgence, l'époux consentît à cacher sa foiblesse? Le conjoint coupable d'un attentat n'aurait-il pas le même intérêt? Leur conscience n'est-elle pas leur premier juge? et les proches parens, intéressés aussi à cacher des torts de famille, n'auraient-ils pas toutes sortes de moyens pour vaincre des résistances injustes? Enfin, si le coupable persistait dans ses refus insensés, l'autre époux serait toujours libre de former sa demande pour causes déterminées; il aurait satisfait à tout ce que pouvait exiger de lui sa profonde délicatesse; il pourvoirait ensuite à sa sûreté en recourant à l'autorité des tribunaux.

Il ne me reste plus sur cette partie, qu'à vous développer les précautions prises contre l'abus possible dans l'application de la cause de divorce pour consentement mutuel.

On a dû craindre la légèreté et l'inconstance, les travers passagers, les effets d'un simple dégoût, l'influence d'une passion étrangère ; toute les dispositions du projet sont faites pour prévenir et pour calmer ces craintes.

D'abord, le consentement mutuel des epoux ne sera pas admis, si le mari a moins de 25 ans, et si la femme en a moins de 21 : il ne sera pas admis avant le terme de deux ans de mariage ; il ne pourra plus l'être après le terme de 20 ans, et lorsque la femme en aura 45.

La sagesse de ces dispositions ne peut pas être méconnue.

Il faut laisser aux époux le temps de se connaître et de s'éprouver : on ne doit donc pas recevoir leur consentement, tant qu'on peut supposer qu'il est une suite de la légèreté de l'âge; on doit le repousser encore lorsqu'une longue et paisible cohabitation atteste la compatibilité de leur caractère.

Une garantie plus forte contre l'abus se tire de la disposition qui exige un consentement authentique des père, mère ou autres ascendans vivans. Lorsque deux familles entières, dont les intérêts et les affections sont presque toujours contraires, se réunissent pour attester la nécessité d'un divorce, il est bien difficile que le divorce ne soit pas en effet indispensable.

D'ailleurs les deux époux, dans le cas particulier du divorce pour consentement mutuel, ne pourront contracter un nouveau mariage que trois ans après la prononciation de l'acte qui aura dissous le premier : ainsi se trouve écartée la perspective d'une union avec l'objet de quelque passion nouvelle.

Enfin un intérêt d'une autre nature, mais non moins vif et non moins pressant, vient s'opposer encore à ce qu'on use de la voie du consentement mutuel, si elle n'est pas commandée également à l'un et à l'autre époux par les causes les plus irrésistibles ; il sont dépouillés de la moitié de leurs propriétés, qui passe de droit aux enfans.

.Pouvait-on prendre plus de précautions, des précautions plus efficaces pour s'assurer que le consentement mutuel du mari et de la femme ne sera pas l'effet d'une molle complaisance, d'un caprice passager, mais qu'il sera fondé sur les motifs les plus graves, puisqu'il doit être accompagné de s fortes garanties, et qu'il doit être acheté par de si grands sacrifices? Et supposera-t-on jamais un concert frauduleux entre deux époux, entre deux familles, pour appliquer un remède de cette violence, si en effet le mal ne surpasse pas les forces humaines ?

Les formes de l'instruction augmenteront encore les garanties contre les surprises.

C'est en personne que les époux doivent faire leur déclaration devant le juge : ils écouteront se observations, ils seront instruits par lui de toute les suites de leur démarche. Ils sont tenus de produire les autorisations authentiques de leurs père mère ou autres ascendans vivans ; ils doivent re nouveller leur déclaration en personne, trois fois de trois mois en trois mois : il faudra représenter à chaque fois, la preuve positive que les ascendan persistent dans leur autorisation, afin que les ma gistrats ne puissent avoir aucun doute sur la per sévérance dans cette volonté.

Enfin, après l'expiration de l'année destinée remplir toutes les formalités, on se représenter devant le tribunal, et sur la vérification la plu

scrupuleus

scrupuleuse de tous les actes, le divorce pourra être admis.

Je le répète, il était impossible de s'assurer de plus de manières et par des épreuves plus efficaces de la nécessité du divorce, quand il aura pour cause le consentement mutuel.

Je ne dissimule pas que quelques personnes, admettant d'ailleurs cette cause, desireraient qu'elle ne fût pas écoutée quand il existe des enfans du mariage : mais cette exception serait dans le projet une grande inconséquence. On a introduit des formes et prescrit des conditions telles qu'on a lieu d'espérer que leur observation rigoureuse ne permettra pas même le plus léger doute sur l'existence d'une cause péremptoire de divorce. Pourquoi donc fermerait-on la voie du consentement mutuel, lorsque les époux ont des enfans? Cette circonstance ne change en aucune façon leur position respective, et les motifs donnés pour justifier la mesure, ne s'appliquent pas moins directement au cas où il existe des enfans : quel intérêt peuvent-ils avoir plus pressant que celui de sauver d'un éclat fâcheux le nom qu'ils doivent porter dans le monde pour ne pas y entrer sous de fâcheux auspices? D'ailleurs, la circonstance des enfans fournit elle-même un nouveau préservatif contre l'abus possible, puisque les époux se trouvent dépouillés de la moitié de leurs propriétés qui de droit est acquise aux enfans?

En voilà assez, peut-être trop, sur le consentement mutuel. Je me hâte de passer aux formes et aux effets du divorce pour causes déterminées.

Il fallait avant tout indiquer le tribunal où serait portée la demande : à cet égard point de difficulté; c'est au tribunal de l'arrondissement dans lequel les parties sont domiciliées qu'elles doivent se pourvoir.

Un chapitre entier du projet est ensuite destiné à tracer le cours de la procédure.

La marche de l'instruction d'une demande en divorce ne doit pas être confondue avec la marche de l'instruction d'une affaire ordinaire : en général, l'accès des tribunaux ne peut être trop facile, ni la procédure trop rapide ; il n'en est pas de même en matière de divorce : une sage lenteur doit donner aux passions le temps de se réfroidir ; le divorce n'est tolérable que lorsqu'il est forcé, et la société gémit de l'admettre alors même qu'il est nécessaire : chaque pas dans l'instruction doit donc être un grand objet de méditation pour le demandeur, et pour le juge un nouveau moyen de pénétrer les motifs secrets, les véritables motifs d'une demande de cette nature, de s'assurer du moins que ces motifs sont réels et légitimes. Toutes les dispositions du projet relatives aux formes ont été rédigées en conséquence.

L'époux *en personne* doit présenter sa requête : point d'exception à cette règle ; la maladie même ne saurait en affranchir : le juge, dans ce cas, se transporte chez le demandeur.

C'est sur-tout dans ce premier instant qu'il convient de faire sentir toute la gravité et toutes les conséquences de l'action. L'obligation en est imposée au magistrat : il ordonne ensuite devant lui une comparution des parties ; et ce n'est qu'après cet acte préliminaire que le tribunal entier peut accorder une permission de citer ; encore pourra-t-il suspendre, s'il le juge convenable, cette permission pendant un temps, que la loi a dû cependant limiter.

Une première audition des époux aura lieu à huis-clos : ce n'est qu'à la dernière extrémité que l'on donnera de l'éclat à la demande, et qu'elle sera renvoyée à l'audience publique : là seront pesées toutes les preuves ; si elles ne sont pas complètes, il pourra en être ordonné de nouvelles. Je crois inutile de vous retracer en détail chaque disposition de cette partie du projet ; je ne crains pas de dire qu'il n'en est pas une seule qui ne doive être regardée comme un bienfait de la loi, parce que toutes ont pour objet, ou la réunion des esprits, ou la manifestation de la vérité ; et telle a été la crainte d'une décision trop légèrement prononcée, que le tribunal, dans le cas d'action pour excès, sévices ou injures, est autorisé à ne pas admettre immédiatement le divorce quoique la demande soit bien établie, et qu'il peut soumettre les époux à une année d'épreuves pour s'assurer encore plus de la persévérante volonté de l'époux demandeur, et qu'il ne peut y avoir de sa part aucune espérance de retour.

Après cette longue instruction, le divorce pourra être admis. On n'a pas dû refuser le recours des parties au tribunal supérieur. Le projet contient aussi sur ce point quelques articles, dont la seule lecture fait connaître les motifs ; et lorsque le jugement est confirmé, deux mois sont donnés pour se pourvoir devant l'officier civil, à l'effet de faire prononcer le divorce ; terme fatal, après lequel on ne peut plus se prévaloir des jugemens : car, si dans le cours de l'instruction on n'a pu trop ralentir la marche de la procédure, lorsque toutes les épreuves sont faites, les démonstrations acquises, et le jugement prononcé, on ne peut trop accélérer l'instant qui doit terminer pour toujours une affaire de cette nature.

En vous exposant la marche de la procédure, je n'ai pas dit qu'au jour indiqué pour l'audience publique le tribunal devait, avant de s'occuper du fond, statuer sur les fins de non-recevoir qu'aurait proposées l'époux défendeur. La justice, dans tous les temps, accueillit avec faveur cette espèce d'exception contre les demandes qu'elle ne peut entendre qu'à regret.

La réconciliation de deux époux est toujours si désirable! c'est, sans contredit, le premier vœu de la société. Par la réconciliation toute action pour le passé doit être éteinte; mais si de nouveaux torts pouvaient occasionner de nouvelles plaintes, ces griefs effaceraient tout l'effet de la réconciliation, comme elle aurait elle-même effacé les premiers griefs; et l'époux maltraité, d'autant plus intéressant qu'il aurait montré plus d'indulgence, rentrerait alors dans tous ses droits.

Le projet de loi a dû encore s'occuper de quelques mesures préliminaires auxquelles la demande en divorce pourrait donner lieu.

L'administration des enfans nous a paru devoir être provisoirement confiée au mari; il a pour lui son titre, il est le chef de la famille. Il n'est pas difficile cependant de prévoir que cette règle générale serait quelquefois susceptible d'exception; il faut donc que le tribunal puisse en ordonner autrement sur la demande de la mère, de la famille, ou même du commissaire du Gouvernement. Une seule règle est indiquée aux magistrats; ils doivent consulter le plus grand avantage des enfans; car, dans ce choc funeste, ils sont peut-être les seuls qui n'aient rien à se reprocher.

Il n'était pas possible de forcer une femme à partager le domicile du mari dans le cours d'une action en divorce; elle est toujours autorisée à prendre une autre résidence. La décence veut qu'elle ne se retire que dans une maison indiquée par le tribunal : là, et tant qu'elle y restera seulement, elle touchera une provision que le mari sera tenu de lui payer; si elle quitte cette maison, elle ne sera plus recevable à continuer ses poursuites dans le cas où elle serait demanderesse.

Enfin la femme pourra, lorsqu'elle aura obtenu l'ordonnance de comparution, faire apposer, pour la conservation de ses droits, le scellé sur les effets de la communauté, et le mari ne pourra plus en disposer, ni par des engagemens, ni par des aliénations.

Voilà tout ce qui concerne la procédure sur le divorce pour causes déterminées. Il me reste encore à vous parler des effets de ce divorce; déjà vous les connaissez en partie.

Ces effets sont relatifs aux enfans, aux époux, à la société.

Quant aux enfans, la règle déjà établie de leur plus grand avantage doit être constamment suivie. L'époux demandeur qui a obtenu le divorce est sans reproche : c'est donc à lui en général que doivent être confiés les enfans; mais l'application stricte de cette règle pourrait, dans bien des circonstances, ne leur être pas avantageuse. Il faut donc que le tribunal soit libre de les confier, lorsqu'il le jugera convenable, aux soins de l'un ou l'autre époux, et même d'une tierce personne : les pères et mères conserveront cependant toujours une surveillance de l'entretien et de l'éducation; ils y contribueront en proportion de leurs facultés;

ils ont cessé d'être époux, ils n'ont pas cessé d'être pères.

Il était peut-être superflu d'exprimer que le divorce ne privait les enfans d'aucun des avantages à eux assurés par les lois, ou par les conventions matrimoniales de leurs parens ; ils ne sont déjà que trop malheureux par le spectacle des dissensions intestines de leur famille.

Mais si le divorce ne doit pas être pour eux une occasion de perte, ils ne doivent pas non plus y trouver une occasion de dépouiller les auteurs de leurs jours ; les droits des enfans ne s'ouvriront que de la manière dont ils se seraient ouverts s'il n'y avait pas eu de divorce.

On ne doit pas confondre l'espèce du divorce pour cause déterminée, dont les motifs sont susceptibles de discussion et de preuves devant les tribunaux, avec l'espèce des divorces par consentement mutuel ; il a fallu, dans ce dernier cas, des garanties particulières, de fortes garanties contre l'abus qu'on pourrait faire de cette cause : on ne pouvait pas en trouver de plus fortes que l'assurance aux enfans, de la propriété de moitié des biens des père et mère, et la jouissance de ces biens à l'époque de leur majorité. Cette mesure n'est plus nécessaire, elle serait même très-déplacée dans le cas d'un divorce pour cause déterminée, qui ne doit être prononcé que sur une preuve positive des faits qui le motivent.

Quant aux effets du divorce respectivement aux époux, on a dû distinguer l'époux demandeur, dont les plaintes sont justifiées, de l'époux défendeur dont les excès sont reconnus constans. Le premier ne peut et ne doit être exposé à la perte d'aucun des avantages à lui faits par le second : il les conservera dans toute leur intégrité. La déchéance qu'on prononcerait contre lui serait doublement injuste en ce qu'elle frapperait l'innocent pour récompenser le coupable; il ne faut pas qu'un époux puisse croire qu'il anéantira des libéralités qu'il regrette peut-être d'avoir faites, en forçant l'autre époux à se sauver de sa fureur par le divorce.

L'époux contre qui le divorce a été prononcé, doit-il aussi conserver les avantages qui lui avoient été assurés par son contrat de mariage? Est-il digne de les recueillir? et lorsqu'il se trouve convaincu de faits tellement atroces que le divorce doit en être la suite, jouira-t-il d'un bienfait qui devait être le prix d'une constante affection et des soins les plus tendres? Non certainement : il s'est placé au rang des ingrats, il sera traité comme eux. Il a violé la première condition du contrat, il ne sera plus reçu à en réclamer les dispositions.

Les autres effets du divorce n'intéressent pas moins la société entière que les deux époux.

Ils pourront contracter de nouveaux nœuds : c'est en ce point sur-tout que le divorce est politiquement préférable à la séparation; je ne répéterai pas ce que j'ai déjà dit à cet égard; mais en permettant le mariage à des époux divorcés, la loi a dû pourvoir à ce que l'honnêteté publique et l'harmonie des familles ne fussent pas violées.

L'époux adultère ne pourra jamais se marier avec son complice; il ne doit pas trouver dans le jugement qui le condamne un titre et un moyen de satisfaire une passion coupable.

Le bon ordre exige qu'une femme divorcée ne puisse pas, en contractant un nouveau mariage immédiatement après la dissolution du premier, laisser des doutes sur l'état des enfans dont elle pouvait être mère. Elle ne se mariera que dix mois après le divorce prononcé.

Enfin, nous avons pensé que les époux, une fois divorcés, ne devaient plus se réunir.

Le divorce ne doit être prononcé que sur la preuve d'une nécessité absolue, et lorsqu'il est bien démontré à la justice que l'union entre les deux époux est impossible : cette impossibilité une fois constante, la réunion ne pourrait être qu'une occasion nouvelle de scandale.

Il importe que les époux soient d'avance pénétrés de toute la gravité de l'action qu'ils vont intenter ; qu'ils n'ignorent pas que le lien sera rompu sans retour, et qu'ils ne puissent pas regarder l'usage du divorce comme une simple occasion de se soumettre à des épreuves passagères, pour reprendre ensuite la vie commune, quand ils se croiraient suffisamment corrigés.

Il faut aussi qu'on ne puisse pas spéculer cette action, et que des époux adroits et avides, peu satisfaits des gains assurés par leur contrat de mariage, ne puissent pas envisager le divorce comme un moyen de former dans la suite de nouvelles conventions pour obtenir de plus grands avantages.

Les tribunaux ne sauraient porter une attention trop sévère dans l'instruction et l'examen de ces sortes d'affaires ; et la perspective d'une réunion possible entre les époux ne pourrait qu'affaiblir dans l'âme du magistrat ce sentiment profond de peine secrète qu'il doit éprouver quand on lui parle de divorce.

En un mot, le divorce serait un mal, s'il était prononcé quand il n'est pas démontré que la vie commune est insupportable, et lorsqu'il est bien reconnu que cette vie commune est insupportable, en effet le second mariage serait lui-même un mal affreux.

On ne se jouera pas du divorce ; à Dieu ne plaise qu'on puisse se familiariser avec l'idée qu'il n'est pas prononcé pour toujours! L'espoir d'une réunion qui pourrait présenter d'abord à des esprits inattentifs l'apparence de quelques avantages, entraînerait de fait et à la longue de funestes conséquences, parce qu'elles corrompraient nécessairement l'opinion qu'on doit se former d'une action de cette nature.

Tels sont citoyens Législateurs, les motifs du projet de loi dont je vous ai donné lecture. Ses dispositions ont été long-temps examinées, discutées, mûries, et au Conseil d'état et dans ces conférences salutaires et politiques qui, réunissant toutes les lumières pour la perfection de la loi, garantissent entre les principales autorités un concert si doux pour les amis du peuple français, si triste pour ses ennemis.

Plus vous examinerez ce projet, plus, je l'espère, vous demeurerez convaincus de la nécessité d'en faire une loi de la République.

Dans les maux physiques, un artiste habile est forcé quelquefois de sacrifier un membre pour sauver le corps entier : ainsi des législateurs admettent le divorce pour arrêter des maux plus grands. Puissions-nous un jour, par de bonnes institutions, en rendre l'usage inutile! C'est par de bonnes lois, mais c'est aussi par de grands exemples que les mœurs publiques se réforment et se purifient : ce n'est pas le langage seul qu'on doit

épurer; c'est la morale qu'il faut mettre en action.
Que le mariage soit honoré; que le nom et le
titre d'époux soient respectés; que l'opinion 'publique régénérée flétrisse également le séducteur
et l'infidelle, et nous n'aurons peut-ètre plus
besoin du divorce! Mais jusque-là gardons-nous
de repousser un remède que l'état actuel de nos
mœurs rend encore et trop souvent nécessaire.

PROJET DE LOI.

TITRE VI.

DU DIVORCE.

CHAPITRE PREMIER.

Des causes du Divorce.

ARTICLE 223.

Le mari pourra demander le divorce pour cause
d'adultére de sa femme.

224. La femme pourra demander le divorce pour
cause d'adultére de son mari, lorsqu'il aura tenu
sa concubine dans la maison commune.

225. Les époux pourront réciproquement demander le divorce pour excès, sévices ou injures
graves, de l'un d'eux envers l'autre.

226. La condamnation de l'un des époux à une peine infamante, sera pour l'autre époux une cause de divorce.

227. Le consentement mutuel et persévérant des époux, exprimé de la manière prescrite par la loi, sous les conditions et après les épreuves qu'elle détermine, prouvera suffisamment que la vie commune leur est insupportable, et qu'il existe, par rapport à eux, une cause péremptoire de divorce.

CHAPITRE II.

Du divorce pour cause déterminée.

SECTION PREMIÈRE.

Des formes du Divorce, pour cause déterminée.

228. Quelle que soit la nature des faits ou des délits qui donneront lieu à la demande en divorce pour cause déterminée, cette demande ne pourra être formée qu'au tribunal de l'arrondissement dans lequel les époux auront leur domicile.

229. Si quelques-uns des faits allégués par l'époux demandeur, donnent lieu à une poursuite criminelle de la part du ministère public, l'action en divorce restera suspendue jusqu'après le jugement du tribunal criminel ; alors elle pourra être reprise, sans qu'il soit permis d'inférer du ju-

gement criminel aucune fin de non-recevoir ou exception préjudicielle contre l'époux demandeur.

230. Toute demande en divorce détaillera les faits ; elle sera remise, avec les pièces à l'appui, s'il y en a, au président du tribunal ou au juge qui en fera les fonctions, par l'époux demandeur en personne, à moins qu'il n'en soit empêché par maladie ; auquel cas, sur sa réquisition et le certificat de deux officiers de santé, le magistrat se transportera au domicile du demandeur pour y recevoir sa demande.

231. Le juge, après avoir entendu le demandeur, et lui avoir fait les observations qu'il croira convenables, paraphera la demande et les pièces, et dressera procès-verbal de la remise du tout en ses mains. Ce procès-verbal sera signé par le juge et par le demandeur, à moins que celui-ci ne sache ou ne puisse signer ; auquel cas il en sera fait mention.

232. Le juge ordonnera, au bas de son procès-verbal, que les parties comparaîtront en personne devant lui, au jour et à l'heure qu'il indiquera, et qu'à cet effet, copie de son ordonnance sera par lui adressée à la partie contre laquelle le divorce est demandé.

233. Au jour indiqué, le juge fera aux deux époux, s'ils se présentent, ou au demandeur, s'il est seul comparant, les représentations qu'il croira

propres à opérer un rapprochement ; s'il ne peut y parvenir, il en dressera procès-verbal, et ordonnera la communication de la demande et des pièces au commissaire du Gouvernement, et le référé du tout au tribunal.

234. Dans les trois jours qui suivront, le tribunal, sur le rapport du président, ou du juge qui en aura fait les fonctions, et sur les conclusions du commissaire du Gouvernement, accordera ou suspendra la permission de citer. La suspension ne pourra excéder le terme de vingt jours.

235. Le demandeur, en vertu de la permission du tribunal, fera citer le défendeur, dans la forme ordinaire, à comparaître en personne à l'audience, à huis clos, dans le délai de la loi ; il fera donner copie, en tête de la citation, de la demande en divorce et des pièces produites à l'appui.

236. A l'échéance du délai, soit que le défendeur comparaisse ou non, le demandeur en personne, assisté d'un conseil, s'il le juge à propos, exposera ou fera exposer les motifs de sa demande ; il représentera les pièces qui l'appuient, et nommera les témoins qu'il se propose de faire entendre.

237. Si le défendeur comparaît en personne ou par un fondé de pouvoir, il pourra proposer ou faire proposer ses observations, tant sur les motifs de la demande que sur les pièces produites par

le demandeur, et sur les témoins par lui nom-
més. Le défendeur nommera, de son côté, les
témoins qu'il se propose de faire entendre, et
sur lesquels le demandeur fera réciproquement ses
observations.

238. Il sera dressé procès-verbal des comparu-
tions, dires et observations des parties, ainsi que
des aveux que l'une ou l'autre pourra faire.
Lecture de ce procès-verbal sera donnée auxdites
parties, qui seront requises de le signer ; et il
sera fait mention expresse de leur signature, ou
de leur déclaration de ne pouvoir ou ne vouloir
signer.

239. Le tribunal renverra les parties à l'audience publique, dont il fixera le jour et l'heure ;
il ordonnera la communication de la procédure
au commissaire du Gouvernement, et commettra
un rapporteur. Dans le cas où le défendeur
n'aurait pas comparu, le demandeur sera tenu de
lui faire signifier l'ordonnance du tribunal, dans
le délai qu'elle aura déterminé.

240. Au jour et à l'heure indiqués, sur le rapport du juge commis, le commissaire du Gouvernement entendu, le tribunal statuera d'abord
sur les fins de non-recevoir, s'il en a été proposé.
En cas qu'elles soient trouvées concluantes, la
demande en divorce sera rejetée ; dans le cas
contraire, ou s'il n'a pas été proposé de fins de

non-recevoir, la demande en divorce sera admise.

241. Immédiatement après l'admission de la demande en divorce , sur le rapport du juge commis, le commissaire du Gouvernement entendu, le tribunal statuera au fond. Il fera droit à la demande, si elle lui paraît en état d'être jugée ; sinon, il admettra le demandeur à la preuve des faits pertinens par lui allégués, et le défendeur à la preuve contraire.

242. A chaque acte de la cause , les parties pourront, après le rapport du juge , et avant que le commissaire du Gouvernement ait pris la parole , proposer ou faire proposer leurs moyens respectifs, d'abord sur les fins de non-recevoir, et ensuite sur le fond ; mais en aucun cas le conseil du demandeur ne sera admis, si le demandeur n'est pas comparant en personne.

243. Aussitôt après la prononciation du jugement qui ordonnera les enquêtes , le greffier du tribunal donnera lecture de la partie du procès-verbal qui contient la nomination déjà faite des témoins que les parties se proposent de faire entendre. Elles seront averties par le président, qu'elles peuvent encore en désigner d'autres ; mais qu'après ce moment elles n'y seront plus reçues.

244. Les parties proposeront de suite leurs re-

proches respectifs contre les témoins qu'elles voudront écarter. Le tribunal statuera sur ces reproches, après avoir entendu le commissaire du Gouvernement.

245. Les parens des parties, à l'exception de leurs enfans et descendans, ne sont pas reprochables du chef de la parenté, non plus que les domestiques des époux, en raison de cette qualité; mais le tribunal aura tel égard que de raison aux dépositions des parens et des domestiques.

246. Tout jugement qui admettra une preuve testimoniale, dénommera les témoins qui seront entendus, et déterminera le jour et l'heure auxquels les parties devront les présenter.

247. Les dépositions des témoins seront reçues par le tribunal, séant à huis clos, en présence du commissaire du Gouvernement, des parties et de leurs conseils ou amis jusqu'au nombre de trois de chaque côté.

248. Les parties, par elles ou par leurs conseils pourront faire aux témoins telles observations et interpellations qu'elles jugeront à propos, sans pouvoir néanmoins les interrompre dans le cours de leurs dépositions.

249. Chaque déposition sera rédigée par écrit, ainsi que les dires et observations auxquels elle aura donné lieu. Le procès-verbal d'enquête sera

lu tant aux témoins qu'aux parties : les uns et les autres seront requis de le signer ; et il sera fait mention de leur signature, ou de leur déclaration qu'ils ne peuvent ou ne veulent signer.

250. Après la clôture des deux enquêtes ou de celle du demandeur, si le défendeur n'a pas produit de témoins, le tribunal renverra les parties à l'audience publique, dont il indiquera le jour et l'heure : il ordonnera la communication de la procédure au commissaire du Gouvernement, et commettra un rapporteur. Cette ordonnance sera signifiée au défendeur, à la requête du demandeur, dans le délai qu'elle aura déterminé.

251. Au jour fixé pour le jugement définitif, le rapport sera fait par le juge commis : les parties pourront ensuite faire, par elles-mêmes ou par l'organe de leurs conseils, telles observations qu'elles jugeront utiles à leur cause ; après quoi le commissaire du Gouvernement donnera ses conclusions.

252. Le jugement définitif sera prononcé publiquement : lorsqu'il admettra le divorce, le demandeur sera autorisé à se retirer devant l'officier de l'état civil pour le faire prononcer.

253. Lorsque la demande en divorce aura été formée pour cause d'excès, de sévices ou d'injures graves, encore qu'elle soit bien établie, les

juges pourront ne pas admettre immédiatement le divorce ; et alors, avant faire droit, ils autoriseront la femme à quitter la compagnie de son mari, sans être tenue de le recevoir, si elle ne le juge à propos ; et ils condamneront le mari à lui payer une pension alimentaire proportionnée à ses facultés, si la femme n'a pas elle - même des revenus suffisans pour fournir à ses besoins.

254. Après une année d'épreuve, si les parties ne se sont pas réunies, l'époux demandeur pourra faire citer l'autre époux à comparaître au tribunal, dans les délais de la loi, pour y entendre prononcer le jugement définitif, qui, pour lors, admettra le divorce.

255. Lorsque le divorce sera demandé par la raison qu'un des époux est condamné à une peine infamante, les seules formalités à observer, consisteront à présenter au tribunal civil une expédition, en bonne forme, du jugement de condamnation, avec un certificat du tribunal criminel, portant que ce même jugement n'est plus susceptible d'être réformé par aucune voie légale.

256. En cas d'appel du jugement d'admission ou du jugement définitif, rendu par le tribunal de première instance en matière de divorce, la cause sera instruite et jugée par le tribunal d'appel, comme affaire urgente.

257. L'appel ne sera recevable qu'autant qu'il

aura été interjeté dans les trois mois, à compter du jour de la signification du jugement rendu contradictoirement ou par défaut. Le délai pour se pourvoir au tribunal de cassation contre un jugement en dernier ressort, sera aussi de trois mois, à compter de la signification. Le pourvoi sera suspensif.

258. En vertu de tout jugement rendu en dernier ressort ou passé en force de chose jugée, qui autorisera le divorce, l'époux qui l'aura obtenu sera obligé de se présenter, dans le délai de deux mois, devant l'officier de l'état civil, l'autre partie dûment appelée, pour faire prononcer le divorce.

259. Ces deux mois ne commenceront à courir, à l'égard des jugemens de première instance, qu'après l'expiration du délai d'appel; à l'égard des jugemens rendus par défaut en cause d'appel, qu'après l'expiration du délai d'opposition; et à l'égard des jugemens contradictoires en dernier ressort, qu'après l'expiration du délai du pourvoi en cassation.

260. L'époux demandeur qui aura laissé passer le délai de deux mois ci-dessus déterminé, sans appeler l'autre époux devant l'officier de l'état civil, sera déchu du bénéfice du jugement qu'il avait obtenu, et ne pourra reprendre son action

en divorce, sinon pour cause nouvelle, auquel cas il pourra néanmoins faire valoir les anciennes.

SECTION II.

Des mesures provisoires auxquelles peut donner lieu la demande en divorce pour cause déterminée.

261. L'administration provisoire des enfans restera au mari demandeur ou défendeur en divorce, à moins qu'il n'en soit autrement ordonné par le tribunal, sur la demande soit de la mère, soit de la famille, ou du commissaire du Gouvernement, pour le plus grand avantage des enfans.

262. La femme demanderesse ou défenderesse en divorce, pourra quitter le domicile du mari pendant la poursuite, et demander une pension alimentaire proportionnée aux facultés du mari. Le tribunal indiquera la maison dans laquelle la femme sera tenue de résider, et fixera, s'il y a lieu, la provision alimentaire que le mari sera obligé de lui payer.

263. La femme sera tenue de justifier de sa résidence dans la maison indiquée, toutes les fois qu'elle en sera requise; à défaut de cette justification, le mari pourra refuser la provision alimen-

taire; et, si la femme est demanderesse en divorce, la faire déclarer non recevable à continuer ses poursuites.

264. La femme commune en biens, demanderesse ou défenderesse en divorce, pourra, en tout état de cause, à partir de la date de l'ordonnance dont il est fait mention en l'article 232, requérir, pour la conservation de ses droits, l'apposition des scellés sur les effets mobiliers de la communauté. Ces scellés ne seront levés qu'en faisant inventaire avec prisée, et à la charge par le mari de représenter les choses inventoriées, ou de répondre de leur valeur comme gardien judiciaire.

265. Toute obligation contractée par le mari à la charge de la communauté, toute aliénation par lui faite des immeubles qui en dépendent, postérieurement à la date de l'ordonnance, dont il est fait mention en l'article 232, sera déclarée nulle, s'il est prouvé d'ailleurs qu'elle ait été faite ou contractée en fraude des droits de la femme.

SECTION III.

Des fins de non-recevoir contre l'action en divorce
pour cause déterminée.

266. L'action en divorce sera éteinte par la réconciliation des époux, survenue soit depuis les

faits qui auraient pu autoriser cette action, soit depuis la demande en divorce.

267. Dans l'un et l'autre cas, le demandeur sera déclaré non recevable dans son action; il pourra néanmoins en intenter une nouvelle pour cause survenue depuis la réconciliation, et alors faire usage des anciennes causes pour appuyer sa nouvelle demande.

268. Si le demandeur en divorce nie qu'il y h'eu réconciliation, le défendeur en fera preuve, soit par écrit, soit par témoins, dans la forme prescrite en la deuxième section.

CHAPITRE III.

Des formes du divorce par consentement mutuel.

269. Le consentement mutuel des époux ne sera point admis, si le mari a moins de vingt-cinq ans, ou si la femme est mineure de vingt-un ans.

270. Le consentement mutuel ne sera admis qu'après deux ans de mariage.

271. Il ne pourra plus l'être après vingt ans de mariage, ni lorsque la femme aura quarante-cinq ans.

272. Dans aucun cas, le consentement mutuel des époux ne suffira, s'il n'est autorisé par leurs père et mère, ou par leurs autres ascendans vivans,

suivant les règles prescrites par l'article 150, au titre *du Mariage.*

273. Les époux déterminés à opérer le divorce par consentement mutuel, seront tenus de faire préalablement inventaire et estimation de tous leurs biens meubles et immeubles, et de régler leurs droits respectifs, sur lesquels il leur sera néanmoins libre de transiger.

274. Ils seront pareillement tenus de constater par écrit leur convention sur les trois points qui suivent :

1°. A qui les enfans nés de leur union seront confiés, soit pendant le temps des épreuves, soit après le divorce prononcé;

2°. Dans quelle maison la femme devra se retirer et résider pendant le temps des épreuves;

3°. Quelle somme le mari devra payer à sa femme, pendant le même temps, si elle n'a pas des revenus suffisans pour fournir à ses besoins.

275. Les époux se présenteront ensemble, et en personne, devant le président du tribunal civil de leur arrondissement, ou devant le juge qui en fera la fonction, et lui feront la déclaration de leur volonté, en présence de deux notaires amenés par eux.

276. Le juge fera aux deux époux réunis, et à chacun d'eux en particulier, en présence des deux notaires, telles représentations et exhortations

qu'il croira convenables; il leur donnera lecture
de la section II du présent titre qui règle *les effets
du divorce,* et leur développera toutes les conséquences de leur démarche.

277. Si les époux persistent dans leur résolution,
il leur sera donné acte, par le juge, de ce qu'ils
demandent et consentent mutuellement au divorce;
et ils seront tenus de produire et déposer à l'instant,
entre les mains des notaires, outre les actes mentionnés aux articles 273 et 274,

1°. Les actes de leur naissance, et celui de leur
mariage;

2°. Les actes de naissance et de décès de tous
les enfans nés de leur union;

3°. La déclaration authentique de leurs père et
mère ou autres ascendans vivans, portant que,
pour les causes à eux connues, ils autorisent tel
ou telle, leur fils *ou* fille, petit-fils *ou* petite-fille,
marié *ou* mariée à tel *ou* telle, à demander le
divorce et à y consentir. Les pères, mères, aïeuls
et aïeules des époux seront présumés vivans jusqu'à
la représentation des actes constatant leur décès.

278. Les notaires dresseront procès-verbal détaillé de tout ce qui aura été dit et fait en exécution des articles précédens; la minute en restera
au plus âgé des deux notaires, ainsi que les pièces
produites, qui demeureront annexées au procès-
verbal, dans lequel il sera fait mention de l'aver-

tissement qui sera donné à la femme, de se retirer, dans les vingt-quatre heures, dans la maison convenue entre elle et son mari, et d'y résider jusqu'au divorce prononcé.

279. La déclaration ainsi faite sera renouvelée dans la première quinzaine de chacun des quatrième, septième et dixième mois qui suivront, en observant les mêmes formalités. Les parties seront obligées à rapporter chaque fois la preuve, par acte public, que leurs pères, mères, ou autres ascendans vivans, persistent dans leur première détermination; mais elles ne seront tenues à répéter la production d'aucun autre acte.

280. Dans la quinzaine du jour où sera révolue l'année, à compter de la première déclaration, les époux, assistés chacun de deux amis, personnes notables dans l'arrondissement, âgés de cinquante ans au moins, se représenteront ensemble et en personne devant le président du tribunal ou le juge qui en fera les fonctions; ils lui remettront les expéditions en bonne forme, des quatre procès-verbaux contenant leur consentement mutuel, et de tous les actes qui y auront été annexés, et requerront du magistrat, chacun séparément, en présence néanmoins l'un de l'autre et des quatre notables, l'admission du divorce.

281. Après que le juge et les assistans auront fait leurs observations aux époux, s'ils persévèrent,

il leur sera donné acte de leur réquisition, et de la remise par eux faite des pièces à l'appui : le greffier du tribunal dressera procès - verbal, qui sera signé tant par les parties, (à moins qu'elles ne déclarent ne savoir ou ne pouvoir signer, auquel cas il en sera fait mention) que par les quatre assistans, le juge et le greffier.

282. Le juge mettra de suite, au bas de ce procès-verbal, son ordonnance portant que, dans les trois jours, il sera par lui référé du tout au tribunal, en la chambre du conseil, sur les conclusions par écrit du commissaire du Gouvernement, auquel les pièces seront, à cet effet, communiquées par le greffier.

283. Si le commissaire du Gouvernement trouve dans les pièces la preuve que les deux époux étaient âgés, le mari de vingt-cinq ans, la femme de vingt-un ans, lorsqu'ils ont fait leur première déclaration, qu'à cette époque ils étaient mariés depuis deux ans, que le mariage ne remontait pas à plus de vingt, que la femme avait moins de quarante-cinq ans, que le consentement mutuel a été exprimé quatre fois dans le cours de l'année, après les préalables ci-dessus prescrits et avec toutes les formalités requises par le présent titre, notamment avec l'autorisation des père et mère des époux, ou avec celle de leurs autres ascendans vivans, en cas de prédécès des père et mère, il donnera ses con-

clusions en ces termes : *la loi permet*; dans le cas contraire, ses conclusions seront en ces termes : *la loi empêche.*

284. Le tribunal, sur le référé, ne pourra faire d'autres vérifications que celles indiquées par l'article précédent. S'il en résulte que, dans l'opinion du tribunal, les parties ont satisfait aux conditions et rempli les formalités déterminées par la loi, il admettra le divorce, et renverra les parties devant l'officier de l'état civil, pour le faire prononcer : dans le cas contraire, le tribunal déclarera qu'il n'y a pas lieu à admettre le divorce, et déduira les motifs de la décision.

285. L'appel du jugement qui aurait déclaré ne pas y avoir lieu à admettre le divorce, ne sera recevable qu'autant qu'il sera interjetté par les deux parties, et néanmoins par actes séparés, dans les dix jours au plutôt, et au plus tard dans les vingt jours de la date du jugement de première instance.

286. Les actes d'appel seront réciproquement signifiés tant à l'autre époux qu'au commissaire du Gouvernement près du tribunal de première instance.

287. Dans les dix jours, à compter de la signification qui lui aura été faite du second acte d'appel, le commissaire du Gouvernement près du tribunal de première instance fera passer au commissaire

du Gouvernement près du tribunal d'appel, l'expédition du jugement, et les pièces sur lesquelles il est intervenu. Le commissaire près du tribunal d'appel donnera ses conclusions par écrit, dans les dix jours qui suivront la réception des pièces : le président, ou le juge qui le suppléera, fera son rapport au tribunal d'appel, en la chambre du conseil, et il sera statué définitivement dans les dix jours qui suivront la remise des conclusions du commissaire.

288. En vertu du jugement qui admettra le divorce, et dans les vingt jours de sa date, les parties se présenteront ensemble et en personne devant l'officier de l'état civil, pour faire prononcer le divorce. Ce délai passé, le jugement demeurera comme non avenu.

CHAPITRE IV.

Des effets du Divorce.

289. Les époux qui divorceront pour quelque cause que ce soit, ne pourront plus se réunir.

290. Dans le cas de divorce prononcé pour cause déterminée, la femme divorcée ne pourra se remarier que dix mois après le divorce prononcé.

291. Dans le cas de divorce par consentement

mutuel, aucun des deux époux ne pourra contracter un nouveau mariage que trois ans après la prononciation du divorce.

292. Dans le cas de divorce admis en justice pour cause d'adultère, l'époux coupable ne pourra jamais se marier avec son complice. La femme adultère sera condamnée par le même jugement et sur la réquisition du ministère public, à la réclusion dans une maison de correction, pour un temps déterminé, qui ne pourra être moindre de trois mois, ni excéder deux années.

293. Pour quelque cause que le divorce ait lieu, hors le cas du consentement mutuel, l'époux contre lequel le divorce aura été admis, perdra tous les avantages que l'autre époux lui avait faits, soit par leur contrat de mariage, soit depuis le mariage contracté.

294. L'époux qui aura obtenu le divorce, conservera les avantages à lui faits par l'autre époux, encore qu'ils aient été stipulés réciproques et que la réciprocité n'ait pas lieu.

295. Si les époux ne s'étaient fait aucun avantage, ou si ceux stipulés ne paraissaient pas suffisans pour assurer la subsistance de l'époux qui a obtenu le divorce, le tribunal pourra lui accorder, sur les biens de l'autre époux, une pension alimentaire, qui ne pourra excéder le tiers des revenus de cet autre époux. Cette pension sera ré-

vocable dans le cas où elle cesserait d'être nécessaire.

296. Les enfans seront confiés à l'époux qui a
obtenu le divorce à moins que le tribunal, sur la
demande de la famille, ou du commissaire du Gouvernement, n'ordonne, pour le plus grand avantage des enfans, que tous ou quelques-uns d'eux
seront confiés aux soins soit de l'autre époux, soit
d'une tierce personne.

297. Quelle que soit la personne à laquelle les
enfans seront confiés, les père et mère conserveront respectivement le droit de surveiller l'entre-
tretien et l'éducation de leurs enfans, et seront
tenus d'y contribuer à proportion de leurs facultés.

298. La dissolution du mariage par le divorce
admis en justice, ne privera les enfans nés de ce
mariage, d'aucun des avantages qui leur étaient
assurés par les lois, ou par les conventions matrimoniales de leurs père et mère ; mais il n'y aura
d'ouverture aux droits des enfans que de la même
manière et dans les mêmes circonstances où ils se
seraient ouverts, s'il n'y avait pas eu de divorce.

299. Dans le cas de divorce par consentement
mutuel, la propriété de la moitié des biens de chacun des deux époux sera acquise de plein droit,
du jour de leur première déclaration, aux enfans
nés de leur mariage : les père et mère conserveront

néanmoins la jouissance de cette moitié jusqu'à la majorité de leurs enfans , à la charge de pourvoir à leur nourriture , entretien et éducation , conformément à leur fortune et à leur état ; le tout sans préjudice des autres avantages qui pourraient avoir été assurés auxdits enfans par les conventions matrimoniales de leurs père et mère.

CHAPITRE V.

De la Séparation de corps.

300. Dans les cas où il y a lieu à la demande en divorce pour cause déterminée , il sera libre aux époux de former demande en séparation de corps.

301. Elle sera intentée , instruite et jugée de la même manière que toute autre action civile : elle ne pourra avoir lieu par le consentement mutuel des époux.

302. La femme contre laquelle la séparation de corps sera prononcée pour cause d'adultère , sera condamnée par le même jugement, et sur la réquisition du ministère public , à la réclusion dans une maison de correction pendant un temps déterminé , qui ne pourra être moindre de trois mois ni excéder deux années.

303. Le mari restera le maître d'arrêter l'effet

de cette condamnation, en consentant à reprendre sa femme.

304. Lorsque la séparation de corps, prononcée
pour toute autre cause que l'adultère de la femme,
aura duré trois ans, l'époux qui était originairement défendeur, pourra demander le divorce au
tribunal, qui l'admettra, si le demandeur origi-
naire, présent ou dûment appelé, ne consent pas
immédiatement à faire cesser la séparation.

305. La séparation de corps emportera toujours
séparation de biens.

Approuvé, *le premier Consul,* signé BONAPARTE.

Par le premier Consul : *le secrétaire d'Etat,*
signé HUGUES-B. MARET.

Pour extrait conforme, *le secrétaire-général du
Conseil d'état,* signé J.-G. LOCRÉ.

HUITIEME

HUITIÈME PROJET DE LOI.

TITRE VII DU CODE CIVIL,

Relatif à la Paternité et à la Filiation, présenté le 20 ventose au Corps législatif, par les conseillers d'état BIGOT - PRÉAMENEU, THIBAUDEAU *et* REDON, *chargés d'en soutenir la discussion fixée au 2 germinal.*

Du 20 Ventose an XI.

—————

EXPOSÉ des motifs du huitième projet de loi titre VII du Code civil, relatif à la Paternité et à la Filiation.

CITOYENS LÉGISLATEURS,

Il est à regretter que pour établir des règles sur les moyens de constater la paternité, la nature seule ne puisse plus servir de guide.

Elle semblait avoir marqué en caractères ineffaçables les traits de la paternité, lorsqu'elle avait rempli le cœur des père et mère, et celui des enfans, des sentimens de tendresse les plus profonds et les plus éclatans.

Code civil. An XI. 18

Mais trop souvent les droits de la nature, qui devraient être invariables, sont altérés ou anéantis, par toutes les passions qui agitent l'homme en société. Les replis de son cœur ne permettent plus de le connaître ; et comment établir des règles générales sur les sentimens qu'on aurait à découvrir et à constater dans chaque individu ?

D'un autre côté, la nature a couvert d'un voile impénétrable la transmission de notre existence.

Cependant il était nécessaire que la paternité ne restât pas incertaine. C'est par elle que les familles se perpétuent et qu'elles se distinguent les unes des autres : c'est une des bases de l'ordre social ; on doit la maintenir et la consolider.

Il a fallu, pour y parvenir, s'attacher à des faits extérieurs et susceptibles de preuves.

On trouve un premier point d'appui dans cette institution, qui, consacrée par tous les peuples civilisés, a son origine et sa cause dans la nature même ; qui établit, maintient, et renouvelle les familles ; dont l'objet principal est de veiller sur l'existence et sur l'éducation des enfans ; dont la dignité inspire un respect religieux dans le mariage.

Les avantages que la société en retire doivent être principalement attribués à ce que, pour fixer la paternité, il s'établit une présomption qui presque toujours suffit pour écarter tous les doutes.

Cette présomption, admise chez tous les peuples, est devenue une règle d'ordre public, dont l'origine, comme celle du mariage, se perd dans la nuit des temps : *Pater est quem nuptiæ demonstrant.* Quels pourraient donc être les indices plus grands que ceux qui résultent de la foi promise des deux époux, de leur co-habitation, des regards de leurs concitoyens au milieu desquels ils passent leur vie ?

Cependant lorsqu'on est forcé d'avouer que cette règle, si nécessaire au maintien de la société, n'est établie que sur des indices, le législateur se mettrait en opposition avec les premiers élémens du droit et de la raison, s'il faisait prévaloir une présomption à une preuve positive ou à une présomption plus forte. Au lieu de soutenir la dignité du mariage, on l'avilirait : on le rendrait odieux, s'il servait de prétexte à légitimer un enfant qui, aux yeux du public, convaincu par des circonstances décisives, n'appartiendrait point au mariage.

Tel serait le cas où le mari aurait été dans l'impossibilité physique de co-habiter avec sa femme.

Cette impossibilité peut avoir pour cause l'éloignement ou quelqu'accident.

La distance qui a séparé le mari et la femme doit avoir toujours été telle, qu'il ne reste aucun doute sur ce qu'il ne peut y avoir eu de rapprochement.

La loi n'a dû admettre contre la présomption résultante du mariage que les accidens qui rendent physiquement impossible la co-habitation. Elle a ainsi prévenu tous ces procès scandaleux; ayant pour prétexte des infirmités plus ou moins graves, ou des accidens dont les gens de l'art ne peuvent tirer que des conjectures trompeuses.

Le mari lui-même ne sera point admis à désavouer l'enfant, en alléguant son impuissance naturelle.

Des exemples célèbres ont prouvé que ni cette cause l'impossibilité de co-habitation, ni la déclaration du mari qui veut s'en prévaloir, ne méritent nulle confiance. Les gens de l'art n'ont eux-mêmes aucun moyen de pénétrer de pareils mystères; et tel mari dont le mariage a été dissous pour cause d'impuissance, a obtenu d'un autre mariage une nombreuse postérité.

En vain la voix du mari s'éleverait-elle contre sa femme pour l'accusation la plus grave, celle de l'adultère : ce crime fût-il prouvé, ne ferait naître contre l'enfant que le père voudrait désavouer, qu'une présomption qui ne saurait balancer celle qui résulte du mariage. La femme peut avoir été coupable sans que le flambeau de l'hyménée fût encore éteint.

Cependant si la femme, ayant été condamnée pour adultère, avait caché à son mari la naissance de cet enfant, cette conduite deviendrait un témoignage d'un grand poids.

Il ne saurait y avoir de la part de cette femme d'aveu plus formel que l'enfant n'appartient point au mariage.

Comment présumer que la mère ajoute à son crime envers son mari, celui de tromper son propre enfant qu'elle exclut du rang des enfans légitimes?

Lorsqu'il est ainsi repoussé de la famille, et par la femme qui cache sa naissance, et par le mari qui a fait prononcer la peine d'adultère, cela forme une masse de présomptions qui ne laissent plus à celle que l'on peut tirer du mariage son influence décisive.

Alors même l'enfant, au milieu de ces dissensions, et malgré la condamnation de sa mère, peut toujours invoquer la règle générale; mais on n'a pas cru qu'il fût possible de refuser au mari la faculté de proposer les faits propre à justifier qu'il n'est pas le père. Comment, en effet, repousser un mari qui, ayant fait déclarer sa femme adultère, ayant ignoré qu'elle eût un enfant, verrait après coup, et peut-être même après la mort de sa femme, cet enfant se présenter comme étant né de son mariage?

C'est dans de pareilles circonstances que l'honnêteté publique et la dignité de l'union conjugale réclament, en faveur du mari, le droit de prouver que cet enfant lui est étranger.

Il est une autre présomption avec laquelle le mari peut contester l'application de la règle générale ; c'est lorsque cette règle se trouve en opposition avec la marche constante de la nature. On croit plutôt à la faiblesse humaine qu'à l'interversion de l'ordre naturel.

La naissance de l'homme est précédée du temps où il se forme dans le sein de la mère. Ce temps est ordinairement de neuf mois. On voit des exemples assez fréquens de ce que ce terme est avancé ou retardé ; mais il est très-rare qu'un enfant soit né avant que six mois de grossesse, ou cent quatre-vingts jours depuis la conception se soient écoulés, ou qu'il soit resté dans le sein de sa mère plus de dix mois, ou trois cents jours.

Les naissances avancées ou tardives ont été la matière de procès célèbres. Il a toujours été reconnu que la physiologie n'a aucun moyen de découvrir la vérité relativement à l'enfant qui est l'objet de la contestation ; ces débats scandaleux ne portaient que sur des recherches non moins scandaleuses d'exemples que de part et d'autre on alléguait souvent sans preuves. Les juges ne pouvaient recevoir aucune lumière sur le fait particulier ; et chaque tribunal se formait un système différent sur l'extension ou sur la limitation qu'il devait admettre dans le cours ordinaire de la nature. La jurisprudence n'avait aucune uniformité par le motif même qu'elle ne pouvait être qu'arbitraire.

Il fallait sortir d'un pareil état : ce n'était point une vérité absolue que les rédacteurs de la loi avaient à découvrir ; il leur suffisait de donner aux juges une règle qui fixât leur incertitude, et ils devaient prendre cette règle dans la marche tellement uniforme de la nature, qu'à peine pût-on lui opposer quelques exceptions qui ne feraient que la confirmer.

Ce sont les motifs qui ont déterminé à fixer le terme des naissances avancées à cent quatre-vingts jours, et celui des naissances tardives à trois cents jours.

Il n'en résulte pas que l'enfant, qui serait né avant les cent quatre-vingts jours, ou depuis les trois cents jours, doive être par cela même déclaré non légitime. Il faudra que la présomption résultante d'une naissance trop avancée ou trop tardive, se trouve confirmée, lorsque le mari vit, par une présomption qui paraîtra plus forte encore à quiconque observe le cœur humain. Il faudra que l'enfant soit désavoué par le mari. Comment croire qu'il étouffe tous les sentimens de la nature ? comment croire qu'il allume dans sa maison les torches de la discorde, et qu'au dehors il se dévoue à l'humiliation, s'il n'est pas dans la conviction intime que l'enfant n'est point né de son mariage ?

La loi ne se borne pas à sonder le cœur et à calculer les véritables intérêts du mari : elle se met en garde contre les passions qui pourraient l'aveugler ; elle n'admet point le désaveu qui ne se trouve pas d'accord avec sa conduite antérieure. S'il avait toujours cru que l'enfant lui fût étranger, aucun acte ne démentirait une opinion qui, depuis la naissance de cet enfant, a dû déchirer son ame. S'il a varié dans cette opinion, il n'est plus rece-

vable à refuser à l'enfant l'état qu'il ne lui a pas
toujours contesté.

Ainsi, dans le cas où l'enfant serait né avant le
cent quatre-vingtième jour (six mois) depuis le
mariage, la loi présume qu'il n'a point été conçu
pendant cette union ; mais le mari ne pourra désavouer l'enfant si, avant de se marier, il a eu connaissance de la grossesse. On présume alors qu'il
n'a contracté le mariage que pour réparer sa faute
personnelle ; on présume qu'un pareil hymen n'eût
jamais été consenti, s'il n'eût été persuadé que la
femme portait dans son sein le fruit de leurs amours :
et lorsqu'il a eu dans la conduite de cette femme
une telle confiance qu'il a voulu que leur destinée
fût unie, comment pourrait-on l'admettre à dé-
mentir un pareil témoignage ?

Le mari ne pourra encore désavouer l'enfant né
avant le cent-quatre-vingtième jour du mariage,
s'il a assisté à l'acte de naissance, et si cet acte est
signé de lui, ou contient sa déclaration qu'il ne
sait signer.

Comment en effet pourrait-il revenir contre sa
propre déclaration, donnée dans l'acte même destiné à constater l'état civil de l'enfant ?

Il est une troisième circonstance dans laquelle
le mari n'est pas admissible au désaveu, c'est lorsque l'enfant n'a pas été déclaré *viable*.

Il faut, à cet égard, que les gens de l'art prononcent.

L'enfant vivait dans le sein de la mère. Cette
existence peut se prolonger pendant un nombre
de jours indéterminé, sans qu'il soit possible qu'il
la conserve ; et c'est cette possibilité de parcourir
la carrière ordinaire de la vie, qu'on entend par
l'expression être *viable*.

Lorsque l'enfant n'est pas déclaré viable, la présomption contre la femme n'est plus la même. Il n'y a plus de certitude que ce soit un accouchement naturel qui ait dû être précédé du temps ordinaire de la grossesse. Toute recherche serait scandaleuse et sans objet.

Quel but le mari pourrait-il se proposer en désavouant un enfant qui ne doit pas vivre, si ce n'est de porter atteinte à la réputation de la femme à laquelle il s'est uni ? Il ne peut même pas avoir l'intérêt du divorce pour cause d'adultère, puisqu'il suppose que la faute est antérieure à son mariage. Les tribunaux ne doivent pas l'écouter dans son aveugle ressentiment.

La règle établie sur les naissances avancées ou tardives, recevra encore son application dans le cas où le mari voudra désavouer son enfant par cause d'impossibilité physique de co-habitation. La loi exige qu'il y ait eu impossibilité pendant le temps qui aura couru depuis le trois centième jusqu'au cent quatre-vingtième jour avant la naissance de l'enfant ; le temps le plus long de la grossesse étant de trois cents jours et le plus court de cent quatre-vingts, si depuis l'époque où a pu commencer le temps le plus long jusqu'à celui où on a pu commencer le temps le plus court, il y a eu impossibilité, il est évident que la présomption qui naît du cours ordinaire de la nature a toute sa force.

Enfin la naissance tardive peut être opposée à l'enfant, s'il naît trois cents jours après la dissolution du mariage.

Néanmoins, la présomption qui en résulte ne sera décisive contre lui qu'autant qu'elle ne sera pas affoiblie par d'autres circonstances.

On vient de voir que la loi en donnant au mari un droit de désaveu, que la justice et la raison ne permettaient pas de lui refuser, a en même temps repoussé toute attaque qui aurait été précédée d'actes incompatibles. C'est encore en consultant le cœur humain qu'elle a regardé ; comme ne devant plus être admise une pareille action judiciaire qui n'aurait pas été intentée dans les plus courts délais.

Le sentiment naturel du mari qui a des motifs suffisans pour désavouer un enfant qu'il croit lui être étranger, est de le rejeter sur-le-champ de la famille : son devoir, l'outrage qu'il a reçu, tout doit le porter à faire sur-le-champ éclater sa plainte. S'il diffère, il s'entend appeler du nom de père, et son silence équivaut à un aveu formel en faveur de l'enfant : la qualité de père que l'on a consenti une fois de porter est irrévocable.

Il devra réclamer dans le mois, s'il se trouve sur les lieux de la naissance de l'enfant ; dans les deux mois après son retour, si, à la même époque, il est absent ; et dans les deux mois après la découverte de la fraude, si on lui avait caché la naissance.

Cependant si le mari meurt avant qu'il ait fait sa déclaration, et lorsque le délai pour la former n'était pas encore expiré, l'action qu'il pouvait intenter est au nombre des droits que la loi transmet à ses héritiers. On a considéré que le plus souvent les enfans dont la légitimité peut être contestée, ne sont produits dans la famille qu'après la mort du mari qui aurait eu tous les moyens de les repousser. D'ailleurs le mari qui meurt dans le court délai que lui donne la loi pour réclamer, a le plus souvent été dans l'impuissance d'avoir d'autres soins

que ceux de prolonger ses derniers instans. On eût
exposé les familles à être injustement dépouillées,
si on eût rejeté leur action contre l'enfant que le
mari eût pu désavouer.

Mais, en même temps, la loi a voulu que l'état
de cet enfant ne restât pas incertain, et elle ne
donne aux héritiers pour contester sa légitimité,
que deux mois à compter, soit de l'époque où il
serait mis en possession des biens du mari, soit de
l'époque où les héritiers seraient troublés par l'enfant dans cette possession.

On a même prévu que le mari ou ses héritiers
pourraient chercher à prolonger ces délais, en se
bornant à un acte extra-judiciaire, contenant le
désaveu.

La loi déclare que cet acte ne sera d'aucune
considération, s'il n'est suivi, dans le délai d'un
mois, d'une action en justice, dirigée contre le
tuteur nommé à l'enfant, en présence de sa mère.

Après avoir établi le petit nombre d'exceptions
à la règle générale *pater est quem nuptiæ demonstrant*, la loi indique aux enfans légitimes les preuves qu'ils doivent fournir de leur filiation.

Déjà vous avez vu dans un précédent titre du
code, combien de précautions ont été prises pour
constater l'état civil des citoyens. Des actes dressés
de manière à établir une preuve complète sont
inscrits sur des registres toujours ouverts à ceux
qu'ils peuvent intéresser.

S'il existe sur ces registres un acte qui constate
l'état réclamé par l'enfant, il ne peut s'élever
aucun doute sur sa filiation. C'est un acte public
et authentique; il fait foi tandis qu'il n'est point
inscrit de faux.

Mais il est possible que le registre sur lequel

l'acte a été inscrit soit perdu, qu'il ait été brûlé, que les feuilles en ayent été déchirées ou rongées; il est même encore possible, et sur-tout dans des temps de trouble ou de guerre civile, que les registres n'aient pas été tenus, ou qu'il n'y ait pas eu d'acte dressé.

C'est pour l'enfant un malheur d'être privé d'un titre aussi commode.

Mais son état ne dépend point de ce genre de preuve.

L'usage des registres publics pour l'état civil n'est pas très-ancien, et c'est dans des temps plus modernes encore qu'ils ont commencé à être tenus plus régulièrement. Ils ont été établis en faveur des enfans, et seulement pour les dispenser d'une preuve moins facile.

Le genre de preuve le plus ancien, celui que toutes les nations ont admis, celui qui embrasse tous les faits propres à faire éclater la vérité, celui sans lequel il n'y aurait plus rien de certain ni de sacré parmi les hommes, c'est la preuve de la possession constante de l'état d'enfant légitime.

Différente des conventions, qui la plupart ne laissent d'autres traces que l'acte même qui les constate, la possession d'état se prouve par une longue suite de faits extérieurs et notoires, dont l'ensemble ne pourrait jamais exister s'il n'était pas conforme à la vérité.

On ne peut plus douter que l'enfant ne soit né de mariage, quand il prouve que ses père et mère, unis légitimement, l'ont constamment traité comme le sont tous les enfans légitimes.

Cette preuve peut se composer de faits si nombreux et si variés, que leur énumération eût été impossible.

La loi se borne à indiquer les principaux.

L'individu a-t-il toujours porté le nom du père auquel il prétend appartenir?

Le père l'a-t-il traité comme son enfant, et a-t-il pourvu, en cette qualité, à son éducation, à son entretien et à son établissement?

A-t-il été constamment reconnu pour tel dans la société?

A-t-il été reconnu pour tel dans la famille?

La loi n'exige point que tous ces faits concourrent; l'objet est de prouver que l'enfant a été reconnu et traité comme légitime: il n'importe que la preuve résulte de faits plus ou moins nombreux, il suffit qu'elle soit certaine.

Lorsque les deux principaux moyens de constater l'état civil d'un individu, qui sont le titre de naissance et la possession conforme à ce titre, se réunissent, son état est irrévocablement fixé.

Il ne serait même pas admis à réclamer un état contraire; et réciproquement nul ne serait recevable à le lui contester.

Le titre et la possession d'état ne pourraient être démentis par l'enfant, qu'autant qu'il opposerait à ces faits celui de l'accouchement de la femme dont il prétendrait être né, et qu'il prouverait que c'est lui à qui elle a donné le jour.

Comment entre des faits contraires, celui qui n'est qu'obscur et isolé, tel que l'accouchement, balancerait-il le fait littéralement prouvé par le titre de naissance, ou cette masse de faits notoires qui établissent la possession d'état?

Lorsque l'enfant n'a ni possession constante, ni titre, ou lorsqu'il a été inscrit, soit sous de faux noms, soit comme né de père et mère inconnus, il en résulte une présomption très-forte qui n'ap-

partient point au mariage. Cependant des circonstances extraordinaires , les passions qui auront
égaré les auteurs de ses jours, leurs dissensions,
des motifs de crainte ou d'autres considérations
majeures, peuvent avoir empêché qu'il n'ait été
habituellement traité comme enfant légitime. Les
faits même qui y auront mis obstacle deviendront
des preuves en sa faveur.

Mais il faut que la présomption qui s'élève
contre l'enfant soit balancée par celle que présenteront dès faits consignés dans des actes écrits, ou
qu'ils soient dès-lors constans.

Lorsqu'un enfant veut constater son état par
une possession qui se compose de faits continus
pendant un certain nombre d'années, la preuve
par témoins ne présente aucun inconvénient : elle
conduit au plus haut degré de certitude que l'on
puisse atteindre. Mais lorsque la question d'état
dépend de faits particuliers sur lesquels des témoins subornés ou crédules peuvent en imposer
à la justice, leur témoignage seul ne doit point
être admis. Une fâcheuse expérience a démontré
que, pour des sommes ou des valeurs peu considé-
rables , les témoins ne donnent pas une garantie
suffisante. Comment pourrait-on y avoir confiance, lorsqu'il s'agit d'attribuer les droits attachés à la qualité d'enfant légitime, droit qui emportent tous les genres de propriété ?

Cependant il peut résulter d'un acte écrit, et
dont la foi ne soit pas suspecte, des indices que
les juges trouvent assez graves pour que la vérité
doive être approfondie par tous les moyens, au
nombre desquels se trouve la preuve testimoniale.

Cet acte est ce qu'on appelle, dans le langage de
la loi, *un commencement de preuve par écrit.* Il

faut qu'il présente les caractères de la vérité ; il faut qu'il émane directement de ceux qui, par leur intérêt personnel, sont à l'abri de tout soupçon. On n'admettrait donc point le commencement de preuve par écrit, s'il ne se trouvait, soit dans les titres de famille, soit dans les actes publics et même privés d'une personne engagée dans la contestation, ou qui y aurait intérêt si elle était vivante.

Il ne serait pas nécessaire qu'il y eût un acte par écrit, si le commencement de preuve dont se prévaut l'enfant, était fondé sur un fait dont toutes les parties reconnaîtraient la vérité, ou qui serait dès-lors constant.

Que le fait qui établit le commencement de preuve soit ou qu'il ne soit pas consigné dans un acte écrit, il suffit que son existence soit démontrée aux juges autrement que par l'enquête demandée.

La loi craint tellement de faire dépendre entièrement les questions d'état de simples témoignages, qu'elle impose aux juges le devoir de proscrire les moyens indirects que l'on voudrait prendre pour y parvenir. Telles seraient les plaintes en suppression d'état que l'on porterait aux tribunaux criminels, avant qu'il y ait eu, par la voie civile, un jugement définitif.

Toujours de pareilles plaintes ont été rejetées comme frauduleuses, et les parties ont été renvoyées devant les juges civils.

Cette décision est contraire à la règle générale qui, considérant la punition des crimes comme le plus grand intérêt de l'Etat, suspend les procédures civiles, quand il y a lieu à la poursuite criminelle : mais lorsqu'il y a un intérêt autre que celui de la vengeance publique, intérêt dont l'importance fait

craindre que l'action criminelle n'ait pas été intentée de bonne foi ; lorsque cette action est présumée
n'avoir pour but que d'éluder la règle de droit
civil, qui, sur les questions d'état, écarte, comme
très-dangereuse, la simple preuve par témoins ;
lorsque la loi civile qui rejette cette preuve, même
pour des intérêts civils, serait en opposition avec
la loi criminelle qui l'admettrait ; quoiqu'elle dût
avoir pour résultat le déshonneur et une peine afflictive : il ne peut rester aucun doute sur la nécessité de faire juger les questions d'état dans les
tribunaux civils, avant que les poursuites criminelles puissent être exercées.

On ne peut se dissimuler que, même avec ces
précautions, il ne soit encore possible que dans
des cas très-rares la religion des juges soit trompée. Mais il n'est pas douteux qu'il y aurait des
victimes nombreuses, si on repoussait impitoya-
blement les enfans qui, privés de titre et de possession d'état, ou inscrits, soit sous de faux noms,
soit comme nés de père et mère inconnus, se pré-
senteraient avec les moyens qui viennent d'être
indiqués. C'est à la sagesse des tribunaux qu'il appartiendra d'apprécier la foi que méritent les témoins, et de se mettre en garde contre l'intrigue.

La loi veille suffisamment à l'intérêt des familles,
lorsque, dans tous les cas où l'enfant peut appeler
des témoins, elles sont autorisées à faire la preuve
contraire par tous les moyens propres à établir que
le réclamant n'est pas l'enfant de la mère qu'il
prétend avoir.

La loi ne regarde pas comme preuve de paternité contre un mari, la preuve de maternité qui
aurait été faite contre sa femme. En effet, la
preuve de la maternité s'établissant sur le fait de

l'accouchement d'un enfant, le même que celui qui réclame, il n'en résulte aucune possession d'état, aucune reconnaissance du père, aucun titre.

Si la loi se montre sévère sur le genre de preuves qu'elle admet, elle veut que l'accès des tribunaux soit toujours ouvert à l'enfant qui réclame. Elle écarte les obstacles qui s'opposeraient à ce que des actions ordinaires fussent intentées. Celle en réclamation d'état sera imprescriptible à son égard.

La prescription est fondée sur l'intérêt public qui exige que les propriétés ne restent pas incertaines.

Il ne s'agit pas ici d'une simple propriété, l'état civil affecte la personne et les biens. C'est un intérêt qui doit l'emporter sur tous les autres.

Pour qu'une propriété ordinaire cesse d'être incertaine, il suffit qu'après un certain temps on ne puisse plus l'attaquer.

Pour que l'état civil cesse d'être incertain, il faut que l'on puisse toujours, afin de le fixer, recourir aux tribunaux.

La même faveur ne doit pas s'étendre aux héritiers. Il ne s'agit pas pour eux d'obtenir le rang d'enfans légitimes, et leurs prétentions contre la famille dans laquelle ils veulent entrer, doivent dépendre de la conduite qu'a tenue envers cette famille celui qu'ils représentent.

Si l'action a été intentée par l'enfant, les héritiers la trouvent au nombre des droits qu'ils ont à exercer dans sa succession.

Mais si on peut induire de la conduite de l'enfant qu'il n'ait pas cru avoir des droits, ou qu'il s'en soit désisté, les héritiers ne doivent plus être admis

admis à s'introduire dans une famille à laquelle leur auteur s'est lui-même regardé comme étranger.

Il n'y aura aucun doute à cet égard, si l'enfant, après avoir intenté son action, s'en est formellement désisté.

L'intention de se désister sera présumée respectivement aux héritiers, s'il a laissé trois années s'écouler sans donner suite à la procédure commencée.

Il sera de même réputé n'avoir jamais eu l'intention de réclamer, s'il est mort sans l'avoir fait, après cinq années expirées depuis sa majorité.

Dans tous ces cas, l'action ne pourra être intentée par ses héritiers.

C'est ainsi que, dans la loi proposée, on a cherché à concilier l'intérêt de ceux qui réclament leur état, et celui des familles. Il n'est point de demande plus favorable que celle d'un enfant qui veut recouvrer son état civil. Mais aussi les exemples d'enfans qui se trouvent injustement dans cette position malheureuse, sont moins nombreux que les exemples d'individus troublant injustement le repos des familles ; il y a plus de gens excités par la cupidité, qu'il n'y a de pères et mères dénaturés.

Après avoir établi les règles sur la filiation des enfans légitimes, la loi s'occupe du sort des enfans nés hors mariage.

Elle met dans une classe à part ceux qui, étant nés de pères et mères libres, peuvent être élevés au rang d'enfans légitimes lorsque leurs pères et mères s'unissent par les liens du mariage.

La légitimation par le mariage subséquent fut au nombre des lois romaines.

Le droit canonique, suivi à cet égard en France

depuis un grand nombre de siècles, mit aussi au nombre de ses principes, que la force du mariage rendait légitimes les enfans que les époux avaient eus ensemble antérieurement.

L'ordre public, le devoir du père, l'intérêt de la mère, la faveur due à l'enfant, tout concourt à faire maintenir cette espèce de légitimation.

L'ordre public est intéressé à ce que l'homme et la femme qui vivent dans le désordre, aient un moyen d'éviter l'un et l'autre de ces deux écueils, celui de se séparer par dégoût, ou celui de continuer un commerce illicite. La loi leur offre, dans une union sainte et respectable, des avantages assez précieux pour les porter à la contracter.

Au nombre de ces avantages, l'homme aura celui de procurer à l'enfant pour qui la nature doit lui avoir inspiré des sentimens de tendresse, toutes les prérogatives que donne dans la société la qualité d'enfant légitime. C'est même de sa part un devoir que sa conscience doit sans cesse lui rappeler.

Cette légitimation est pour la femme le plus heureux moyen de réparer sa faute, de recouvrer son honneur, et de se rendre digne des titres honorables d'épouse et de mère.

Les enfans nés d'un père et d'une mère, qui deviennent ensuite époux légitimes, ne sauraient être plus favorables que quand ils invoquent les effets d'une union qui a des rapports si intimes avec leur naissance antérieure.

Cependant, si l'intérêt des mœurs a fait admettre la légitimation par mariage subséquent, ce même intérêt s'oppose à ce qu'elle ait lieu, si les enfans ne sont pas nés de pères et mères libres. Les fruits de l'adultère ou de l'inceste ne sauraient être ensuite assimilés à ceux d'un hymen légitime.

Il est encore, pour le repos des familles, une condition exigée des pères et mères : ils doivent reconnaître avant le mariage ou dans l'acte de sa célébration, les enfans qu'ils ont à légitimer.

Ceux qui regrettent que la reconnaissance postérieure à la célébration n'ait pas le même effet, pensent que la légitimation est une suite nécessaire du mariage; et ils craignent que la pudeur ou l'intérêt de ne pas aliéner le cœur des parens austères, n'ait empêché les époux de faire à temps les actes de reconnaissance.

La règle suivant laquelle le mariage légitimait de plein droit, avait été admise dans le système où la recherche de la paternité n'était pas interdite. Alors l'enfant conservait toujours le droit de prouver contre ses père et mère l'origine de sa naissance; il n'avait pas besoin d'être reconnu. Mais lorsqu'il n'y a de paternité constante que par la reconnaissance même du père, ainsi qu'on l'expliquera dans la suite, il est indispensable que l'enfant soit d'abord avoué, pour être ensuite légitimé.

La légitimation n'est point un effet nécessaire du mariage : elle n'est qu'un bénéfice de la loi. Autrefois même, dans plusieurs pays, elle devait être rendue solennelle par des cérémonies publiques au moment de la célébration.

Dans d'autres, tels que l'Angleterre, on ne l'a point adoptée; elle y a été considérée comme favorisant le concubinage.

Dans la loi proposée, si on la regarde comme utile à l'ordre public, ce n'est qu'avec des précautions dictées par l'expérience.

Les enfans nés hors mariage n'ont point en leur faveur de présomption légale de leur naissance ; ils n'ont qu'un témoignage : il doit être donné dans un temps non suspect. La loi ne peut laisser à des époux la faculté de s'attribuer des enfans par leur consentement mutuel. Les familles ne doivent pas être dans une continuelle incertitude.

La pudeur ou la crainte par lesquelles on suppose que les père et mère ont pu être enchaînés avant le mariage et à l'époque de sa célébration, ne sont pas des motifs d'admettre une reconnaissance tardive.

La loi ne peut faire entrer en considération une fausse pudeur et des vues d'intérêt. Il est au contraire dans ses principes que rien ne peut dispenser d'obéir à sa conscience, et de remplir les devoirs de la nature.

Cette légitimation est admise même en faveur des enfans décédés qui ont laissé une postérité, et dans ce cas elle profite à leurs descendans.

L'équité a prescrit cette mesure. La légitimation du père aurait eu sur le sort et sur la fortune de ses enfans une telle influence, qu'elle ne saurait être regardée comme un bienfait qui lui soit personnel. C'est un chef de famille que la loi a voulu créer : si ce chef n'existe plus, ses descendans doivent être admis à le représenter.

Une déclaration du 26 novembre 1639, avait déclaré incapables de toute succession les enfans nés de femmes que les pères avaient entretenues, et qu'ils avaient épousées à l'extrémité de la vie.

Cette disposition, qui ne fut d'abord appliquée qu'aux pères, fut ensuite étendue aux femmes par un édit de 1697, et l'incapacité de succéder fut rendue commune aux enfans même qui naîtraient après ces mariages, et à leur postérité.

Aucune loi semblable n'avait encore été rendue. Elle fut déterminée par quelques arrêts dont les plus anciens sont, de peu d'années, antérieurs à la déclaration de 1639. Elle dérogeait au droit commun, qui donnait alors au mariage la force de légitimer les enfans. Elle a toujours trouvé de nombreux contradicteurs. L'expérience d'un siècle et demi prouve que la société n'en a pas retiré des avantages réels, et il peut en résulter des inconvéniens très-graves.

Et d'abord n'y a-t-il pas contradiction à permettre le mariage à quelque époque de la vie que ce soit, et à priver ce mariage d'un effet aussi important que celui de la légitimation des enfans qui pourrraient en naître, ou qui seraient nés antérieurement?

Ce contrat exige des formalités et des cérémonies extérieures, qui donnent la certitude que les époux y ont consenti avec réflexion et avec persévérance.

Comment supposer qu'ils aient été capables de réflexion pour leur mariage, et qu'ils aient été incapables de faire avec discernement la reconnaissance d'enfans qu'ils auraient eus antérieurement.

Le mariage, dans son institution et dans sa fin, est tout en faveur des enfans. Qu'elle serait donc cette espèce de mariage incompatible avec leur légitimité?

On a senti que dans la loi de 1639 il y avait une inconséquence, en ce que le mariage contracté à l'extrémité de la vie était suffisant pour légitimer les enfans nés postérieurement, tandis que ce mariage était déclaré insuffisant pour légitimer des enfans dont la naissance serait antérieure. On a, dans la loi de 1697, fait cesser cette contradiction par une disposition plus étrange encore et plus destructive de tous les principes. On a enveloppé dans la même proscription les enfans nés depuis un mariage légitime, comme ceux nés antérieurement.

Si on peut citer quelques exemples de reconnaissances suggérées, combien d'autres dictées par la conscience auront été étouffées! La seule crainte de la fraude ne doit point être un motif pour interdire des actes commandés par la justice.

On a craint que le concubinage ne fût encouragé, si les femmes qui se livrent à ce désordre pouvaient se marier à l'époque où l'homme, près du tombeau, ne serait plus arrêté par aucune considération.

L'expérience a prouvé que les recherches sur le concubinage d'une femme devenue épouse légitime, n'ont présenté que des scènes scandaleuses, sans utilité pour les mœurs: l'honnêteté publique ne peut pas permettre que, pour sacrifier des enfans, on commence par déshonorer la mère. Son mariage ne serait pas annullé; elle serait décorée du titre de femme; sa conduite antérieure serait couverte de ce voile respectable; et cette conduite ne pourrait plus être opposée qu'à ceux qui n'en sont pas coupables.

Les mariages à l'extrémité de la vie sont très-rares; ce qui prouve qu'il n'est point dans le cœur de l'homme, sur-tout lorsqu'il a des enfans, d'attendre ses derniers momens pour assurer leur sort.

Le respect dû aux mœurs, la justice à rendre aux enfans, le désespoir d'un homme qui, surpris

par les maux, avant-coureurs de la mort, ne pourrait plus réparer ses torts ; le malheur d'une femme
qui le plus souvent a été séduite par des promesses
trop long-temps retardées ; tous ces motifs ont fait
rejeter, dans le nouveau code, la législation sur
l'effet des mariages contractés à l'extrémité de la
vie.

Une autre espèce de légitimation avait lieu dans
l'ancien régime. Elle se faisait par l'autorité du
prince ; elle n'attribuait point tous les droits de la légitimité. Le principal objet de cette prérogative
royale était de faire cesser, pour ceux qui obte-
naient cette faveur, l'incapacité de remplir des
dignités et des emplois.

Cette incapacité a été regardée comme une proscription inutile et même nuisible à l'ordre social.
Depuis long-temps le préjugé qui tenait les enfans
naturels dans l'avilissement, a été détruit par la
raison et par l'humanité.

Cette espèce de légitimation n'a point dû repa-
raître dans le nouveau code.

Après avoir réglé le sort des enfans naturels, qui
peuvent être légitimés par le mariage subséquent,
la loi s'occupe de ceux qui ne peuvent aspirer aux
droits d'enfans légitimes.

Ce sont des victimes innocentes de la faute de
leurs parens. L'ordre social a exigé que des prérogatives fussent accordées aux enfans nés de mariages légitimes. La nécessité de maintenir la bar-
rière qui les sépare, a été reconnue par tous les
peuples : mais la dignité du mariage n'exige point
qu'ils soient étrangers à ceux dont ils tiennent la
naissance. La loi serait à la fois impuissante et
barbare qui voudrait étouffer le cri de la nature

entre ceux qui donnent et ceux qui reçoivent l'existence.

Les pères et mères ont envers leurs enfans naturels des devoirs d'autant plus grands, qu'ils ont à se reprocher leur infortune. La loi a seulement été obligée de poser des bornes au-delà desquelles l'institution du mariage serait compromise.

Lorsqu'il s'agit de fixer le sort des enfans naturels, rien n'est plus difficile que de conserver un juste équilibre entre les droits qu'ils tiennent de leur naissance, et les mesures qu'exige la nécessité de maintenir l'organisation des familles. Il semble que ce soit un écueil contre lequel, jusqu'ici, les législateurs ont échoué; ils ont trop exigé pour l'ordre social, ou ils l'ont trop négligé.

Dans l'ancien régime, on donnait aux enfans naturels, qui n'étaient point reconnus par leurs pères, trop de facilité à inquiéter des familles auxquelles ils étaient étrangers; et, sous les rapports de la fortune, ils étaient traités avec une rigueur excessive.

Pendant la révolution, la loi ancienne a été réformée en ce qu'elle admettait des recherches odieuses sur la paternité; mais on s'est laissé entraîner par des sentimens de bienfaisance : on leur a donné des droits qui les assimilent sous un trop grand nombre de rapports aux enfans légitimes.

On a cherché, dans le nouveau code, à réparer ces erreurs, et à poser enfin les justes limites entre lesquelles ni les droits de la nature, ni ceux de la société ne seront violés.

La part que les enfans naturels auront dans les biens de leurs pères et mères, et la qualité dans laquelle ils pourront réclamer cette part, seront déterminées au titre *des Successions.* Il s'agit seulement ici d'établir les règles, pour reconnaître le lien qui les unit aux auteurs de leurs jours.

Depuis long-temps, dans l'ancien régime, un cri général s'était élevé contre les recherches de paternité. Elles exposaient les tribunaux aux débats les plus scandaleux, aux jugemens les plus arbitraires, à la jurisprudence la plus variable. L'homme dont la conduite était la plus pure, celui même dont les cheveux avaient blanchi dans l'exercice de toutes les vertus, n'étaient point à l'abri de l'attaque d'une femme impudente ou d'enfans qui lui étaient étrangers. Ce genre de calomnie laissait toujours des traces affligeantes. En un mot, les recherches de paternité étaient regardées comme le fléau de la société.

Une loi très-favorable aux enfans naturels, fut rendue par la Convention, le 12 brumaire an 2 ; cependant elle crut devoir faire cesser l'abus des procès dont les enfans voudraient encore tourmenter les familles sans motifs plausibles.

Il fut réglé pour le passé que « la preuve de » la possession d'état ne pourrait résulter que de » la représentation d'écrits publics ou privés du » père, ou de la suite de soins donnés à titre » de paternité, et sans interruption, tant à leur » entretien qu'à leur éducation, et qu'il en serait » de même à l'égard de la mère. »

Quant à l'avenir, il fut statué que l'état et les » droits des enfans naturels, dont le père et la » mère seroient encore existans lors de la promulgation du code civil, seraient en tous points » réglés par les dispositions de ce code; et que » néanmoins, en cas de mort de la mère avant

» la promulgation, la reconnaissance du père,
» faite devant un officier public, suffirait pour
» constater l'état de cet enfant. »

À cette même époque, une partie du code
civil était préparée, et on se disposait à la promulguer d'un jour à l'autre. On y avait établi
que la loi n'admet point la recherche de la paternité non avouée, et que la preuve de la reconnaissance du père ne peut résulter que de sa déclaration, faite devant un officier public.

Dans la loi proposée, cette sage disposition qui
interdit les recherches de la paternité, a été maintenue. Elle ne pourra jamais être établie contre
le père que par sa propre reconnaissance, et encore faudra-t-il, pour que les familles soient à
l'abri de toute surprise, que cette reconnaissance
ait été faite, ou par l'acte même de naissance, ou
par un acte authentique.

La loi proposée n'admet qu'une seule exception,
c'est le cas d'enlèvement, dont l'époque se rapporte à celle de la conception. Alors le ravisseur
pourra, sur la demande des personnes intéressées,
être déclaré père de l'enfant.

Dans ce cas, le délit du ravisseur et la forte présomption qu'il est l'auteur de la grossese de la
femme, lorsque l'enlèvement se rapporte à l'époque
de la conception, sont des motifs suffisans pour
qu'il puisse, s'il n'a pas de moyens de défense
valable, être déclaré père de l'enfant. On se portera moins facilement à ce genre de crime, et on en
subira la peine la plus naturelle, si on peut appeler ainsi l'accomplissement des devoirs d'un père.

La règle exclusive de la recherche de la paternité ne s'applique point à la mère. Il ne s'agit point à son égard de pénétrer les mystères de la nature : son accouchement, et l'identité de l'enfant, sont des faits positifs et qui peuvent être constatés.

Cependant la loi a cru devoir prendre des précautions contre le genre de preuves qui pourra être admis. Si la crainte des vexations et de la diffamation a fait rejeter les recherches de la paternité, ce serait pour les femmes un malheur encore plus grand, si leur honneur pouvait être compromis par quelques témoins complaisans ou subornés. On ne présume point qu'un enfant ait été mis au monde sans qu'il y ait par écrit quelques traces, soit de l'accouchement, soit des soins donnés à cet enfant. Il était donc à la fois de justice particulière et d'honnêteté publique de n'admettre l'enfant à prouver qu'il est identiquement le même que celui dont la mère qu'il réclame est accouchée, que dans le cas où il aura déjà un commencement de preuve par écrit.

La reconnaissance des enfans adultérins ou incestueux, serait de la part du père et de la mère l'aveu d'un crime. Il a été réglé qu'elle ne pourrait avoir lieu qu'au profit d'enfans nés d'un commerce libre.

On a voulu également éviter le scandale public que causerait l'action judiciaire d'un enfant adultérin ou incestueux qui rechercherait son état dans la preuve du délit de ceux qu'il prétendrait en même temps être les auteurs de ses jours. Ils ne seront dans aucun cas admis à la recherche, soit de la paternité, soit de la maternité.

La déclaration de la mère sur la paternité ne pouvant devenir un titre pour inquiéter celui qu'elle aurait désigné, il devait être décidé, par réciprocité et par le même motif d'honnêteté pu-

blique, que celui qui se reconnaîtrait pour père
ne pourrait point donner des droits contre la
femme qu'il indiquerait. La reconnaissance du
père, sans l'indication et l'aveu de la mère, n'aura
d'effet qu'à l'égard du père.

Il semble, au premier coup-d'œil, que la reconnaissance du père ne devrait être d'aucun effet
quand elle est désavouée par la mère. C'est elle
qui doit avoir, plus encore que celui qui se reconnaît pour le père, le secret de la paternité. Mais
il est possible que la mère, soit par haine contre
le père qui s'est reconnu, soit par d'autres considérations, désavoue cette reconnaissance. On a
trouvé qu'il serait trop dur que le cri de la conscience et de la nature de la part du père fût étouffé
par un seul témoignage, qui pourrait même souvent être suspect.

Il faut encore observer qu'il serait contraire
aux mœurs que la reconnaissance du père ne pût
être faite sans indiquer la mère, afin qu'elle avoue
ou désavoue. Il pourrait même arriver qu'elle
mourût avant d'avoir fait sa déclaration. Le père
doit donc avoir le droit de reconnaître l'enfant sans
indiquer la mère; et puisqu'il n'a pas besoin de
son concours, c'est un motif de plus pour que le
désaveu de la mère indiquée ne puisse nuire aux
enfans,

Il est un cas dans lequel un enfant naturel ne
pourrait se prévaloir de la reconnaissance du père;
c'est celui où elle aurait été donnée par l'un des
époux au profit d'un enfant naturel qu'il aurait
eu, pendant son mariage, d'un autre que de son
époux. Une pareille reconnaissance ne pourra
nuire ni à l'autre époux ni aux enfans nés de ce
mariage. Il ne peut pas dépendre de l'un des époux

de changer, après son mariage, le sort de sa famille légitime, en appelant des enfans naturels qui demanderaient une part dans les biens. Ce serait violer la foi sous laquelle le mariage aurait été contracté. Si l'ordre public ne permet pas que des époux reconnaissent, après leur mariage, leurs propres enfans qu'ils voudraient légitimer, à plus forte raison les enfans qui sont étrangers à l'un d'eux, ne peuvent-ils acquérir depuis le mariage, des droits contraires à ceux des enfans légitimes.

Cependant il peut arriver qu'à l'époque de la dissolution de ce mariage, il ne reste pas de descendans. Il n'y a point alors de motif pour que la reconnaissance ne reçoive pas son exécution, comme elle l'aurait eue, s'il n'y avait point eu d'enfans du mariage.

Une dernière précaution prise par la loi, est que toute reconnaissance de la part du père ou de la mère, de même que toute réclamation de la part de l'enfant, pourra être contestée par tous ceux qui y auront intérêt.

Les enfans légitimes sont sous l'égide du mariage. Leur état civil n'est pas susceptible d'être attaqué dans le cas où peut l'être une simple reconnaissance d'enfans naturels. Nul ne peut, par son seul témoignage, être utile à l'un, en faisant une injustice à l'autre.

Enfin, il a été regardé comme important de rappeler et de consacrer la maxime qu'il n'appartient qu'aux tribunaux de statuer sur les réclamations d'état. C'est une des principales garanties de la liberté civile.

Tels sont, citoyens législateurs, les motifs des dispositions contenues au titre *de la paternité et de la filiation.*

Il était nécessaire de remplir dans la législation le vide immense que laissait le défaut de règle générale et positive sur une matière aussi importante, et presque toujours exposée aux variations de jurisprudence des tribunaux. Ce sera sans doute un grand bienfait de la loi, lorsque chacun y trouvera son sort clairement fixé sur des principes que son cœur et sa raison ne pourront méconnaître.

PROJET DE LOI.

TITRE VII.

DE LA PATERNITÉ ET DE LA FILIATION.

CHAPITRE PREMIER.

De la filiation des enfans légitimes ou nés dans le mariage.

ARTICLE 306.

L'enfant conçu pendant le mariage a pour père le mari.

Néanmoins celui-ci pourra désavouer l'enfant, s'il prouve que pendant le temps qui a couru depuis le trois centième jusqu'au cent quatre-vingtième jour avant la naissance de cet enfant, il était, soit par cause d'éloignement, soit par l'effet de quelque accident, dans l'impossibilité physique de co-habiter avec sa femme.

307. Le mari ne pourra, en alléguant son im-

puissance naturelle, désavouer l'enfant; il ne pourra le désavouer, même pour cause d'adultère, à moins que la naissance ne lui ait été cachée, auquel cas, il sera admis à proposer tous les faits propres à justifier qu'il n'en est pas le père.

308. L'enfant né avant le cent quatre-vingtième jour du mariage, ne pourra être désavoué par le mari, dans les cas suivans : 1°. s'il a eu connaissance de la grossesse avant le mariage; s'il a assisté à l'acte de naissance, et si cet acte est signé de lui, ou contient sa déclaration qu'il ne sait signer; 2°. si l'enfant n'est pas déclaré viable.

309. La légitimité de l'enfant né trois cents jours après la dissolution du mariage, pourra être contestée.

310. Dans les divers cas où le mari est autorisé à réclamer, il devra le faire dans le mois, s'il se trouve sur les lieux de la naissance de l'enfant;

Dans les deux mois après son retour, si, à la même époque, il est absent;

Dans les deux mois après la découverte de la fraude, si on lui avait caché la naissance de l'enfant.

311. Si le mari est mort avant d'avoir fait sa réclamation, mais étant encore dans le délai utile pour la faire, les héritiers auront deux mois pour contester la légitimité de l'enfant, à compter de l'époque où cet enfant se serait mis en possession des biens du mari, ou de l'époque où les héri-

tiers seraient troublés par l'enfant dans cette possession.

312. Tout acte extrajudiciaire contenant le désaveu de la part du mari ou de ses héritiers, sera
comme non avenu, s'il n'est suivi, dans le délai
d'un mois, d'une action en justice, dirigée contre
un tuteur *ad hoc* donné à l'enfant, et en présence
de sa mère.

CHAPITRE II.

Des preuves de la filiation des enfans légitimes.

313. La filiation des enfans légitimes se prouve
par les actes de naissance inscrits sur le registre de
l'état civil.

314. A défaut de ce titre, la posssession constante de l'état d'enfant légitime suffit.

315. La possession d'état s'établit par une réunion
suffisante de faits qui indiquent le rapport de filiation et de parenté entre un individu et la famille
à laquelle il prétend appartenir.

Les principaux de ces faits sont, que l'individu
a toujours porté le nom du père auquel il prétend
appartenir;

Que le père l'a traité comme son enfant, et a
pourvu, en cette qualité, à son éducation, à son
entretien et à son établissement;

Qu'il a été reconnu constamment pour tel dans
la société;

Qu'il

Qu'il a été reconnu pour tel par la famille.

316. Nul ne peut réclamer un état contraire à celui que lui donnent son titre de naissance et la possession conforme à ce titre;

Et réciproquement, nul ne peut contester l'état de celui qui a une possession conforme à son titre de naissance.

317. A défaut de titre et de possession constante, ou si l'enfant a été inscrit, soit sous de faux noms, soit comme né de père et mère inconnus, la preuve de filiation peut se faire par témoins.

Néanmoins cette preuve ne peut être admise que lorsqu'il y a commencement de preuve par écrit, ou lorsque les présomptions ou indices résultant de faits dès-lors constans, sont assez graves pour déterminer l'admission.

318. Le commencement de preuve par écrit résulte des titres de famille, des registres et papiers domestiques du père ou de la mère, des actes publics et même privés, émanés d'une partie engagée dans la contestation, ou qui y aurait intérêt si elle était vivante.

319. La preuve contraire pourra se faire par tous les moyens propres à établir que le réclamant n'est pas l'enfant de la mère qu'il prétend avoir, ou même, la maternité prouvée, qu'il n'est pas l'enfant du mari de la mère.

320. Les tribunaux civils seront seuls compétens pour statuer sur les réclamations d'état.

321. L'action criminelle contre un délit de suppression d'état, ne pourra commencer qu'après le jugement définitif sur la question d'état.

322. L'action en réclamation d'état est imprescriptible à l'égard de l'enfant.

323. L'action ne peut être intentée par les héritiers de l'enfant qui n'a pas réclamé, qu'autant qu'il est décédé mineur, ou dans les cinq années après sa majorité.

324. Les héritiers peuvent suivre cette action lorsqu'elle a été commencée par l'enfant, à moins qu'il ne s'en fût désisté formellement, où qu'il n'eût laissé passer trois années sans poursuites, à compter du dernier acte de la procédure.

CHAPITRE III.

Des enfans naturels.

SECTION PREMIÈRE.

De la légitimation des enfans naturels.

325. Les enfans nés hors mariage, autres que ceux nés d'un commerce incestueux ou adultérin, pourront être légitimés par le mariage subséquent de leurs père et mère, lorsque ceux-ci les auront également reconnus avant leur mariage, ou qu'ils les reconnaîtront dans l'acte même de célébration.

326. La légitimation peut avoir lieu, même en faveur des enfans décédés qui ont laissé des ascendans; et dans ce cas, elle profite à ces descendans.

327. Les enfans légitimés par le mariage subséquent, auront les mêmes droits que s'ils étaient nés de ce mariage.

SECTION II.

De la reconnaissance des enfans naturels.

328. La reconnaissance d'un enfant naturel sera faite par un acte authentique, lorsqu'elle ne l'aura pas été dans son acte de naissance.

329. Cette reconnaissance ne pourra avoir lieu au profit des enfans nés d'un commerce incestueux ou adultérin.

330. La reconnaissance du père, sans l'indication et l'aveu de la mère, n'a d'effet qu'à l'égard du père.

331. La reconnaissance faite pendant le mariage, par l'un des époux, au profit d'un enfant naturel qu'il aurait eu, avant son mariage, d'un autre que de son époux, ne pourra nuire ni à celui-ci, ni aux enfans nés de ce mariage.

Néanmoins elle produira son effet après la dissolution de ce mariage, s'il n'en reste pas d'enfans.

332. L'enfant naturel reconnu ne pourra réclamer les droits d'enfant légitime. Les droits des

enfans naturels seront réglés au titre des Successions.

333. Toute reconnaissance de la part du père ou de la mère, de même que toute réclamation de la part de l'enfant, pourra être contestée par tous ceux qui y auront intérêt.

334. La recherche de la paternité est interdite.

Dans le cas d'enlèvement, lorsque l'époque de cet enlèvement se rapportera à celle de la conception, le ravisseur pourra être, sur la demande des parties intéressées, déclaré père de l'enfant.

335. La recherche de la maternité est admise.

L'enfant qui réclamera sa mère, sera tenu de prouver qu'il est identiquement le même que l'enfant dont elle est accouchée.

Il ne sera reçu à faire cette preuve par témoins, que lorsqu'il aura déjà un commencement de preuve par écrit.

336. Un enfant ne sera jamais admis à la recherche, soit de la paternité, soit de la maternité, dans les cas où, suivant l'article 329, la reconnaissance n'est pas admise.

Approuvé, *le premier Consul*, signé BONAPARTE.

Par le premier Consul ; *le secrétaire d'état*, signé HUGUES-B. MARET.

Pour extrait conforme : *le secrétaire-général du Conseil d'Etat*, signé J. G. LOCRÉ.

NEUVIÈME PROJET DE LOI.

TITRE VIII DU CODE CIVIL,

Relatif à l'Adoption et à la Tutelle officieuse, présenté le 21 ventose au Corps législatif, par les conseillers d'état BERLIER, THIBAUDEAU *et* LACUÉE, *chargés d'en soutenir la discussion, fixée au 2 germinal.*

Du 21 Ventose an XI.

EXPOSÉ des motifs du projet de loi concernant l'Adoption et la Tutelle officieuse.

CITOYENS LÉGISLATEURS,

Le Gouvernement vous présente aujourd'hui le huitième titre du code civil, qui traite de *l'adoption* et *de la tutelle officieuse.*

En prononçant le nom d'une institution qui, jusqu'à la révolution, n'avait point figuré parmi les actes de l'état civil des Français, et qui, même depuis cette époque, n'a reçu aucune organisation, je vois votre attention se diriger sur elle avec cet intérêt et peut-être même cette inquiétude qui environnent tout essai en matière de législation.

Cette inquiétude vertueuse, le Gouvernement l'a éprouvée aussi ; elle lui a imposé le devoir d'approfondir cette importante matière : il croit avoir, sans blesser aucune de nos institutions, trouvé dans celle-ci de nouveaux élémens de bienfaisance et de prospérité publiques.

Pour obtenir ce résultat, il a fallu écarter tout ce qui n'était pas en harmonie avec nos mœurs : mais avant de rejeter les modèles que l'antiquité nous offrait sur cette matière, il convenait de les apprécier : et il n'est pas, en ce moment, inutile d'appeler votre propre jugement sur ces anciennes institutions.

Je ne parlerai pas de l'adoption que quelques exemples indiquent comme ayant existé chez les Hébreux, et dont l'organisation est restée sans traces, supposé même qu'elle ait jamais été chez ce peuple une institution régulière.

Je dirai peu de choses aussi de l'adoption des Athéniens, qui, selon qu'on peut l'induire de quelques fragmens historiques, n'avait lieu qu'en faveur d'enfans mâles, dans la vue de perpétuer le nom, et ne liaient pas l'adopté de telle sorte qu'il ne pût retourner à sa famille primitive, pourvu qu'il laissât un fils légitime à la famille dans laquelle il était entré par l'adoption.

Quand la pensée se porte sur l'adoption des anciens, c'est à celle des Romains qu'elle s'arrête, comme à celle dont les documens nous ont été le plus complètement transmis, et peut-être aussi comme ayant appartenu à celui des peuples anciens dont les institutions se sont le plus généralement naturalisées chez nous.

Mais qu'était-ce que l'adoption même des Romains ? une mutation complète de la famille ; l'adopté ou l'adrogé sortait de sa famille, et acquérait dans celle de l'adoptant les droits d'*agnat* ou parent par mâles, c'est-à-dire, qu'il succédait non-seulement à l'adoptant, mais aux parens de celui-ci, à l'exclusion des parens par femmes, tant qu'on admit dans les successions la différence entre *agnats* et *cognats*.

Tels étaient chez les Romains les effets de l'adoption, dont je n'examinerai point les formes primitives si souvent violées sur la fin de la république, et plus encore sous les empereurs.

C'était une image complète de la paternité ; et l'on voit que la fiction ne s'arrêtait pas même à la personne de l'adoptant.

Il serait difficile d'admettre en France une législation qui contrarie aussi essentiellement les idées reçues.

Comment, en effet, sans le consentement d'une famille, y introduire, *et dans tous ses degrés*, un individu que la nature n'y a point placé ? car c'est la nature qui fait les familles : un contrat peut les unir, mais l'allié n'est point un parent, il n'en a pas les droits ; et, dans le contrat de mariage même, l'un des époux n'acquiert à l'égard de l'autre, et à plus forte raison vis-à-vis des parens de l'autre époux, ni la famille, ni la successibilité qui en est la suite.

Et si pour obtenir de si vastes effets en faveur de l'adopté, il eût fallu faire consacrer chaque adoption par un acte solennel du pouvoir politique, quels inconvéniens d'un autre ordre n'en eussent pas dérivé ?

Au milieu de tant de difficultés, on a senti que

l'adoption des Romains, dirigée d'ailleurs par des vues plus politiques que civiles, ne convenait point à nos mœurs ; et l'on conçoit bien que celle des Germains, dont parle l'auteur de l'*Esprit des Lois*, ne pouvait pas même devenir la matière d'un sérieux examen : car si quelques traits relatifs aux mœurs de nos ancêtres sont lus avec intérêt, comme des débris échappés au naufrage des temps, ils ne peuvent guère au dix-neuvième siècle éclairer les travaux du législateur.

Ainsi l'adoption, si elle ne pouvait exister qu'avec les caractères qu'on vient d'examiner, devrait rester bannie de nos institutions. Mais un exemple plus rapproché de nos temps et de nos mœurs existe près de nous.

L'adoption a trouvé place et faveur dans le *code prussien ;* là, elle ne rompt pas les liens de la famille entre l'adopté et ses parens ; là aussi elle n'établit entre l'adoptant et l'adopté qu'un contrat personnel, et dont les effets circonscrits entre eux n'atteignent nul autre membre de la famille.

Si, dans le code cité, l'organisation de cette idée principale est susceptible d'améliorations, du moins le vrai point de départ y est fixé ; et nous l'avons suivi, ou plutôt nous nous sommes rencontrés dans la même voie, après avoir examiné beaucoup d'autres systèmes.

Ainsi, la possibilité de faire une bonne loi a été aperçue, et plusieurs adversaires de cette institution s'y sont ralliés lorsqu'ils ont reconnu qu'elle était compatible avec nos habitudes sociales.

Eh ! comment, sans faire injure au Peuple français, pourrait-on penser que son caractère répugne à une institution qui doit être tout à la fois un acte de consolation pour celui qui adopte, et un acte de bienfaisance envers celui qui est adopté ?

Que la loi la consacre, et les mœurs y applaudiront : elles y gagneront aussi ; car le bien, pour se faire, a souvent besoin d'être indiqué.

Autrefois, dans l'absence de l'adoption, n'a-t-on pas vu des institutions d'héritiers, sous condition de porter le nom de l'instituant ? Il faut mieux faire aujourd'hui ; il faut donner aux passions humaines un écoulement heureux, en les dirigeant vers un but utile.

Admettez une adoption sagement organisée, et vous verrez les citoyens qui n'ont ni enfans, ni l'espoir d'en obtenir, se choisir de leur vivant, et pour leur vieillesse, un appui dans cette classe nombreuse d'enfans peu fortunés, qui, à leur tour, paieront d'une éternelle reconnaissance le bienfait de leur éducation et de leur état.

Ce ne sera plus l'orgueil qui présidera à cet acte ; l'habitant des campagnes adoptera comme celui des villes, et plus souvent peut-être.

Le bien se fera pendant la vie de l'adoptant, il en recueillera lui-même les fruits ; et s'il y a au-delà de la vie des avantages réservés à l'adopté, l'adoptant aura élevé un citoyen pour l'Etat, avant de s'être donné un héritier à lui-même.

Mais pour que cette institution donne tout ce qu'elle promet, il faut qu'elle soit bien organisée ; et c'est ici que vient naturellement l'exposition des bases de notre projet.

J'ai déjà suffisamment annoncé que l'adoption n'opérant pas un changement de famille, l'adoptant ne sera qu'un protecteur légal, qui sans jouir, même fictivement, des droits de la paternité complète, en aura cependant quelques-uns : ce sera, si l'on peut s'exprimer ainsi, une quasi-paternité, fondée sur le bienfait et la reconnaissance.

Mais cette quasi-paternité, par qui pourra-t-elle s'acquérir ?

Par qui ? Puisque l'adoption n'est accordée que comme consolation à l'adoptant, il doit non-seulement être *sans enfans*, mais il doit encore avoir passé l'âge où la société invite au mariage.

Le *mariage !* Je viens, citoyens Législateurs, de prononcer le mot qui appelle le plus votre attention ; car, bonne en soi, l'adoption manquerait son but si elle nuisait au mariage : mais les droits du mariage et ses vrais intérêts ne seront-ils pas suffisamment respectés, quand la faculté d'adopter ne sera accordée qu'aux personnes âgées de plus de cinquante ans ?

Voyons d'abord deux époux arrivés à cet âge : peuvent-ils espérer que leur union stérile jusque-là cessera de l'être, et la nature même ne leur interdit-elle point cet espoir ?

Ce que j'ai dit de la femme mariée s'applique également à celle qui ne l'est pas, car le terme de la fécondité leur est commun.

A l'égard des hommes, si cette limite n'existe pas invinciblement pour eux, il en est bien peu qui, après cinquante ans, songent au mariage; et, disons plus, il est peu dans l'intérêt social qu'ils y songent.

Mais ici se place la discussion d'un point important et longuement agité dans les délibérations qui ont précédé l'émission du projet.

Convient-il d'ajouter à la condition d'âge, celle d'être ou d'avoir été marié ; ou, en d'autres termes, convient-il de refuser le bénéfice de l'adoption aux célibataires ?

Les lois contre le célibat ont été, chez les différens peuples de la terre, plus ou moins sévères, selon le besoin des sociétés pour lesquelles elles étaient faites.

Les lois de Lycurgue sont comptées parmi les plus rigoureuses qui aient été portées contre le célibat; mais nous ne sommes pas dans la position des Spartiates.

Toutefois si la faculté d'adopter, accordée aux célibataires âgés de plus de cinquante ans, pouvait être un encouragement général au célibat, il faudrait sans doute leur ravir cette faculté, plutôt que d'exposer la société toute entière aux maux résultant de l'abandon des mariages.

Ce point accordé, voyons si les craintes qu'on a manifestées à ce sujet sont fondées.

Les partisans de l'exclusion des célibataires la fondent moins sur les moyens qui, au-delà de cinquante ans, peuvent leur rester encore pour se reproduire, que sur la crainte de voir les jeunes gens mêmes s'éloigner du mariage, dans la perspective de la faculté qu'ils auront d'adopter un jour.

Vaine terreur! c'est trop accorder à la prévoyance de l'homme et trop peu aux impulsions de la nature: qu'on s'en fie à celle-ci; et de même qu'on préfère ses enfans à ceux d'autrui, de même aussi le mariage sera généralement préféré à l'adoption.

Qu'arrivera-t-il avec l'*adoption*? Ce qui arrivait avant elle et sans elle : il y aura toujours quelques célibataires sans doute, mais ce sera une exception dans la société; et cette exception ne devra point sa naissance au calcul qu'on suppose; elle existe aujourd'hui, elle a toujours existé.

Tel homme se trouvera parvenu au revers de la

vié sans avoir songé au mariage, uniquement par insouciance ; tel autre ne s'en sera abstenu que pour cause de maladies ou d'infirmités ; tel autre enfin pour soutenir de proches parens auxquels il tiendra lieu de père : car il peut se trouver jusque dans le célibat, quelques motifs louables, ou du moins quelques excuses légitimes.

Eh bien, arrêtons-nous d'abord à la première espèce, la moins favorable de toutes.

Cet homme frivole et insouciant n'a point payé sa dette à la patrie : cela est vrai ; mais le temps opportun de la payer sera passé, et les mariages tardifs, rarement heureux pour les individus, sont plus rarement encore utiles à la société.

Pourquoi donc ne pas admettre cet homme à réparer ses torts, par la voie la plus convenable à sa situation ? pourquoi lui interdire un acte de bienfaisance ? Lui refuser l'adoption, ne serait-ce pas lui dire : *Tu as été inutile jusqu'à présent, nous te condamnons à l'être toujours ?*

Mais si l'attention se porte sur les autres classes de célibataires, et principalement sur les individus que des infirmités ont éloignés du mariage, combien l'exclusion ne serait-elle pas plus injuste envers eux !

Ceux-là sont sans reproches, ils ne sont qu'à plaindre : si l'on eût pu avancer pour eux l'époque de l'adoption, peut-être l'eût-on dû ; mais s'il eût été trop dangereux de modifier la règle générale en leur faveur, dans la crainte des applications abusives, comment, lorsqu'à force de ménagemens ils auront poussé leur débile existence jusqu'à cinquante ans, leur refuserait-on la faculté d'adopter ? car l'adoption qui sera pour les autres une simple jouissance, deviendra souvent pour eux un vrai besoin.

Nous avons insisté sur ce point, citoyens Législateurs ; mais ces détails devenaient nécessaires sur l'objet qui, dans le dernier plan, a été le plus controversé.

Je reprends la série des conditions imposées à l'adoptant : *n'avoir ni enfans ni descendans légitimes, et être âgé de plus de cinquante ans :* Voilà les deux premières.

Il convenait aussi de déterminer le nombre d'années dont l'adoptant doit être plus âgé que l'adopté : cette protection légale qui doit résulter de l'adoption perdrait toute sa dignité sans cette condition.

D'autres règles viennent ensuite : ainsi plusieurs personnes, autres que des époux, ne peuvent adopter le même enfant.

L'exception en faveur des époux est tracée par la nature des choses et par le titre même qui les unit.

Associés dans l'espoir d'obtenir des enfans que la nature leur a refusés, ou que la mort leur a enlevés, ils sont admis à en adopter d'autres, qui, remplaçant à leur égard les enfans du mariage, peuvent appartenir à l'un et à l'autre des époux.

J'ai dit qu'ils *pouvaient* appartenir à l'un et à l'autre, car ils peuvent aussi n'appartenir qu'à un seul, si un seul les adopte.

Il est en effet possible que l'un des époux éprouve le desir ou même le besoin d'adopter, sans que ce desir ou ce besoin soit partagé par l'autre époux.

Cette différence naîtra le plus souvent de la différence de leur situation respective vis-à-vis de leurs parens.

L'un des époux aura de proches parens, objets

de son affection, et à l'égard desquels il ne voudra point déranger l'ordre naturel de sa succession.

L'autre n'aura que des parens éloignés, à peine connus de lui.

De-là l'adoption qui, dans notre système, pourra être faite séparément par un époux, pourvu que l'autre y consente.

Ce consentement, essentiel en pareil cas, placera l'adopté vis-à-vis de l'époux non adoptant, dans une position à-peu-près semblable à celle où se trouve, vis-à-vis d'un beau-père ou d'une belle-mère, l'enfant né d'un autre mariage, mais avec plus d'avantage peut-être, parce qu'il n'y aura pas près de lui d'autres enfans, objets d'une préférence assez ordinaire de la part de celui des époux à qui ils appartiennent.

Je viens, citoyens Législateurs, d'examiner par qui la quasi-paternité résultante de l'adoption pouvait être acquise.

Le moment est venu d'examiner envers qui elle peut l'être.

L'idée principale qui s'est toujours attachée à l'adoption, et celle qui l'a rendue recommandable aux amis des institutions libérales et philantropiques, c'est qu'elle devait venir au secours de l'être faible; et l'attention s'est immédiatement fixée sur l'enfant, ou du moins sur l'individu mineur.

Le fond de cette pensée était vrai; et pourtant on a failli en déduire de faux résultats, lorsque, confondant le fait avec le contrat, on supposait que ce contrat devait être passé durant la minorité même; car un acte aussi important n'aurait pu devenir parfait que par la ratification de l'adopté à sa majorité, et ce point était même reconnu.

Mais alors que seraient devenus les actes inter-médiaires ? Quel eût été le sort de l'adoption ; si l'adopté était mort après l'adoptant, et néanmoins avant sa majorité ? Aurait-il été saisi de l'hérédité, l'aurait-il transmise ? En matière d'état, tout ce qui n'a pas le caractère absolu de la fixité devient toujours inquiétant et souvent funeste.

Quelle eût été d'ailleurs la situation d'un adop-tant irrévocablement lié, vis-à-vis d'un enfant qui n'eût pas été lié lui-même ? et l'adoption n'eût-elle point par-là perdu tout son charme ?

En conservant l'idée principale des secours ac-cordés à l'enfance, le projet qui vous est soumis l'a organisée d'après d'autres vues.

Rendre le contrat parfait dès son principe, et n'y faire concourir que des majeurs, sans effacer la cause essentielle du contrat, c'est-à-dire, *les ser-vices rendus en minorité*, tel était le problème à résoudre ; il a été résolu.

L'adoption ne pourra se conclure qu'à la majo-rité de l'adopté ; mais elle devra avoir été précédée de six ans de soins et de services à lui rendus pen-dant sa minorité.

Ainsi l'on a conservé ce qu'il y avait de grand et de bon dans les vues primitives ; et l'adoption acquerra un nouveau degré d'utilité, quand elle ne sera plus seulement dictée par l'espoir des bons offices réciproques, mais par l'expérience qu'on en aura déjà faite, et lorsque préparée par la bien-faisance elle sera scellée par la sympathie.

Cette condition des services préalables a paru si essentielle dans le principe du contrat, et si heu-reuse dans ses effets, qu'on n'a pas cru devoir en dispenser l'oncle vis-à-vis de son neveu, comme cela était demandé par quelques personnes.

Qu'importe ici cette qualité pour motiver l'exception?

La nature place le neveu d'un homme sans enfans au nombre de ses héritiers.

Cette qualité indépendante de l'adoption lui assigne des droits que son parent pourra même étendre par des dispositions particulières; mais pour acquérir le droit d'adopter, il y a des soins préalables qui le donnent, et dont on ne saurait se départir sans énerver l'institution dès son origine.

Que serait-ce d'ailleurs que cette adoption soudaine, sinon un moyen de dépouiller souvent les frères même de l'adopté, de la réserve légale qui pourra exister pour eux dans l'ordre des successions?

Si donc il s'agit de l'adoption, *même d'un neveu*, qu'elle soit en tous points soumise aux conditions qui la rendent favorable et juste envers tous ceux qui y sont appelés.

Des principes posés, il résulte que celui-là seul pourra être adopté devenu majeur, qui, pendant sa minorité, aura été secouru par l'adoptant.

Cependant la majorité de vingt-un ans ne suffira à l'adopté pour former le contrat, qu'autant qu'il se trouvera sans père ni mère.

Si tous deux ou l'un d'eux sont vivans, il faudra suivre les règles établies au titre du Mariage, car il s'agit d'un acte non moins important.

Dans ce cas, et jusqu'à vingt-cinq ans accomplis, l'adopté aura besoin du consentement de ses père et mère; à tout âge, il devra requérir leur conseil. Les droits des père et mère de l'adopté seront ainsi respectés autant qu'ils devaient l'être.

Mais jusqu'ici, citoyens Législateurs, nous n'avons considéré qu'une classe d'adoptés.

Nous

Nous avons maintenant à vous entretenir d'une autre espèce d'adoption dirigée, non envers l'individu à qui il aura donné l'être moral par tous les soins que l'enfance appelle, mais envers celui dont on aura reçu le service extraordinaire de la conservation de sa propre vie, dans des circonstances propres à signaler un grand dévouement.

Cette position est l'inverse de celle dans laquelle se feront les adoptions ordinaires; mais elle mérite peut-être plus de faveur encore.

Un citoyen sauve la vie à un autre, soit dans un combat, soit en le retirant des flammes ou des flots.

Qui n'applaudirait point à la faculté qu'aura l'homme sauvé, d'acquitter sa dette en adoptant celui qui lui aura conservé la vie?

Ici le sentiment entraîne, et le premier mouvement porte à rejeter toute entrave, toute condition, dans un cas si favorable.

Cependant, citoyens Législateurs, s'il est quelques-unes des conditions générales qui peuvent être remises dans ce cas extraordinaire, il en est d'autres aussi que des considérations non moins fortes ne permettent pas d'effacer.

Ainsi, s'il y a des enfans, leurs droits préexistans s'opposent à l'adoption, mais sans exclure tous les autres actes que la reconnoissance admet, qu'elle commande même, et qui deviendraient la propre dette des enfans, si leur père était capable de l'oublier, ou hors d'état de la remplir.

Excepté ce cas, et celui où le libérateur serait plus âgé que l'homme à qui il aurait sauvé la vie, il sera permis à celui-ci de l'adopter. Cette dernière modification était commandée par la nature même des choses; car on ne peut adopter plus âgé que soi.

Au surplus, citoyens Législateurs, cette seconde cause d'adoption, que la loi doit consacrer comme un encouragement aux grandes et belles actions, ne sera toujours qu'une exception dans le système général; non que la générosité manque au caractère français, mais parce qu'heureusement peu d'hommes se trouveront dans la situation critique, qui seule peut donner naissance à cette exception.

Fixons maintenant les effets de l'adoption à quelque cause qu'elle se rapporte.

L'adopté qui ne sort pas de sa famille en conservera le nom, mais il y ajoutera celui de l'adoptant.

L'obligation réciproque de s'aider dans le besoin, existera entre eux par le seul effet de l'adoption; ainsi le commandent la morale et le titre qui les unit.

Il a paru même conforme aux principes de la matière, d'appliquer à l'adopté quelques-unes des prohibitions de mariage qui ont lieu dans la propre famille.

Ainsi, le mariage ne pourra avoir lieu entre l'adoptant et l'individu adopté, ni entre les enfans adoptifs du même homme, ni entre l'adopté et les enfans qui pourraient survenir à l'adoptant, ni enfin, en cas de veuvage, entre l'adopté et l'époux de l'adoptant.

L'affinité morale établie par l'adoption entre les personnes de cette qualité; et les rapports physiques que la co-habitation fait naître entre elles; prescrivaient de ne point offrir d'aliment à leurs passions par l'espoir du mariage.

Voyons, maintenant quels seront les effets de l'adoption par rapport à la successibilité.

Le projet accorde à l'adopté, vis-à-vis de l'adoptant, tous les droits d'un enfant légitime.

Je m'arrête ici pour répondre à une objection dirigée contre cette proposition.

Comment, a-t-on dit, cette successibilité qui absorbe tout, se conciliera-t-elle, dans le cas où l'adoptant aurait des frères ou des neveux, avec la réserve que la législation actuelle leur fait, et que la législation projetée modifie sans l'anéantir? Ces frères, ces neveux seront-ils pleinement écartés de la succession?

Oui, ils le seront, mais sans qu'il en résulte d'incohérence dans le système général de nos lois.

Ce sera une prime accordée à l'adoption sur le testament, et à l'homme utile qui aura élevé un citoyen, sur celui qui, au terme de son inutile carrière, voudrait disposer sans réserve.

L'on vient de parler de la successibilité de l'adopté; une autre disposition s'y rattache.

Comme cette successibilité sort du droit commun, elle a lieu sans réciprocité; mais le projet consacre le droit qui appartient à l'adoptant de reprendre les choses par lui données à l'adopté, dans le cas où celui-ci mourrait sans enfans.

Rien de plus juste que ce retour; car si les parens de l'adopté succèdent à celui-ci par le principe qu'il est resté dans la famille, leurs droits ne peuvent raisonnablement s'étendre aux choses données par l'adoptant, quand elle existent en nature, et qu'il se présente pour les reprendre.

Citoyens Législateurs, vous connaissez maintenant les conditions, les causes et les effets de l'adoption; il reste à vous donner une idée des formes dans lesquelles elle devra être prononcée.

S'il ne s'agissait ici que d'un acte de l'état civil gissant dans un fait simple, tel qu'une naissance, un décès ou même un mariage, il suffirait sans doute de s'adresser directement à l'officier de l'état civil pour le constater; mais d'assez nombreuses conditions en forment l'essence, pour que leur examen soit la matière d'un jugement préalable.

Ainsi, après une demande d'adoption reçue par le juge-de-paix, le tribunal de première instance, et ensuite celui d'appel, (sur le renvoi officiel et nécessaire qui lui sera fait de la procédure et du premier jugement) vérifieront si toutes les conditions de la loi sont remplies.

Mais leur mission ne se bornera point à ce simple examen; ils auront aussi à examiner la moralité de l'adoptant, et la réputation dont il jouit.

Le besoin de cette disposition s'est fait sur-tout sentir, quand la question a été traitée sous le rapport des mœurs domestiques.

L'adoption pourrait devenir un présent funeste, si l'adoptant était sans mœurs; qu'il soit donc examiné sous ce rapport important.

Et remarquez combien notre institution va, par ce moyen, s'ennoblir encore.

Tout individu qui craindrait les regards de la justice, ne se présentera point pour adopter, ou du moins il sera repoussé par les tribunaux; mais celui qui sera admis par eux, obtiendra par ce seul fait un éclatant témoignage de sa bonne conduite, un titre d'autant plus honorable, que donné et confirmé à la suite d'un examen judiciaire par des hommes à qui la loi recommande une juste sévérité, il ne pourra être confondu dans la foule de ces vagues témoignages accordés par la faiblesse à l'importunité; et quand le nom d'un adoptant sera prononcé, l'on pourra ajouter : *C'est un honnête homme.*

Ce qui vient d'être dit indique assez que la procédure doit être secrette, et les jugemens rendus sans énonciation de motifs; car si les tribunaux sont appelés à rejeter quelquefois en cette matière des demandes imprudentes, faites par des hommes sans mœurs, il serait sans utilité de les mulcter par une fâcheuse publicité.

Cette publicité commencera quand le tribunal d'appel aura admis l'adoption. C'est alors aussi que l'adoption devra être portée sur les registres de l'état civil, et qu'elle sera véritablement accomplie.

Notre tâche finirait ici, citoyens Législateurs, si elle n'eût consisté qu'a vous entretenir de l'adoption; mais à côté de cette institution principale, il en a été placé une secondaire, *la Tutelle officieuse*, dont il me reste à vous rendre brièvement compte.

De la Tutelle officieuse.

Pour en prendre une juste idée, il faut se placer dans les circonstances qui pourront y donner lieu.

Un homme aura le dessein d'adopter un enfant; mais l'adoption ne peut avoir lieu qu'à la majorité de cet enfant, et après six ans au moins de soins par lui reçus en minorité.

Cet enfant peut bien, sans tutelle ni aucun contrat préalable, être confié aux soins officieux d'un tiers, et acquérir par-là l'aptitude à l'adoption future; le fait suffira sans le secours d'un contrat.

Mais il peut arriver, et sans doute il arrivera souvent, que la famille de l'enfant ne se décidera

à le remettre qu'en obtenant pour lui une assurance de secours pendant le tems difficile de la
minorité, assurance sans laquelle l'enfant pourrait
être gardé ou renvoyé, selon la volonté ou le caprice de la personne qui l'aurait recueilli, et se
trouverait dans la situation la plus précaire.

D'un autre côté, le désir que l'on vient de supposer à la famille de l'enfant, pourra bien être
partagé par la personne même qui s'en sera chargé ; il naîtra souvent de la prévoyance d'un décès
qui laisserait l'enfant sans secours et sans titre pour
en obtenir.

Dans l'une et l'autre de ces hypothèses, qu'y
a-t-il de plus favorable qu'un contrat qui aura
pour objet d'assurer des secours à un mineur, et
de le mettre en état de gagner sa vie ?

Faciliter de telles conventions, et même y inviter, tel est le but de la tutelle officieuse ; ce n'est
point une promesse d'adopter, ni un moyen préliminaire de l'adoption, puisque les soins sans tutelle
suffisent pour y parvenir.

C'est un contrat renfermé dans le strict objet des
secours qu'on promet au mineur ; c'est un acte qui
complète notre système de bienfaisance, et qui,
sans attribuer aucun des effets de l'adoption, ni
en être la voie nécessairement *préparatoire*, en
est plus exactement l'*auxiliaire*.

Néanmoins, comme cet acte indique le désir
d'adopter, et que, s'il était permis de suivre cette
première impulsion avant l'âge de cinquante ans,
elle pourrait dès ce moment étouffer toutes dispositions au mariage ; et comme la loi ne doit point
affaiblir ces dispositions, tant qu'elles sont dans
l'ordre de la nature et dans l'intérêt social, l'on a
pensé qu'il convenait, même quant à l'âge, d'im-

poser au tuteur officieux les mêmes conditions qu'à l'adoptant.

Au surplus, la tutelle officieuse n'offre, dans son organisation, qu'un bien petit nombre de points qui aient besoin d'explications ; car on n'a point à s'occuper de tout ce qui peut entrer dans un tel contrat par la seule volonté de l'homme.

Si cette volonté s'est expliquée sur la quotité des secours, ainsi que sur la nature, il faudra l'exécuter.

La loi ne posera elle-même de règles générales sur ce point, qu'autant que nulle stipulation spéciale n'accompagnerait la tutelle officieuse.

Dans le silence de l'homme, *secourir* et non *enrichir* le pupille, tel est le principe qui a paru devoir être suivi, et dont on a développé les résultats dans quelques articles du projet, applicables, dans certains cas, aux héritiers même du tuteur officieux.

Il reste, citoyens Législateurs, à vous parler d'un acte dont l'objet a paru assez favorable pour faire exception à la règle qui n'admet d'adoption qu'à la majorité de l'adopté.

Dans le cas où il se serait écoulé plus de cinq ans depuis la tutelle officieuse, l'on vous propose d'admettre l'adoption testamentaire, et de lui donner tous les effets de l'adoption ordinaire.

Tel homme, souvent sexagénaire, aura recueilli un enfant de six ans à qui il aura pendant huit ou dix ans prodigué les soins les plus tendres.

Celui-ci y aura répondu par de justes égards et par un naïf attachement, orné de tout ce que l'enfance a d'aimable.

Le vieillard sent sa fin approcher, et voudrait consommer son ouvrage : le pupille est parvenu à son adolescence ; mais il n'est point majeur encore.

Placés l'un et l'autre dans le vestibule du temple, ils n'avaient plus que quelques mois, quelques jours, peut-être, à passer pour qu'il s'ouvrît entièrement à leurs vœux.

Qu'un testament puisse, en ce cas, effacer les obstacles de la nature, et remplacer l'acte bienfaisant qui allait s'accomplir.

Citoyens Législateurs, tout le plan du projet relatif à l'adoption et à la tutelle officieuse vient de vous être développé.

Nulle matière n'a été plus approfondie ; elle était neuve, et elle a été envisagée sous beaucoup de faces, avant qu'on se soit fixé sur le système qui a été adopté.

A force de persévérance, on est arrivé à des résultats simples, faciles, et dégagés de tous les inconvéniens des projets antérieurs.

Si ces inconvéniens avaient frappé de bons esprits, et fermé leurs cœurs aux douces émotions que fait naître le nom seul de l'adoption, elles y renaîtront lorsque le nouveau plan sera apprécié, et lorsqu'on verra que, sans mutation de familles, sans incertitude sur le sort du contrat, et sans détriment pour la population, le projet soumis à votre sanction n'a pour objet que de consoler les mariages stériles et les célibataires infirmes, et d'ouvrir pour eux et pour de jeunes enfans, le plus souvent sans appui, une nouvelle source de prospérité réciproque.

PROJET DE LOI.

TITRE VIII.

DE L'ADOPTION ET DE LA TUTELLE OFFICIEUSE.

CHAPITRE PREMIER.

De l'Adoption.

SECTION PREMIÈRE.

De l'Adoption et de ses effets.

ARTICLE 337.

L'adoption n'est permise qu'aux personnes de l'un ou de l'autre sexe, âgées de plus de cinquante ans, qui n'auront, à l'époque de l'adoption, ni enfans ni descendans légitimes, et qui auront au moins quinze ans de plus que les individus qu'elles se proposent d'adopter.

338. Nul ne peut être adopté par plusieurs, si ce n'est par deux époux.

Hors le cas de l'article 339 ci-après, nul époux ne peut adopter qu'avec le consentement de l'autre conjoint.

339. La faculté d'adopter ne pourra être exercée qu'avec l'individu à qui l'on aura, dans sa mi-

norité et pendant six ans au moins, fourni des secours, et donné des soins non interrompus, ou envers celui qui aurait sauvé la vie à l'adoptant, soit dans un combat, soit en le retirant des flammes ou des flots.

Il suffira dans ce deuxième cas que l'adoptant soit majeur, plus âgé que l'adopté, sans enfans ni descendans légitimes; et, s'il est marié, que son conjoint consente à l'adoption.

340. L'adoption ne pourra, en aucun cas, avoir lieu avant la majorité de l'adopté. Si l'adopté, ayant encore ses père et mère, ou l'un des deux, n'a point accompli sa vingt-cinquième année, il sera tenu de rapporter le consentement donné à l'adoption par ses père et mère, ou par le survivant; et, s'il est majeur de vingt-cinq ans, de requérir leur conseil.

341. L'adoption conférera le nom de l'adoptant à l'adopté, en l'ajoutant au nom propre de ce dernier.

342. L'adopté restera dans sa famille naturelle, et y conservera tous ses droits. Néanmoins le mariage est prohibé entre l'adoptant, l'adopté et ses descendans;

Entre les enfans adoptifs du même individu;

Entre l'adopté et les enfans qui pourraient survenir à l'adoptant;

Entre l'adopté et le conjoint de l'adoptant, et

réciproquement entre l'adoptant et le conjoint de l'adopté.

343. L'obligation naturelle qui continuera d'exister entre l'adopté et ses père et mère, de se fournir des alimens dans les cas déterminés par la loi, sera considérée commune à l'adoptant et à l'adopté, l'un envers l'autre.

344. L'adopté n'acquittera aucun droit de successibilité sur les biens des parens de l'adoptant ; mais il aura sur la succession de l'adoptant les mêmes droits que ceux qu'y aurait l'enfant né en mariage, même quand il y aurait d'autres enfans de cette dernière qualité, nés depuis l'adoption.

345. Si l'adopté meurt sans descendans légitimes, les choses données par l'adoptant, ou recueillies dans sa succession, et qui existeront en nature lors du décès de l'adopté, retourneront à l'adoptant ou à ses descendans, à la charge de contribuer aux dettes, et sans préjudice des droits des tiers.

Le surplus des biens de l'adopté appartiendra à ses propres parens; et ceux-ci excluront toujours, pour les objets mêmes spécifiés au présent article, tous héritiers de l'adoptant autres que ses descendans.

346. Si du vivant de l'adoptant, et après le décès de l'adopté, les enfans ou descendans laissés

par celui-ci mouraient eux-mêmes sans postérité, l'adoptant succédera aux choses par lui données, comme il est dit en l'article précédent; mais ce droit sera inhérent à la personne de l'adoptant, et non transmissible à ses héritiers, même en ligne descendante.

S E C T I O N   I I.

Des formes de l'adoption.

347. La personne qui se proposera d'adopter, et celle qui voudra être adoptée, se présenteront devant le juge-de-paix du domicile de l'adoptant, pour y passer acte de leurs consentemens respectifs.

348. Une expédition de cet acte sera remise, dans les dix jours suivans, par la partie la plus diligente, au commissaire du Gouvernement près le tribunal de première instance dans le ressort duquel se trouvera le domicile de l'adoptant, pour être soumis à l'homologation de ce tribunal.

349. Le tribunal réuni en la chambre du conseil, et après s'être procuré les renseignemens convenables, vérifiera 1°. si toutes les conditions de la loi sont remplies; 2°. si la personne qui se propose d'adopter jouit d'une bonne réputation.

350. Après avoir entendu le commissaire du Gouvernement, et sans aucune autre forme de

procédure, le tribunal prononcera, sans énoncer les motifs, en ces termes : *Il y a lieu,* ou *il n'y a pas lieu à l'adoption.*

351. Dans le mois qui suivra le jugement du tribunal de première instance, ce jugement sera, sur les poursuites de la partie la plus diligente, soumis au tribunal d'appel, qui instruira dans les mêmes formes que le tribunal de première instance, et prononcera, sans énoncer de motifs : *le jugement est confirmé,* ou *le jugement est réformé, et en conséquence il y a lieu,* ou *il n'y a pas lieu a l'adoption.*

352. Tout jugement du tribunal d'appel qui admettra une adoption, sera prononcé à l'audience, et affiché en tels lieux et en tel nombre d'exemplaires que le tribunal jugera convenable.

353. Dans les trois mois qui suivront ce jugement, l'adoption sera inscrite, à la réquisition de l'une ou de l'autre des parties, sur le registre de l'état civil du lieu où l'adoptant sera domicilié.

Cette inscription n'aura lieu que sur le vu d'une expédition en forme du jugement du tribunal d'appel, et l'adoption restera sans effet, si elle n'a été inscrite dans ce délai.

354. Si l'adoptant venait à mourir après que l'acte constatant la volonté de former le contrat d'adoption a été reçu par le juge-de-paix, et porté

devant les tribunaux, et avant que ceux-ci eussent définitivement prononcé, l'instruction sera continuée, et l'adoption admise, s'il y a lieu.

Les héritiers de l'adoptant pourront, s'ils croyent l'adoption inadmissible, remettre au commissaire du Gouvernement tous mémoires et observations à ce sujet.

CHAPITRE II.

De la tutelle officieuse.

355. Tout individu âgé de plus de cinquante ans, et sans enfans ni descendans légitimes, qui voudra, durant la minorité d'un individu, se l'attacher par un titre légal, pourra devenir son tuteur officieux, en obtenant le consentement des père et mère de l'enfant, ou du survivant d'entre eux, ou, à leur défaut, d'un conseil de famille; ou enfin, si l'enfant n'a point de parens connus, en obtenant le consentement des administrateurs de l'hospice où l'aura recueilli, ou de la municipalité du lieu de sa résidence.

356. Un époux ne peut devenir tuteur officieux, qu'avec le consentement de l'autre conjoint.

357. Le juge de paix du domicile de l'enfant dressera procès-verbal des demandes et consentemens relatifs à la tutelle officieuse.

358. Cette tutelle ne pourra avoir lieu qu'au profit d'enfans âgés de moins de quinze ans.

Elle emportera avec soi, sans préjudice de toute stipulation particulière, l'obligation de nourrir le pupille, de l'élever, de le mettre en état de gagner sa vie.

359. Si ce pupille a quelque bien, et s'il était antérieurement en tutelle, l'administration de ses biens comme celle de sa personne passera au tuteur officieux, qui ne pourra néanmoins imputer les dépenses d'éducation sur les revenus du pupille.

360. Si le tuteur officieux, après cinq ans révolus depuis la tutelle, et dans la prévoyance de son décès avant la majorité du pupille, lui confère l'adoption par acte testamentaire, cette disposition sera valable, pourvu que le tuteur officieux ne laisse point d'enfans légitimes.

361. Dans le cas où le tuteur officieux mourrait, soit avant les cinq ans, soit après ce temps, sans avoir adopté son pupille, il sera fourni à celui-ci, durant sa minorité, des moyens de subsister, dont la quotité et l'espèce, s'il n'y a été antérieurement pourvu par une convention formelle, seront réglées, soit amiablement entre les représentans respectifs du tuteur et du pupille, soit judiciairement, en cas de contestation.

362. Si à la majorité du pupille son tuteur officieux veut l'adopter, et que le premier y consente, il sera procédé à l'adoption selon les

formes prescrites au chapitre précédent, et les effets en seront en tous points les mêmes.

363. Si dans les trois mois qui suivront la majorité du pupille, les réquisitions par lui faites à son tuteur officieux à fin d'adoption sont restées sans effet, et que le pupille, ne se trouve point en état de gagner sa vie, le tuteur officieux pourra être condamné à indemniser le pupille de l'incapacité où celui-ci pourrait se trouver de pourvoir à sa subsistance.

Cette indemnité se résoudra en secours propres à lui procurer un métier, le tout sans préjudice des stipulations qui auraient pu avoir lieu dans la prévoyance de ce cas.

364. Le tuteur officieux qui aurait eu l'administration de quelques biens pupillaires en devra rendre compte dans tous les cas.

Approuvé : *le premier Consul*, signé BONAPARTE.
Par le premier Consul, *le secrétaire d'Etat*, signé Hugues-B. MARET.

Pour extrait conforme, *le secrétaire-général du Conseil-d'Etat*, signé J. G. LOCRÉ.

——————

Fin de la 1ère. partie de la 1ère. livraison.

——————

www.ingramcontent.com/pod-product-compliance
Lightning Source LLC
Chambersburg PA
CBHW050456270326
41927CB00009B/1778